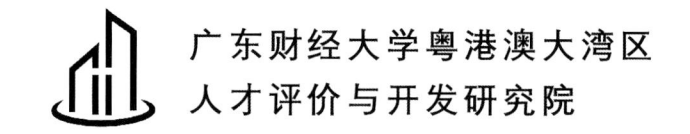

广东财经大学粤港澳大湾区
人才评价与开发研究院

粤港澳大湾区
人才战略与创新发展研究
2022

萧鸣政　主编

中国社会科学出版社

图书在版编目（CIP）数据

粤港澳大湾区人才战略与创新发展研究.2022／萧鸣政主编.—北京：中国社会科学出版社，2023.4

ISBN 978-7-5227-1496-7

Ⅰ.①粤… Ⅱ.①萧… Ⅲ.①人才—发展战略—研究—广东、香港、澳门—2022 Ⅳ.①C964.2

中国国家版本馆 CIP 数据核字（2023）第 060033 号

出 版 人	赵剑英
责任编辑	许 琳
责任校对	谈龙亮
责任印制	郝美娜

出　　版	中国社会科学出版社
社　　址	北京鼓楼西大街甲 158 号
邮　　编	100720
网　　址	http://www.csspw.cn
发 行 部	010-84083685
门 市 部	010-84029450
经　　销	新华书店及其他书店
印刷装订	北京市十月印刷有限公司
版　　次	2023 年 4 月第 1 版
印　　次	2023 年 4 月第 1 次印刷
开　　本	710×1000　1/16
印　　张	22.75
插　　页	2
字　　数	360 千字
定　　价	138.00 元

凡购买中国社会科学出版社图书，如有质量问题请与本社营销中心联系调换

电话：010-84083683

版权所有　侵权必究

编辑指导委员会

主　任：郑贤操
副主任：于海峰　　萧鸣政
委　员：郑贤操　　于海峰　　邹新月　　罗贤甲
　　　　丁友刚　　郑金栈　　萧鸣政　　任文硕
　　　　邓世豹　　林　莉　　黎友焕　　任　巍
　　　　陈小平

编辑委员会

主　编：萧鸣政
委　员：萧鸣政　　任文硕　　陈小平　　魏　伟
　　　　褚勇强　　陈清帝　　邓梅林

组织编写机构

广东财经大学粤港澳大湾区人才评价与开发研究院

参与编写机构

中国人力资源开发研究会人才测评专业委员会
广东财经大学人力资源学院

序

  2019年，中共中央、国务院印发了《粤港澳大湾区发展规划纲要》。2021年，中央召开了人才工作会议，其中三处提及粤港澳大湾区的建设问题，明确要求高质量建设粤港澳大湾区。习近平总书记在党的二十大报告中深刻指出"教育、科技、人才是全面建设社会主义现代化国家的基础性、战略性支撑。""加快建设世界重要人才中心和创新高地，促进人才区域合理布局和协调发展，着力形成人才国际竞争的比较优势。"粤港澳大湾区高水平人才高地建设，是第二个百年奋斗目标下中央对人才工作下达的重要战略任务，我们要认真思考，加快建设。

  如何建设高水平人才高地？首先需要明确的就是战略定位，要解决好为什么而建与服务于什么而建的问题。人才高地建设是一个耗时费力的复杂系统工程，战略定位是方向，是第一位的。方向选择正确，建设就会事半功倍，否则就事倍功半甚至适得其反。国内外的人才高地建设，进行了许多探索。有的是依靠现有的产业基础进行建设，有的是依据本地的高校专业特色进行建设，还有的是依据地理条件进行建设。然而，这种因势而建的方式，也许可以在短时间内建设起一个低成本的人才高地，但是难以在短时间内建设成高水平的人才高地。人才可以流动、产业可以迁移，粤港澳大湾区是中国发展最早最好的地区，既有丰富的资源与雄厚的经济基础，又有毗邻港澳台的区位优势。要在2035年前建成高水平的世界级人才高地，最为缺乏与需要的就是清晰的战略引领与目标定位。习近平总书记指出，新时代的人才工作要"坚持面向世界科技前沿、面向经济主战场、面向国家重大需求、面向人民生命健康"。这里的四个"面向"，归根结底，就是人才必须服务经济社会的发展需求。

因此，粤港澳大湾区高水平人才高地的建设，必须高度契合大湾区建设与发展的战略需求。

中共中央、国务院发布的《粤港澳大湾区发展规划纲要》对于大湾区的建设提出了五大战略定位。世界级城市群的战略定位，需要一支高素质与专业化的管理人才（专业化的管理人才与服务人才建设的目标在于，针对高水平人才高地建设需要，打造一流与专业化管理人才队伍，提供高水平的人才管理策略与治理方略，提供多样化的人力资源服务业态与高质量的人才服务）；世界新兴产业、先进制造业和现代服务业基地的战略定位，需要一大批高素质的企业经营管理人才与高技能人才；有全球影响力的国际科技创新中心的战略定位，需要高素质的科技创新人才队伍与专业技术人才队伍；内地与港澳深度合作示范区的战略定位，需要高素质的商贸人才与物流人才；优质生活圈的战略定位，需要大量的高素质社会工作人才、文化产业人才、教育、医疗、交通与旅游等专业技术人才。因此，粤港澳大湾区高水平人才高地建设，需要基于粤港澳大湾区高质量发展的战略目标导向进行人才集聚与发展。在这五大战略定位中，创新发展居于核心和基础的作用。习近平总书记指出，要"全面实施创新驱动发展战略"，"创新驱动本质上是人才驱动"。因此，粤港澳大湾区高水平人才高地建设，既要服从与服务于国家对于粤港澳大湾区建设的总体战略定位的需求，又要充分发挥第一资源的作用，通过高水平人才高地的建设，驱动创新发展，引领粤港澳大湾区建设的高质量发展。

我们明确了为什么建设的方向问题之后，就应该认识与把握人才高地这一建设对象的特点与要求。从摸着石头过河转向科学的顶层设计。但是什么是人才高地？目前没有权威与专门的解释，人们还比较模糊。笔者认为人才高地，一般指在某一人口群体当中，优秀人才所占的比例以及他们的创新效能与价值远高于周边区域的地方。这样的地方可以是一个区域，或者是一个城市。例如美国旧金山硅谷、纽约与东京等。

高水平人才高地，具有"六高"特点。第一，人才数量的高密度。根据这一特点，高水平人才高地建设，应该大量建设创新平台，包括科学研究平台、技术开发机构与转化生产的产业与企业建设，聚集一定数量规模的各类人才；第二，人才级别的高水平。根据这一特点，高水平人才高地建设，应该优化工作创新与生活环境，聚集包括战略科学家、科技主要领域的领跑者、新兴前沿与交叉科技领域的开拓者、精通核心科学与关键技术的顶尖人才、战略科技人才等其他不同类型的高素质与高层次人才；第三，人才结构的高质量。高水平人才高地中的人才结构，应该既生态又优化，让不同类型与不同级别的人才，在层次结构上比例合理合适，相互之间存在效应溢出与互补关系，存在一种上下循环、相互促进与共同提升的优化机制。目前各地在人才引育工作中，比较关注高精尖的科技创新人才，忽视专业化的管理人才与服务人才，这很难保障人才高地的高水平。广东财经大学成立了全国第一家人力资源学院，致力于培养专业化管理人才与服务人才，将有利于大湾区高水平高地建设；第四，人才工作的高活力。需要进行人才激励机制建设与开发机制建设，达到创新氛围浓、创新文化优、创新活动频繁的建设标准；第五，人才产出的高效益。高水平人才高地建设，必须实现创新效能强、创新成果多、创新价值高、创新贡献大。第六，人才发展环境的高品位。需要根据人才创新的需求进行环境优化，建设融合工作、生活、社交、自主、娱乐与发展一体化独特的环境，不是局限于子女就学、住房、就医、交通、平台与资金等一般的生活环境改善。

人才高地的建设，除了明确建设方向、对象特点以及标准要求外，最为重要的就是要因地制宜。大湾区制度和关税区的差异，一方面成为粤港澳三地一体化发展的制约因素，另一方面也成为互补共享发展的空间。粤港澳大湾区地理位置相连，深圳前海、珠海横琴与广州南沙协同发展三角鼎立，周边的泛珠三角地区能够成为大湾区科技创新发展的腹地和延伸空间。具有明显的土地资源互补、科教合作互补、技术资金互补、产学研合作互补、内部消费与外向性经济协同发展的优势。

香港特区优势主要是教育、商贸、金融与物流；澳门特区优势主要在博彩与旅游业，葡语国家联系；广东主要是制造业、电子信息、家电与土地。优势的背后是三地之间的差异，香港经济增长缺乏持续稳固支撑，澳门经济结构相对单一、发展资源有限，广东市场经济体制不够完善，各地存在同质化竞争和资源错配现象。同时，三地受到来自英国、葡萄牙与中国内地不同的影响，社会制度不同，法律制度不同，分属于不同关税区域。三地的地域、产业与制度差异，导致聚集与拥有的人才各具特色、需求不一。但是,三地具有地理位置山水相连、基础设施相互贯通,岭南文化一脉相承,人缘关系同宗同源,具有"一国两制"的共同政治基础。因此,在粤港澳大湾区高水平人才高地的建设过程中,需要基于"一国两制"的政治基础以及协同治理的理念,建立人才开发与协调的一体化发展机制。

粤港澳大湾区高水平人才高地建设,需要三地政府人才政策的相互协同,人才工作的相互协调,实现人才开发与协调的一体化发展。基于治理理念与协同思想,构建人才治理的新机制,以人才协同发展促进人才高效集聚。强化人文培养,增加港澳人才的身份认同、价值认同、文化认同与制度认同,实现人才高地建设的一体化;面向全球实施更开放政策,吸引人才、留住人才,实现人才高地建设的国际化;加强校际合作、校企合作,营造创新创业环境,实现大湾区人才培养的本土化与发展的一体化。

总之,与北京、上海高水平人才高地建设不同,三地优势互补与差异协同,是建设的特点与内在基础;认识与把握高水平的六大特点,是建设的核心要求;服务于粤港澳大湾区建设的战略定位,是建设的战略方向。如果按照高契合、高标准与高融合三方面要求进行建设,大湾区高水平人才高地建成指日可待。

本书以"人才高地建设、粤港澳大湾区、人才发展战略、人才评价与创新"为主题,精选了此次论坛24篇领导致辞、主题发言和18篇学术论文。论文的作者都是我国人才研究领域的骨干,内容主要分为6大板块:致辞与发言、人才高地建设思考;产业与人才开发;人才引进与开发;人才流动与开发;人才评价与开发等方面。本书既有理论探讨也有实证研究,有的高瞻远瞩,发人深省;有的观点新颖,给人启迪;有的思维缜密,令人回味;有的实践性强,给人借鉴。

希望本书的出版发行,对我们践行习近平总书记关于人才工作的系列重要论述,完善粤港澳大湾区人才发展体制机制,进一步推进粤港澳人才开发与政策创新,让各类人才的创造活力竞相迸发、聪明才智充分涌流。进一步推动粤港澳大湾区创新融合发展,早日建成粤港澳大湾区高水平人才高地,发挥积极的促进作用。

本书的出版,要特别感谢中国人才研究会何宪会长、中国人力资源开发研究会李朴民会长、广东财经大学党委书记郑贤操与校长于海峰、副校长邹新月等领导的大力支持,感谢中国人事科学研究院绩效管理研究室任文硕主任、人才测评专业委员会以及大会秘书处等相关编辑人员的大力帮助与支持!

萧鸣政
中国人才研究会副会长
中国人力资源开发研究会人才测评专业委员会会长
北京大学人力资源开发与管理研究中心主任
广东财经大学粤港澳大湾区人才评价与开发研究院院长
广东财经大学人力资源学院院长
2022 年 11 月 3 日

目 录

领导致辞与主题发言

共同推进粤港澳大湾区高水平人才高地的创新发展 ············ 郑贤操（3）
打造"广深港""广珠澳"科技创新走廊，促进粤港澳
　大湾区创新资源集聚 ······································· 劳帜红（6）
做好人力资源服务高标准，打造创新人才高地示范区 ······ 周　成（8）
以一流人才研究工作促进粤港澳大湾区高水平人才高地
　建设 ··· 何　宪（10）
激发人才内在创新力，加快粤港澳大湾区高水平创新人才
　高地建设 ··· 李朴民（12）
发挥香港特区独特优势　建设粤港澳大湾区高水平人才
　战略高地 ··· 刘任辉（15）
破除人才发展的体制机制障碍 ····························· 董克用（19）
国家竞争力、人才高地与评价战略思考 ···················· 萧鸣政（25）
全球人才挑战与粤港澳大湾区人才管理 ···················· 赵曙明（29）
全面绿色转型与粤港澳大湾区人才战略 ···················· 王重鸣（34）
粤港澳大湾区高水平人才高地建设的实践和思考 ·········· 魏建文（40）
数字化时代企业的转型升级与人才创新发展 ··············· 彭剑锋（45）
人才生态建设的微观视角
　——组织建设的 Great 模型 ······························ 谢克海（50）
粤港澳大湾区高水平人才高地建设的战略选择与实现
　路径 ··· 王建民（54）

人才中心和创新高地竞争力比较研究 …………………… 任文硕（62）
以国际人才双循环促进大湾区人才高地示范区建设 ……… 姚　凯（67）
全国统一大市场建设下加速推进区域人才一体化的
　　构想…………………………………………………… 刘帮成（76）
面向人才高地建设，培养德智体美劳全面发展的高端
　　创新工程人才 ………………………………………… 雷涯邻（82）
澳门在粤港澳大湾区高水平人才高地建设中作用的
　　若干思考 ……………………………………………… 柳智毅（90）
打造粤港澳大湾区人才集聚高地 ……………………… 刘善仕（94）
致力创新，推进粤港澳大湾区人才市场一体化 ………… 谌新民（96）
世界人才高地建设目标的一点思考 …………………… 陈小平（100）
香港特区在粤港澳大湾区人才高地建设中的特殊价值与
　　作用 …………………………………………………… 傅　誉（102）

人才高地建设思考

人才协同发展：粤港澳大湾区高水平人才高地建设的路径
　　选择 …………………………………………………… 王文成（107）
粤港澳大湾区科技创新人才队伍建设研究：政策演进、
　　困境与对策 …………………………………………… 马秀玲（119）
加快发展职业教育，建设粤港澳大湾区高水平技能人才
　　高地 …………………………………………………… 陈　姗（133）
我国人才共享平台的建设现状及其对粤港澳大湾区人才
　　高地的启示 ………………………………… 易槐凯　黎晓丹（142）

产业与人才开发

高质量发展背景下粤港澳大湾区产业结构与就业结构协调
　　性研究 ……………………………………… 吴　凡　邓诗范（157）
粤港澳大湾区人才战略赋能产业升级
　　………………………………… 孙利虎　李　洋　暴慧星（172）

战略人力资源管理研究的演化路径、知识图谱及研究
　　展望 ··· 刘元昊（185）

人才引进与开发

澳门特区人才引进新政探析 ······································ 鄞益奋（205）
对澳门《人才引进制度》的思考与展望
　　——兼谈人才流动中的"信息茧房"效应 ··············· 宋　澂（212）
乡村振兴背景下人才政策感知对乡镇医疗机构人才队伍建设
　　影响机制研究
　　——以四川省DZ县SH镇为例 ················· 于　姝　甘活羽（226）

人才流动与开发

粤港澳大湾区人才流动问题与对策研究 ························ 任文硕（241）
科技创新规划实施中的参与主体人才网络结构与测度
　　——以X高新技术产业开发区为例 ····················· 王明杰（249）
大学生创造力对创业动机的影响机制研究
　　——基于广东省高校351份大学生样本的分析
　　····································· 李永康　陶泉沙　孙琦琦（260）
粤港澳大湾区人才流动意愿
　　——以澳门特区青年人到横琴发展意向调查为例 ········ 张　锐（282）

人才评价与开发

CEO情绪调节与科创企业创新绩效：人才幸福感中介模型
　　·· 陈小平　刘　颖　牛　萍（297）
粤港澳大湾区人才高地建设中人才评价战略、价值与方法研究
　　——以深圳市创新型科技人才竞争力评价为例 ········· 梁善华（308）

基于 C-D 生产函数的广东省人才贡献率研究
　　………………………………………… 吴　凡　魏高亮　黄宝俊（325）
浅谈定向选调生制度在澳门与横琴一体化发展中的
　　机遇与挑战 ……………………………………… 王嘉政（340）

领导致辞与主题发言

共同推进粤港澳大湾区高水平人才高地的创新发展

郑贤操[*]

尊敬的各位领导、各位专家、各位嘉宾，老师们、同学们：

大家上午好！

5月25日，广东省第十三次党代会刚刚顺利闭幕，在全省迅速掀起学习贯彻省第十三次党代会精神、全国上下满怀豪情迎接党的二十大胜利召开之际，我们以线上线下相结合的形式举行第二届粤港澳大湾区人才战略与创新发展论坛，共同探讨粤港澳大湾区高水平人才高地建设与发展进程中的问题与挑战，具有十分重要的意义。在此，我谨代表广东财经大学向本次论坛的举办表示热烈的祝贺！向百忙之中莅临学校的各位领导、各位嘉宾、各位朋友表示热烈的欢迎！向社会各界长期以来对广东财经大学改革发展的关心和支持表示衷心的感谢！

千秋基业，人才为本。党的十八大以来，习近平总书记围绕人才工作作出一系列重要论述，深刻回答了新时代人才事业发展的重大理论和实践问题。在2021年中央人才工作会议上，习近平总书记指出，"做好新时代人才工作，必须坚持党管人才，坚持面向世界科技前沿、面向经济主战场、面向国家重大需求、面向人民生命健康，深入实施新时代人才强国战略，全方位培养、引进、用好人才，加快建设世界重要人才中心和创新高地，为2035年基本实现社会主义现代化提供人才支撑，为2050年全面建成社会主义现代化强国打好人才基础。""加快建设世界重要人才中心和创新高地，需要进行战略布局。综合考虑，可以在北京、

---

[*] 广东财经大学党委常委、党委书记郑贤操的致辞发言，收录时略有修改。

上海、粤港澳大湾区建设高水平人才高地。"习近平总书记的重要讲话,对我国人才事业发展作出了顶层设计和战略布局,向全党全国发出了深入实施新时代人才强国战略、加快建设世界重要人才中心和创新高地的动员令,为做好新时代人才工作指明了前进方向、提供了根本遵循。2021年11月,广东省委人才工作会议提出要以在粤港澳大湾区建设高水平人才高地为牵引,扭住"五大工程"精准发力,奋力开创新时代人才强省建设新局面。

今天我们在这里举行粤港澳大湾区人才战略与创新发展论坛,是深入学习贯彻习近平总书记关于人才工作的重要论述精神,全面贯彻落实中央人才工作会议和广东省委人才工作会议精神的充分展现,也是贯彻落实广东省第十三次党代会精神,进一步推进粤港澳大湾区人才开发与政策创新,进一步推动粤港澳大湾区融合发展,积极建言献策的重要行动,相信此次论坛的召开一定能够进一步汇聚顶尖智慧、集聚要素资源,共同推进粤港澳大湾区高水平人才高地的创新发展。

高校是培养人才、汇聚人才的主阵地。近年来,作为广东乃至华南地区财经政法类人才培养高地、现代服务业与社会治理创新发展研究重地,广东财经大学积极发挥在地高校优势,以新文科和新商科建设为契机,成立全国首家人力资源学院。围绕湾区的产业链、创新链布局人才链,大力培养高层次拔尖创新人才。以服务"双区"和横琴、前海"两个合作区"建设为导向,积极实施人才强校战略,完善人才"引育留用"全链条发展机制。成立粤港澳大湾区人才评价与开发研究院,在服务湾区高地建设"立地"上下功夫,为人才高地"赋智""赋能"。

"粤港澳人才战略与创新发展论坛"是我校倾力打造服务湾区人才高地建设的重要学术平台,意在汇聚政界、学界、企业界专家学者智慧,共同推动粤港澳人才战略和创新发展。2021年举办的第一届论坛,取得了非常好的效果,在科学研究、决策咨询研究方面的成果得到了各界的肯定。相信本届论坛,在各位专家、学者的共同努力下,也一定能碰撞出更多的思想火花,取得更加丰硕的成果,为粤港澳大湾区高水平人才高地建设提供更加开阔的思路和更加有利的借鉴。

最后,请各位领导、专家、学者深入研讨、真诚交流、分享成果、共谋发展，相信本次论坛一定会硕果累累，成为推进粤港澳大湾区人才开发与政策创新的一次重要盛会，祝论坛取得圆满成功，祝各位领导、各位专家身体健康、工作顺利、万事如意，谢谢大家！

打造"广深港""广珠澳"科技创新走廊，促进粤港澳大湾区创新资源集聚

劳帜红[*]

尊敬的何宪老部长、李朴民会长、郑贤操书记、于海峰校长，尊敬的领导嘉宾，各位老师、同学们：

大家上午好！很高兴再次参加粤港澳大湾区人才战略与创新发展论坛，感谢主办方的精心组织和盛情相邀。

2022年举办论坛有特别的意义。当前，全省上下满怀豪情喜迎党的二十大胜利召开。广东省第十三次党代会顺利闭幕，对今后五年的工作提出了总体要求、主要目标和重点任务。5月26日下午，中国国际人才交流大会也在线上以论坛形式开幕，论坛主题是"加快建设世界重要人才中心和创新高地"，这是习近平同志为核心的党中央作出的重大部署。香港、澳门的行政长官、科技部部长、广东省省长、北京市副市长、上海市副市长、深圳市委书记等领导和嘉宾围绕主题发表演讲，与今天论坛的主题不谋而合，意义重大。

推进粤港澳大湾区的建设是习近平总书记亲自谋划、亲自部署、亲自推动的重大国家战略，也是保持香港、澳门长期稳定、繁荣的重大决策。习近平总书记在2021年召开的中央人才工作会议上强调，"加快建设世界重要人才中心和创新高地，需要进行战略布局。综合考虑，可以在北京、上海、粤港澳大湾区建设高水平人才高地"。在粤港澳大湾区建设高水平人才高地，对粤港澳大湾区进一步提升国际竞争力、创新合

---

[*] 广东省科学技术厅党组成员、副厅长，广东省外国专家局局长劳帜红的致辞发言，收录时略有修改。

作发展体制机制、打造国际一流湾区和世界级城市群具有重大意义和深远的影响。

近年来，广东省坚持以习近平新时代中国特色社会主义思想为指导，深入学习贯彻习近平总书记关于做好新时代人才工作的重要论述，围绕构建"基础研究＋技术攻关＋成果转化＋科技金融＋人才支撑"全过程创新生态链，不断完善优化人才政策，着力营造"近悦远来、拴心留人"的人才发展环境，以开放包容的姿态、积极有效的措施广聚天下人才，推动粤港澳大湾区高水平人才高地建设取得了阶段性进展。全省区域创新能力综合评价在全国实现"五连冠"，研发人员超120万人，有效发明专利量、PCT国际专利申请量等指标稳居全国首位，高新技术企业数量超6万家。"十三五"以来，广东累计发放外国人才来华工作许可证约23万份，每年来粤工作的外籍和港澳台人才约38万人次，居全国首位。R字签证外国高端人才确认函自2020年8月下放大湾区内地九市科技外专部门签发以来，新增签发近千份。重大创新载体建设加速。举全省之力奋力打造广东"国之重器"，实验室体系不断完善，重大科技基础设施集群初具规模，初步形成以"广深港""广珠澳"科技创新走廊为脊梁的大湾区创新资源集聚空间布局。

今天，"2022粤港澳大湾区人才战略与创新发展论坛"正式开幕，与会的嘉宾有来自中央和地方的党政领导，有内地和港澳地区理论深厚的专家学者，有来自实践一线经验丰富的企业家，这是我们聚焦粤港澳大湾区高水平人才高地建设，深入探讨粤港澳大湾区建设中的人才战略和创新发展问题的绝佳机会。所以在此我也谨代表广东省科技厅（广东省外国专家局）对论坛的开幕表示热烈的祝贺，也对社会各界长期以来对广东科技事业和科技人才工作的支持、事业的帮助表示衷心的感谢。我也希望大家通过这个论坛真诚交流，密切合作，集思广益，碰撞出智慧的火花，结出丰硕的成果，为推进粤港澳大湾区人才建设和经济社会发展，为建设科技强国、人才强国贡献智慧和力量。

最后预祝本次论坛取得圆满成功，也祝大家工作顺利、生活舒适、身体健康！谢谢大家！

做好人力资源服务高标准，打造创新人才高地示范区

周 成[*]

尊敬的各位领导、专家，老师和同学们，大家上午好。

初夏五月，我非常高兴能够有机会和大家一起相聚在美丽的广东财经大学校园，参加第二届粤港澳大湾区人才战略与创新发展论坛，我谨代表广东省人力资源和社会保障厅对论坛的开幕表示热烈的祝贺。

功以才成，业以才广。人才是支撑发展的第一资源。人才是影响一个地区经济社会发展的最重要因素之一，是一个地区发展的重要战略资源，充分吸引和有效利用人才，是实施人才战略的关键所在。中央高度重视人才工作，2021年9月27日至28日，中央人才工作会议在北京召开，习近平总书记深刻阐述了新时代人才工作新理念、新战略、新举措，强调深入实施新时代人才强国战略，加快建设世界重要人才中心和创新高地，在北京、上海、粤港澳大湾区建设高水平人才高地，开展人才发展体制机制综合改革试点，集中国家优质资源重点支持建设一批国家实验室和新型研发机构，发起国际大科学计划，为人才提供国际一流的创新平台，加快形成战略支点和雁阵格局。在粤港澳大湾区建设高水平人才高地的战略布局，是党中央赋予广东新的重大政策、重大机遇、重大平台，为我们做好新时代人才工作，指明了前进方向，提供了根本遵循。

广东是经济和用工大省，人力资源要素流动活跃，全省常住人口规模连续14年居全国之首，专业人才和技能人才数量分别达到858万人和1762万人，位于全国前列。近年来，广东省人社系统认真学习贯彻习近

---

[*] 广东省人力资源和社会保障厅副厅长周成的致辞发言，收录时略有修改。

平总书记关于粤港澳大湾区建设重要指示精神，深入贯彻落实习近平总书记视察广东重要讲话精神，纵深推进"双区"和两个合作区建设，推动"一核一带一区"区域发展格局积厚成势，全面推进乡村振兴战略，实施更加积极、更加开放、更加有效的人才政策，营造爱才如命、惜才如金的制度环境，高标准打造创新人才高地示范区。塑造广东发展新优势，一是坚持以精尖缺为导向，实施开放包容的人才引进政策，实施博士后人才引进计划和青年优秀科研人才国际培养计划，编制粤港澳大湾区紧缺人才目录，吸引海内外优秀人才来粤工作。二是坚持以优化结构为目标，开辟多元广阔的人才培养渠道，打造"粤菜师傅""广东技工""南粤家政"三项工程金字招牌；圆满举办首届全国技能大赛，金牌数、奖牌数和团体总分均居全国第一。三是坚持以要素融通为关键，健全畅通灵活的人才流动机制。港澳居民在粤参保17.68万人次，每年招募3000名"三支一扶"高校毕业生到基层服务，全省人力资源服务机构超四千家。四是坚持以精准服务为保障，厚植宜居宜业的人才发展沃土，大湾区人才港、人力资源服务业产业园、人才优粤卡、人才驿站、广东人才网串珠成链，紧密衔接，形成贯通多领域、覆盖多层次的精准服务体系。

创新之道，唯在得人，建设国家战略人才力量，激发人才创新创造活力，需要高质量做好引才育才、留才用才这篇大文章。2021年广东财经大学专门成立人力资源学院，面向粤港澳大湾区与国内外经济社会发展需要，培养专业的人力资源专业人才，高水平举办首届粤港澳大湾区人才战略与创新论坛，为推动粤港澳大湾区科技创新与发展献才赋能。今天我们围绕粤港澳大湾区人才战略与创新发展机遇主题，共同探索人才发展的创新路径，使思维相互撞击，迸发火花，达到集思广益的效果。我相信有大家的携手同行，定能绘制一幅创新涌动、人才涌流的繁荣景象，最后，预祝本次论坛取得圆满成功。祝愿大家身体健康，万事如意！

谢谢！

以一流人才研究工作促进粤港澳大湾区高水平人才高地建设

何 宪[*]

推进粤港澳大湾区建设，是以习近平同志为领导的党中央作出的重大决策，党中央国务院印发的《粤港澳大湾区发展规划纲要》要求把大湾区建成充满活力的世界级城市群、国际科技创新中心、"一带一路"建设的重要支撑，内地与港澳深度合作的示范区。国家"十四五"规划提出要加强粤港澳产学研协同发展，推进综合性国家科学中心建设。粤港澳大湾区建设是国家发展的重大战略，在整个国家长远发展中具有举足轻重的作用。粤港澳大湾区建设目标能否顺利实现，粤港澳大湾区的作用能否有效发挥，关键在人才。习近平总书记高度重视人才工作，要求深入实施新时代人才强国战略，提出要在北京、上海、粤港澳大湾区建设高水平人才高地，集中国家优质资源，重点支持建设一批国家实验室和新型研发机构，为人才提供国际一流的创新平台。我们要深入领会总书记指示精神，切实加强粤港澳大湾区人才高地建设的研究，推动人才工作紧紧跟上粤港澳大湾区建设步伐。本次会议把粤港澳大湾区高水平人才高地建设作为会议的主要议题，这是贯彻落实总书记重要讲话精神的一个实际行动，也是粤港澳大湾区人才研究的一次重要活动。论坛邀请了北京大学、清华大学、中国人民大学、复旦大学、浙江大学等著名高校和国家级科研机构专家学者，聚焦人才高地建设与人才评价等主要议题，为粤港澳大湾区人才高地建设提供重要的智库思想和专家支撑，具有十分重要的意义和价值。会议之前，各方面进行了认真的准备，形

---

[*] 中国人才研究会会长何宪的致辞发言，收录时略有修改。

成了一批高质量的论文，提出了很多重要的观点和意见建议，共同为粤港澳大湾区人才高地建设建言献策。广东财经大学作为这次会议的东道主，不仅为本次会议提供方便和服务，在人才研究方面也颇有建树，作出了不少成果。作为一所财经院校，这么重视人才研究是很难得的，说明学校及相关领导富有远见。我相信广东财经大学一定能够出更多、更好的研究成果，为粤港澳大湾区人才高地建设做出重要的贡献。同志们，在新冠疫情还复杂严重的情况下，我们能召开这次会议很不容易，希望大家珍惜这个机会，深入研讨，真诚交流，分享成果，共谋发展。相信本次论坛一定会硕果累累，成为推进粤港澳大湾区高水平人才高地建设的一次重要盛会！

激发人才内在创新力,加快粤港澳大湾区高水平创新人才高地建设

李朴民[*]

我国已步入全面建设社会主义现代化国家的新时期,科技创新在国家发展全局中居核心位置。党的十八大以来,我国科技创新进入了快车道,创新能力大幅跃升,一些前沿领域开始进入并跑、领跑阶段,科技实力正在从量的积累迈向质的飞跃,从点的突破迈向系统能力的提升,为促进经济社会发展提供了重要支撑。当前,国际形势严峻复杂多变,特别是百年变局加速演进,世纪疫情仍处高位,二者相互叠加影响,全球经济复苏乏力,加上美国的制裁、逆全球化的干扰,我国在一些关键核心技术领域的"卡脖子"问题进一步凸显,产业链自主可控能力面临严峻挑战。保持经济稳定发展尤其是实现更高质量、更可持续的发展,大力促进科技创新、着力强化创新引领,时不我待、刻不容缓。

人才是创新的根基,是实现创新引领的关键。习近平总书记在中央人才工作会议上强调,我们比历史上任何时期都更加接近实现中华民族伟大复兴的宏伟目标,也比历史上任何时期都更加渴求人才,并强调要深入实施新时代人才强国战略,加快建设世界重要人才中心和创新高地。纵观当今世界,人力资源作为经济社会发展第一资源的特征和作用更加明显,人才红利已成为发展的最大红利。经过多年努力特别是党的十八大以来,我国人力资源开发和人才队伍建设取得了历史性成就。有资料显示,目前,我国人才资源总量已达2.2亿人,居世界首位;科技人力资源数量达到1亿人,专业技术人才超过8000万人;人力资本对经济增

---

[*] 中国人力资源开发研究会会长李朴民的致辞发言,收录时略有修改。

长的贡献率达到 36.8%。但是，我国具有国际影响力的高精尖人才数量依然偏少，顶尖人才、领军人才、创新人才的数量和质量，与国家战略需求相比，与一流发达国家相比，还存在差距；另一方面，产业发展骨干适用人才供给不足，工程科技人才培养与使用脱节问题仍比较突出。在"十四五"乃至实现第二个百年目标的新征程上，在有效应对各种可预见和难以预见的风险挑战的奋斗中，我们要更加深入地实施科教兴国战略、人才强国战略、创新驱动发展战略，树立人才为本的理念，坚持党管人才的原则，围绕建设世界重要人才中心和创新高地，坚持培养与引进并举，持续壮大人才规模、提升人才质量。要进一步健全有利于创新人才发展的体制机制，继续在管理机制上"放权"，在分配机制上"放活"，在评价机制上"放开"，最大程度地调动各类人才创新的积极性主动性。要着力营造有利于创新人才发展的良好环境，进一步加强人文关怀，在优化服务上既要注重物质层面的待遇，又要注重精神层面的关怀；既要以精细化的服务帮助创新人才解决生活、工作、科研方面的困难和问题，又要设身处地、以心交心，增进创新人才的认同感和归属感。要深化人力资源供给侧结构性改革，继续加强产教融合平台载体建设，健全产教融合持续发展的运行机制，加快培育一批发挥示范引领作用的产教融合型企业，打造形成一批产教融合特色鲜明的行业，促进建成一批高水平、专业化的产教融合实训基地，推动高等教育资源和产业创新要素的交叉渗透、相互融合，加强创新型、应用型、技能型人才的培养和塑造，推动全要素生产率提升。要积极构建"产业链+人才链+创新链"生态圈，按照国家战略导向，积极推动北京、上海、粤港澳大湾区高水平人才高地建设及区域中心城市建设，吸引集聚人才的平台，集中优质资源，重点建设一批国家实验室和新型研发机构，为人才提供国际一流的创新平台，推动实现高水平科技的自立自强。

　　粤港澳大湾区是我国开放程度最高、经济活力最强的区域之一，在国家发展大局中具有重要战略地位。近年来特别是粤港澳大湾区建设上升为国家战略以来，大湾区的科技创新能力进一步增强，比如，世界知识产权组织（WIPO）发布的全球创新指数显示，深圳—香港—广州创新集群连续两年位居全球第二。下一步，要按照中央关于加快建设世界重要人才中心和创新高地的要求，充分发挥粤港澳三地科技、人才、产业、市场等综合优势，推动生产要素和人员往来的便利化，加快大湾区高标准建设国际科创中心的步伐，推动在关键核心技术创新上不断取得新突破；要继续深化人才发展体制机制改革，搭建好国际一流的创新平台，促进粤港澳人才协同发展，打造高水平人才高地，为大湾区建设乃至全国的发展提供源源不断的创新动力。

新时代是创新的时代，是一个必须依靠创新才能更好发展的时代。经济社会发展需要在创新引领下实现高质量、高效率、高水平，中国人力资源管理学科亦是如此，呼唤着创新的引领、创新的驱动。在知识加速迭代、学科相互交叉、深度交融的时代里，我们需要更多的原始创新成果、基础研究成果、消化吸收再创新成果，尤其是需要顺应新科技革命发展的大趋势，更好地运用集成创新方法结出更多的创新成果，充分体现国情、体现学科特点，更好地服务于人才人力资源高质量发展实践。我们期盼着中国人力资源管理理论与实践的大发展，期盼着结出更多的创新成果，培养造就出更多的 HR 学科专家、HR 管理人才，更好地服务于国家战略和高质量发展。中国人力资源开发研究会在各方面特别是专家学者和业界同仁的支持帮助下，为推动人力资源管理学科的理论探索与实践创新发挥了重要的桥梁纽带作用。在此，我代表研究会向长期来支持研究会发展的专家学者和社会各有关方面表示衷心感谢！下一步，我们要继续坚持以习近平总书记有关人才工作的重要论述为指导，坚持正确的政治导向，秉持开放、创新、融合的工作原则，把握"人力资源+"的学科特色，进一步加强与政府部门、高等院校、科研单位、企业和社会组织等方面的务实合作，一如既往地担当人力资源管理学科发展的推动者、组织者，为促进中国人力资源管理学科的理论与实践创新做出新的贡献！

发挥香港特区独特优势 建设粤港澳大湾区高水平人才战略高地

刘任辉[*]

我发言的题目是"发挥香港独特优势 建设粤港澳大湾区高水平人才战略高地"。三个关键词：定位高、优势强、作用显。

第一个关键词：定位高——就是明确建设粤港澳大湾区高水平人才高地的战略定位。

重点在"高"字上做文章。一是定位高。粤港澳大湾区建设是习近平总书记亲自谋划、亲自部署、亲自推动的国家发展战略。2019年2月，中共中央、国务院印发了《粤港澳大湾区发展规划纲要》，明确了粤港澳大湾区作为新时代国家改革开放下的重大发展战略。这是党中央根据我国发展阶段、环境、条件变化，审时度势作出的重大决策，是立足当前、着眼长远的战略谋划。我们必须全面准确把握粤港澳大湾区建设的时代背景、全局意义和深刻内涵，立足大湾区，胸怀祖国，放眼世界，瞄准建设"富有活力和国际竞争力的一流湾区和世界级城市群"目标，按照打造教育和人才高地的要求，将粤港澳大湾区建设成为"内外双向开放""世界一流""建设现代化强国"的高水平人才战略高地。二是标准高。在大湾区人才建设中，我们要逐步建立起大湾区高水平复合型的人才标准，使之成为世界认可的中国人才标准。未来大湾区培养的人才，不仅能在湾区内充分展示才华，而且还可以向内地其他省市输送高层次人才，并伴随"一带一路"建设通过香港更好地走向世界。

第二个关键词：优势强——就是香港特区在人才建设方面有着不可

---

[*] 中央政府驻港联络办广东联络部二级巡视员刘任辉的主题发言，收录时略有修订。

替代的独特优势。

一是制度优势。粤港澳大湾区拥有"一国两制"独特的制度优势，处于两制的交集区，香港特区既与内地紧密相连，互联互通，又与国际接轨。二是位置优势。香港特区处于国内国际两个市场交汇区，是国内人才"走出去"，国际人才引进来的重要通道和桥头堡。三是人才优势。香港特区是全球最自由的经济体之一，拥有高度市场化、国际化、法治化的营商环境以及遍布全球的商业网络，拥有吸引国际高端人才的成熟制度和高度开放的人才流动体系，汇聚了世界各地各行各业的精英和高端人才，是国际人才的"蓄水池"。所以，香港特区人才具有国际化、市场化、专业化的显著特征。四是资金优势。改革开放，香港特区对内地最大贡献之一，就是引进资金，占我们引进外资的60%多。有了钱才能好办事、办成事。类似这些优势将在建设粤港澳高水平人才战略高地中发挥十分重要的作用。

发挥好香港特区的优势作用还需两个条件：一是制定规划。推动粤港两地政府组织相关部门研究制定中长期人才培养规划，重点突出"如何利用现有高端人才、如何吸纳紧缺人才、如何培养未来所需人才"等三个方面。按照规划一步一个脚印，一年一年坚持干下去。二是筹集资金。发挥香港特区金融中心"资金池"作用，成立粤港澳大湾区人才培养基金会。基金分别由粤港两地政府，包括大湾区九市政府、大湾区新兴行业及重要知名企业、财团等多方面出资构成。基金会负责研究基金筹集、分配、使用等事项，为高水平人才培养提供优质资源和支持。

第三个关键词：作用显——就是充分彰显香港特区在人才建设中用好"存量"、吸纳"流量"、培养"增量"的作用。

用好"存量"。着重从四个方面入手：一是建立人才库。推动特区政府或法定机构建立香港人才库，并与大湾区内地九市人才库对接，摸清家底，优势互补，更有针对性地发挥香港特区高端人才所长。二是成立人才协会。通过香港特区人才协会把这些高端人才联系起来、组织起来，在培养大湾区本地高水平人才建设中发挥经常性的作用。三是言传身教。统筹协调，定期安排香港特区高端人才到大湾区九市高校和相关机构做巡回报告，讲授个人业界成功经验和做特殊案例分析教学，或举办人才高峰论坛请他们做业界前瞻性问题等专题演讲。如果将来大湾区九市每年都能经常性地请到特区政府前高官、港交所前高管、香港特区会计四大行高管，包括驻港中资企业高管等高层次人才作专题演讲，相信大湾区高水平人才高地的地位和知名度将迅猛雄起跳涨。四是培训办班。粤港两地携手合作举办高水平人才专题培训班。安排到香港特区培训学习一段时间，联系到特区政府相关职能部门，或立法会、律政司、廉政公署、机场管理局、世界知名企业驻港地区总部、港资著名企业、驻港中资企业、高校及科研院所、港交所等地方参观学习。培训办班最重要的是请香港特区的高管现身说法，做权威性情况介绍，才能保证培训质量，这样才能让学员现场亲身感受了解香港特区的行政、立法、司法、外资企业、港资企业、驻港中资企业、以及高校科研机构的运作模式或经营模式、管理模式，进而开阔学员视野，提升他们对国际化、市场化、制度化、专业化的认知水平。可能大家认为培训办班不是很平常吗？这里我想强调的是，关键要看办班的主办和承办方是什么单位，什么级别；学员层次高不高；讲课的老师的层次和水平高不高。

吸纳"流量"。为了吸引来自世界各地的优秀人才到香港特区工作定居生活，2006年，香港特区政府推出了香港优秀人才入境计划，简称"香港优才计划"。2021年10月，特区政府宣布将"香港优才计划"配额从每年2000名增至4000名。并在原来的11项人才清单中增设了"资产管理合规专才"和"环境、社会及管治相关财经专才"两类人才，还扩充部分原有专业的领域，涵盖医疗及健康护理科学、微电子、集成电路设计和艺术科技专才。对此，大湾区内地九市政府可借助香港特区政府推出的"香港优才计划"为我所用，积极参与，提出紧缺人才需求清单，双方共同合作出资，主要聘请世界各地优秀人才，包括海归专才，分别安排他们到香港特区和大湾区内地九市工作，实现紧缺人才共享，达到双赢目的。据毕马威中国4月25日最新刊出的《2022年香港高管人员薪酬展望》报告显示，有72%的香港特区高管人员受访者愿意移居至大湾区内地城市工作。这对大湾区内地城市来说是利好消息。建议推动相关部门尽快出台大湾区引进香港特区人才的优惠政策，特别是提供社会福利，如子女教育、医疗保障、社会保险等综合配套辅助系统的政策，招揽香港特区高管人才。"肥水不流外人田"，防止香港特区人才流失。

培养"增量"。香港特区拥有多所高校名列世界百强,几所高校经常被评为"最国际化"的学校。伴随大湾区建设发展,近年两地高校合作办学掀起了新的热潮,如"雨后春笋"遍及大湾区内地城市,并不断向纵深发展。合作办学需找准优势、积极谋划,利用好国内国际两种资源,按照问题导向和需求引领,从大湾区未来发展实际需要出发,培养"内外双向开放""世界一流""建设现代化强国"的复合型人才。通过合作办学,双方除了互认学历、职业资格以外,更重要的是打造一批"人无我有,人有我优、人优我转"的"独门绝技"交叉学科和培养行业的领军人物,培养高水平人才的"增量"。在这里大胆设想,比如,我们能否推动大湾区内地的中医药大学与香港特区的医学院共同创立中西医交叉学科,走前人没有走过的路。将来培养出来的医生,既能"望、闻、问、切"开中药铺,又能熟练运用现代医学设备和手术刀救治病人,成为独具中国特色的中西医复合型医学专才,从而建立起大湾区医生的标准,使之成为未来中国医生的标准、世界医生的标准。

2022年5月8日,李家超高票当选香港特区政府行政长官,其政纲务实可行、贴地惠民,也展现了其为香港特区开新篇的魄力与决心。我们坚信,在中央全力支持下,粤港澳大湾区通力合作,特区政府聚力发展,香港特区在粤港澳大湾区高水平人才建设中将绽放出更加绚丽的光彩。

破除人才发展的体制机制障碍

董克用[*]

2019 年我从中国人民大学退休之后，应聘到清华大学做养老和老年问题的研究。自从我 1984 年在中国人民大学留校任教到退休，工作了 35 年，目前在清华也待了几年，这样的经历对人才培养还是有点体会的，所以，我想利用这个机会来讲一些基本问题。要建设人才高地，就像习近平总书记讲的，我们还是要破除一些制约人才成长的体制和机制障碍，把这些障碍清除了，人才的培养、人才的发展就有空间，人才的培养也可以更顺利，更能够回答钱学森之问，即为什么我们总培养不出高端人才呢？我讲三个问题，第一点，我们回顾一下，计划经济时代与改革开放时代的人才观；第二个，我们看看新时代、新发展阶段的人才观；第三就看看我们怎么样来破除人才发展的体制机制障碍，着力点在哪。

先看第一个问题，计划经济时代和改革开放时代的人才观。我经历了计划经济时代，在计划经济时代我上了学也下了乡，也当了工人，回顾一下，那时候我们在工厂里当工人，"人才"概念是不常用的。那时候要讲人才，多指的是有某些特长的天才，说这人是人才，他的象棋下得好，别人赢不了他，或者会打球、大字写得好。那时候所谓人才都是讲具备某一方面的特长，而在人事工作中，那个时候我们讲什么呢？我们讲螺丝钉精神，就是"拧在哪儿就在哪儿发光发亮"，拧住坚决不动，那时候我在工厂当了九年工人，脑子里全是螺丝钉精神。到了改革开放，我们上大学了，所以我们这代人又经历了整个改革开放 40 年这样一个时

---

[*] 清华大学社会科学学院特聘教授董克用的主题发言，收录时略有修订。

期。在改革开放初期，开始引入市场经济了，那时候仅有螺丝钉精神显然还是不够的，因为那时候要把人的潜力发挥出来，而不是说让你干什么就干什么，要让你有主动性，但是一开始还没有讲创造性。邓小平在1980年提出来要大力培养"四有人才"，即"有理想，有道德，有文化，有纪律"，这就是时代的特征。有理想，为什么有理想呢？因为经过了十年"文化大革命"，大家都茫然了，不知道往哪去了，所以要有理想，其实我们那时的理想就是建设现代化强国。有道德，为什么要提有道德？因为"文化大革命"把全部的道德都打破了，原来的道德观都乱了。要有文化，要有纪律，就说不能瞎干，所以邓小平当时就是这样来强调人才的标准。40多年改革中的故事太多了，一天都讲不完。那我们最重要的一个时间点是1993年，经过长时间的探索，最后确定了社会主义市场经济体制。我个人感觉就是从这个时候开始重视人才问题，就是确定了我们要搞社会主义市场经济，这样方向确定了，体制确定了，那关键是什么，关键就是人才，所以在2003年和2010年两次召开了全国人才工作会议。我很有幸，参加了这两次会议。这两次会议提出很多新概念，比如，第一次人才工作会议就提出来"人人可以成才"，所以我们当然就想，我们人人都可以成才，很好。那什么叫人才，这些概念是什么呀？后来提出是四个"不唯"的人才观，不唯学历、不唯职称、不唯资历、不唯身份；建设"五路大军"，即党政干部人才、专业技术人才、企业经营管理人才、能工巧匠"五路大军"，这都是改革开放这个时代提出来的一些新的理念。

那么第二个问题，新时代、新的发展阶段我们的人才观是什么？党的十八大以来，国内外形势都发生了重大变化，就是整个我们国家的经济社会发展对人才的需求更加迫切了，为什么？因为创新已经成了发展的关键因素，十八大以前改革开放路径我们可以是仿造引进，利用我们的廉价劳动力实现大规模的制造业生产。我们为世界人民制造每人一双鞋，每人一件衬衫，使中国成了世界日用品的生产大国。美国多少年物价不涨，都靠我们这边廉价的产品，一船船集装箱的服装过去，换一架飞机回来了。这样做也没有办法，发展阶段就是那样。到了党的十八大以后，我们看到整个形势的变化也和原来完全不一样，就是创新已经成为我们下一阶段的发展关键。习近平总书记强调，没有创新，再走过去我们那个习惯的路，不可能，人家不让你走，咱们也走不过去，只有创新。所以创新型人才才是新发展阶段最重要的标志。2021年9月召开的第三次人才工作会议，会议更名为中央人才工作会议会，不再是全国人才工作会议。我觉得非常重要，而且指出来要破除人才发展的体制机制的障碍，这个破除障碍就成为关键性工作。

下面我讲第三个问题，破除人才发展的体制机制障碍的着力点在哪，我看有三个方面，第一是要清楚，什么是人才？如何识别人才？第二是在教育阶段，培养人才的重点应该在哪里？第三分析一下就业阶段我们需要改革的是什么。

先看看什么是人才，中国古代就有这个说法，"千里马常有，而伯乐不常有"。千里马就是人才，但没有伯乐，就发现不了千里马。就是人才识别的困难。所以，对什么是人才争论不休，人才学搞了几十年，其实什么是人才也没有特别说清楚。我个人觉得，人才就是具有特殊人力资本，并且在实践中做出突出贡献的人，是某一个领域高质量的人力资源。在该定义下，首先，人才是拥有一般人力资本，而是拥有特殊的人力资本。何为"特殊"，需要研究讨论。其次，人才必须在实践中做出突出贡献。有的人是有特殊的人力资本，但就是啥也不干，躺平了，就不是人才。人才必须做出突出贡献，作出一般贡献的不行，也就是表明，人才是某个领域高质量的人力资源，有了这样的标准去判断，就容易说清楚了。

人才是个动态概念，所以千万不能用帽子来定义人才，现在社会上的一个现象就是"帽子满天飞"，搞不清楚有多少种"学者"。某些教授，一会儿是"黄河学者"，一会儿是"珠江学者"，把人搞糊涂了。我认为，用帽子来定义人才是不对的。因为帽子往往说明过去，并不代表未来。比如说，国际上评诺贝尔奖，评的是什么呢，就是你在某一领域已经做出的贡献。但是，你当初做贡献的时候，你并不知道能不能评奖嘛，莫言当初写作也不知道能否获诺贝尔文学奖。诺贝尔奖是说，你已经做出了这样一个贡献，而且是同行公认的突出贡献，最后给你发奖。而且，你可以发现，大部分获得诺贝尔奖的人，其后基本上也没有太多更新更大的贡献了，他已经把自己的精力发挥差不多了。所以，诺贝尔奖就是对过去的一个认定。我曾经在美国大学教书，我在的那个学校有一年有位教授获得了诺贝尔奖。我问说学校有啥奖励啊,人家告诉我,没啥奖励,就是把办公室楼前那个最近的车位专门给他留了,叫大伙就别占用了,他能把车停在楼门口车位,别人就停远点。

　　刚才讲了人才发展体制障碍里边的一个关键点,就是不能用帽子,这个帽子满天飞的结果是什么呢?就出现了一些追标准人。就是你为了建一个"帽子"就要设些"标准"。中国人很聪明,马上就把你的"标准"搞熟了,相关指标迅速"达标"。例如,前一阶段人文社会科学领域的"帽子"的评选标准以国外发表论文为主,结果教师和科研人员马上把能在国外发表的就弄到外国发表。国外人文社会科学的学术期刊,一下子收到一大批中国人的投稿,编辑不明白为什么,也没有办法处理,只好请该领域在国外的中国学者帮助初选。有些人和单位,为了争"帽子",打得一塌糊涂。而最后得了"帽子"的人,就靠这顶帽子更换更好的工作单位。所以,我认为用"帽子"来定义人才不是办法,我们应该用更好的人才定义,人才就是拥有特殊人力资本并在实践上做出特殊贡献的人。人才是动态的概念,只有这样来定义人才,我觉得更有意义,而不需要制造很多"帽子"。

　　那么在教育阶段,人才培养的重点应该是什么?大家知道,教育是分阶段的,可以分为基础教育阶段和高等教育阶段。目前,我们在基础教育阶段有什么问题呢?我觉得我们没有认清楚基础教育的任务是什么。我认为基础教育阶段有两个任务,一个就是让孩子 7 岁入学,通过基础教育,成长为一个合格的社会人。他从一个什么都不清楚的儿童,从一个家庭走入社会,他在 18 岁以后,应该明白什么叫社会,应该怎么在这个社会中与他人打交道,也就是成为一个"社会人"。第二个任务就是要在这个阶段发现每个人有什么特长,因为每个人其实都有特长,也都有所短,你不能拿一个标准去培养所有的人,所以发现的特长就为未来他的成长打好了基础。因为我们无法知道谁最后是个什么样子,就是说马云小时候你能说马云将来一定能成功吗?你说那些科学家,你说从小就成功吗?不是的,我是在清华大学长大的,清华大学那些教授的子弟们最后也没有都成为教授。其实,你只要把基础做好了就行了。就是要让孩子们学会学习和掌握知识,而不要去训练背诵答案。我们现在的基础教育麻烦就在这,就是托福惹的祸,说任何事情只有一个标准答案,那不对啊！当年我们开始上大学的时候，开始盛行考托福、考雅思，想出国嘛。每个试题只有一个标准答案。怎么找这标准答案呢？有一大堆办法。但是，把这事挪到了整个基础教育中，就毁了这批孩子。因为，实际上很多问题没有标准答案。所以，不要让孩子们只学会背诵多少东西，没什么好处。要理解自然界、理解社会、理解人类历史，要真正理解历史，而不是只会背诵历史。真正理解了人类历史，我觉得为他未来发展打下很好的基础，他就能够融入社会，无论他是在国内还是走向国际，都能融入社会，我觉得这才是正确的基础教育。

那到了高等阶段教育阶段，高等教育阶段是什么任务呢？是我们的人才培养阶段，这个时候任务是：会发现问题、能解决问题，我觉得这是最重要的。在大学学什么，不是学各种新名词，这些我觉得都不重要，最重要的是你能发现问题，而且会解决问题。我们不要把高校办成技能或者高等技能的培训学校，我觉得这些给高职就行了。当然高职也很重要，就是千万不要把大学，特别是研究型大学办成了只掌握一般技能学校。所以国际上大学是分类分层的，道理就在这里。要培养成为人才，就要具有特殊人力资本。怎么办呢，你就不能是掌握一般技能和一般的训练。所以高等教育的目标是，未来你无论从事什么职业，而且很可能变换多次职业，都能够发现问题，要有质疑精神和批判精神。就说董老师今天讲的有很多不对的地方，会批判，前面老师讲的也有不对的地方，要会批判，要质疑。没有这种精神，你没办法往前走。而且发现了问题，还要会解决问题，解决问题，其实就是运用一般的逻辑思维和创新思维。首先是逻辑思维，逻辑要对，不能在讨论问题的时候乱讨论，乱争论。你要用基本逻辑去判断这个问题，然后要有创新地解决问题，你一定要有创新的思维。因为要传统的思维是解决不了当前问题的，所以，发现问题、解决问题是高等教育最重要的目标。

最后一点，在就业阶段需要改革的什么，有什么体制机制障碍？我认为首先应该破除的是歧视，我们现在体制机制中这种歧视特别多，比如，年龄歧视、性别歧视。我们的干部提拔都有年龄标准。不少单位招工也有年龄标准。性别歧视就更不用提了，而且这些歧视我们都看到了，都说要破除，但是没有真正可实施的办法去破除，也不知道让谁来承担由于歧视造成伤害的责任。

还要打破的，就是侵害劳动者权益的现象，比如什么996，这种事明显是不对的，违反劳动法，要保护劳动权益，为什么，其实你要使劳动者能够有创新创意，必须让他能够不是局限在一个点，更不是全部的时间给控制起来，不是的，你一定要让他有空间。现在发达国家已经在考虑四天半工作日了，不是说我们认为的加班越多越好，不是，那是制造业时代。而我们这种创意时代，要让他有兴趣去做。所以要警惕各种制度化的内卷，所谓人力资源传统的末位淘汰制就应该反思一下。不是说不应该淘汰，但是你淘汰所遵循的标准对不对？对"90后""00后"，这些标准还是不是应该这样做？有些管理办法是对付那些文化革命后不愿意干活、偷懒的耍滑的人。现在我们继续用这些办法，使组织内的内卷越来越厉害，这样做还对吗？那是不对的，那是损害创新的。

最后是提供发展机会，就是就业阶段要提供机会。组织内的创新和组织外的创业都要让每个劳动者特别是主力军的"90后""00后"们要有这样的机会。没有这样的机会是没有人才能够出现的，人才不是靠政府发了很多的文件或成立这个那个机构涌现的。世界各国的人才发展规律都证明好的教育，好的环境是人才辈出的保障。关键是制度要干什么？制度要稳定，要让大家有稳定的预期，制度是稳定的，他才有稳定的行为，如果你朝三暮四，没有稳定的行为，人才没法成长。

国家竞争力、人才高地与评价战略思考

萧鸣政[*]

我今天给大家分享的题目标题是：关于国家竞争力、人才高地与评价的战略思考，实际上，主要从三个视角讲三者关系以及三个问题。这个三个视角是什么呢，就是说站在国家的视角来讲，它是需要竞争力的；站在我们的人力资源学的角度来讲，我们是要平台的。人才的价值和作用，必须有个平台，它的价值、它的作用，才能展现；人才高地和评价是什么关系呢？人才高地建设需要评价引领。所以，我今天要讲的内容就是三个问题，第一个问题：什么是国家竞争力；第二个问题：什么是人才高地；第三个问题是如何评价人才高地建设。这三个问题相互关联。我们说站在国家的层面，无论人才管理也好，经济发展也好，都是为了提高国家竞争力，我们一切都是为了这样一个目标，都是为了实现第二个百年奋斗目标，所以这就是我们需要提高国家竞争力的问题，但是国家竞争力到底是什么呢？我一直在探索，在考虑，国家竞争力比较流行的观点，我把它称之为经济学的观点，也就是说经济实力。经济学的观点中又有两种具体观点，一种观点是看产品在国际市场上占有率是怎么样的，如果你的占有率越大，就说明你的竞争力越强，这实际上是我们工商管理里面市场学的一种观点，就是占有率。第二种观点是什么呢？是国内经济发展的观点。国内经济发展观点，就是你这个国家的经济创造增加值到底怎么样？你国家人民是不是富？国民持续的财富是否持续

---

[*] 北京大学人力资源开发与管理研究中心主任、广东财经大学人力资源学院院长、教授萧鸣政的主题发言，收录时略有修订。

增长。无论是国际市场占有论，还是国家经济增长论，我们都称之为财富论。国家财富越多竞争力就越强，中国社科院从2008年开始，做了一个叫国家竞争力，后来改名叫什么呢？叫全球排名，就是全球竞争力蓝皮书，这里面用的就是国家财富论的观点，就是按照每个国家的经济实力来进行排名的。这种观点，对不对？我们说对，一直也就是这样子排的。但是这个观点从历史的角度，从战略的角度有它的局限性，这个局限性在哪里呢？这个就是说呢，在1700年以前我们中国财富实际上占到世界的百分之四十五。今天美国是头号，他的实力是最强的，但他只仅占世界GDP总量的百分之二十左右。正因为具有这样历史，20世纪90年代，党中央提出要实现中华民族的伟大复兴。经济强国家就一定强吗？我觉得这一观点是有局限性的，那我们应该怎么来看国家实力或国家的竞争力呢？国家经济实力大小要从国家财富观转向人才观。那么转向这个人才观之后，是不是所有的人都能创造财富呢？我们说当然可以，但是从国家层面上来讲，我们应该要从一般的人才观转向核心人才观，要转向创造财富的核心人才。核心人才是谁呢？我曾经去过广西的一家企业，它是生产双氧水的，在整个华南地区，至少占了三分之一的市场，如此大的生产量的企业你们有多少人呢？一千人总有吧，但是当我们到这个企业一看，只有二十四个人。2018年，我还到内蒙古自治区看过蒙牛，我们天天喝的都是蒙牛的牛奶。这么大的产量，你也认为生产工人不少吧？可是当我们到车间里面一看，整个车间我们只看到五个人。这说明什么呀？说明随着我们的知识经济、随着我们的人工智能应用，我们的财富创造不是过去的观念，不是靠我们人口众多的劳动密集型生产，而是靠科技，靠我们设计生产流水线的人。实际上就是我们科技原创人才，科技转化人才，科技应用生产人才。那么除了这三种，还有什么呢？能够运用公共资源把市场资源整合起来的企业家。这些企业家，有的是生产的、有的是流通的、有的是销售的。有了科技，只要让五分之一的人工作，就可以养活其他五分之四的人。所以，在高科技时代，要从一般的财富创造人员转向创造财富的核心人才。那么这些核心人才是什么？从国家的层面来讲，那就是科技主要领域的领跑者、新兴前沿与交叉科学的开拓者、精通核心科学与关键技术的顶尖人才。所以说我们要重点发挥这些创造财富的核心人才的作用。如果按照谁财富多谁就竞争力强的逻辑，那卢森堡，人均 GDP 最高，那卢森堡就是最强了；如果不用人均 GDP 指标，那我们就用另外一个指标，整个国家的 GDP 总量进行衡量。这样，除了美国外那就是中国排第二了。我们的竞争力在国际上我们能排到第二吗？有些场合我们肯定是第二甚至第一，但如果要全球人来投票，我们未必能够排名第二，那这里面的变量到底是什么呢？是什么因素影响了一个国家的竞争力呢？其中有一个被我们遗漏的因素就是军事实力。一个国家到底在世界上有没有影响力，有没有竞争力，光有钱是不行的，你还必须有权。这个权在国家与国家之间就是他的领导力，这个领导力的背后，一是要有钱，二是军事力量要强。如果军事力量不强，你有限的钱，只能发挥有限的影响力。所以我们就不难看出美国它为什么这么好战，为什么要发展军工企业。美国之所以成为世界上目前有竞争力的国家，不是凭着他的钱，很多情况下是凭借他的军事实力。军事实力是怎么让他成为"老大"的呢？我分析有五点，第一，因为美国的军事实力强，美国国家的财富就可以得到保护不受到别的国家的侵害，大家不敢动他的钱，这是第一个让他有钱并安全。第二，美国有了钱，美国可以去投资，赚更多的钱，到其他国家去投资。因为美国有军事实力，所以美国到任何国家投资，其他国家都不敢动他。那么第三点呢？因为美国军事力量强大，实际上美国可以到其他国家去掠夺资源。小布什家是搞石油的，因为伊拉克有石油，所以他就发动伊拉克战争了；叙利亚有资源、有石油，美国就找一个借口，到叙利亚把石油运回美国，军事实力让美国的经济实力更强。第四点，美国强大的军事力，让韩国与日本都找美国寻求保护。美国你是老大哥，你要保护我，我给你交保护费。这就使得美国经济实力更强；第五点，军事实力让美国具有威慑力，这个国家很厉害。所以威慑力在其他国家之间形成了霸权力。所以，因为美国的军事实力，通过这五个方面，使它有限的经济实力得到了巨大的提升。那怎么去提高一个国家的军事实力呢？既不是我们传统观念上的军事人员规模，也不是军事装备中坦克与大炮。是什么呢？是军事核心竞争力。军事核心竞争力，不是一个国家比另一个国家军事力量的量级差异，而是国与国之间武器装备上的不对称性和能力的差异。换句话说，军事核心竞争力是一个国家具备了另外一个国家不具备的军事力量。这些军事核心竞争力谁来创造呢？是那些掌握核心军事技术的科技人才。所以说，要提高经济实力、提高军事实力，关键在人才，人才的作用如何发挥呢，需要用平台建设才能展现啊。所以从这个角度来讲，需要建立人才高地。正因为如此，习近平总书记在中央人才工作会议上强调指出，要北京、上海与粤港澳大湾区建设人才高地。那人才高地怎么建，这就需要进行人才高地建设的战略评价，以标准来引领，那么什么是人才高地？我们说有三个条件具备：第一，是看人才聚集度是否高，第二，看创新平台是否多，第三，看创新制度是否好；看三个过程特征：一是看创新氛围是否浓，二是看创新文化是否优，三是看创新活动是否频繁；看三个结构特征：一看创新效能是否强，二是看创新成果是否多，三是看创新价值是否高。那怎么来评价呢？需要评价的战略引领，第一要以评价引领建设，第二要以评价指导建设，第三要以评价支持建设，第四要以评价促进建设，第五要以评价提升建设。基于以上的战略思考，我们建构了三个一级指标，九个二级指标，三十个三级指标的人才高地建设评价指标体系，相关内容，我们不久就会在杂志上发表，包括这里我讲的相关思想与内容，在此就不多做陈述了，谢谢各位。

全球人才挑战与粤港澳大湾区人才管理

赵曙明[*]

我今天发言的题目是"全球人才挑战与粤港澳大湾区人才管理"。

首先，我们从整个全球范围来看经济的全球化和全球化竞争。我们现在面临着经济全球化、信息网络化、知识社会化、人口城镇化、货币电子化的诸多挑战。从一些学者研究的角度来讲，我们所处的是一个乌卡（VUCA）时代，即存在着易变性、不确定性、复杂性、模糊性，而可持续的国际化发展和劳动力队伍变化值得引起我们广泛的关注。在国内，我们国家14亿人口，从2021年的情况来看，出生人口红利有所下降，中国的人口老龄化越来越严重。现在六十岁以上的人口已经占到总人口的百分之十八多了，到了2035年，我们国家人口老年化程度将会位于全球前列。特别是2020年爆发的新冠疫情对我们整个实体经济产生了很大的影响，可以清晰地看到移动互联网、大数据、人工智能、区块链等等这些带来的变化，可以看到疫情之后数字经济的崛起。我们现在处于数字经济时代，共享经济、智能经济、包括零工经济这些都对社会、对组织，对每个人工作生活的方式，带来了很大的改变。

从第一次工业革命到第二次工业革命到第三次工业革命、第四次工业革命，从传统的农业、工业、到机械化，到新的生物经济的发展，信息产业的出现，影响了我们整个人类。习近平总书记在党的十九大报告里面专门强调关于人力资源、人才，特别是讲到人力资源作为一个产业体系的问题。习近平总书记指出，我们必须大力培养造就规模宏大、结

---

[*] 南京大学人文社科资深教授、商学院名誉院长、行知书院院长赵曙明的主题发言，收录时略有修订。

构合理、素质优良的创新型科技人才。所以，从这个角度来讲，人才的竞争越来越激烈。从一些统计数据来看，整个全球都面临着人才大战。德科集团、欧洲工商管理学院以及 Goggle 联合发布的《2020 年全球人才竞争力指数报告》显示，我们国家人才竞争力排名处于第四十二位，比 2019 年上升了三位。从整个全球来看，中国在人才培养方面优势明显。对全球优秀人才的吸引力还是不错，这是我们面对人口变化并应对全球化知识经济创新的压力所做出的努力。那么再从一些研究来看，2001—2015 年，全球流动网络规模迅速扩大，呈现了双向或者多向的人才流动的模式，流动网络呈现典型的金字塔式的结构，比如东向西、南向北的这种流动的结构。再有，从 2022 年香港特区高管人员薪酬的调查来看，香港特区专业人才愿意移居大湾区内城市的比例在上升，2019 年差不多是 52%，2022 年我们看到是 72%，数据有所上升。因此，从人才流动的情况来看，整个经济发展环境，交通的便利，以及高薪等因素这是我们能够吸引人才的原因。但是从前几年的调查研究来看，全球制造行业人才的短缺问题日益严重。大概有 40% 左右制造业人才的缺口，所以我们预测各个经济体的情况，到了 2030 年，全球制造业人才的短缺的比例还是比较大。

看了国际人才的流动，我们再具体来看国内人才的流动。从 1998 年到 2007 年，2008 年到 2018 年，北上广还是比较好，但是由于 2022 年上海的疫情，人才往外流失的可能比以往要大得多了。所以从这个情况来讲，疫情之后的人才流动可能发生一些变化。南方特别是广东地区的人才流入还是比较多，然后是北京、深圳、上海、广州，这些一线城市，到后来我们可以看到一些新的一线城市和二线城市，三线城市包括五线城市流入的情况。国内人才流动的情况也有一些特点，特别是人才战略重要性日益地突出，不管是宏观的、中观的，还是微观的人才的问题，都迫切需要作为重要的战略问题来思考。另一方面，人才短缺常态化的趋势明显，人才供求的市场长期存在着数量和结构上的不平衡。由此可见，人才竞争白热化的程度加剧了，如果看整个全球的人才竞争的话，人才竞争是越来越激烈了。

影响国内人才流动的因素有很多，有人才的政策，有经济的割据，有社会的环境，还有科技的创新。从这个角度来讲，由于人才的稀缺程度不断增加，人才的作用越来越显著。人才的竞争呈现更加显性的竞争。也就是说，影响国内人才流动有各方面的原因，从人才流动的方式来讲，呈现出虚拟化的趋势。现在不少年轻人不愿意到实体经济工作，特别是不愿意到工厂去干 8 个小时的工作，宁可送快递、开网约车或者在网上开个店。从这个角度来讲，工作虚拟化的程度越来越高。另外，从人才引力场域来讲，呈现多元化的趋势。外部的环境如收入、生态环境、科教文卫这些方面，对人才的流动有很大的影响。

从国际到国内，再看大湾区人才流动，它的人才重心出现向内地广泛转移的趋势，人才核心区域开始出现了扩散。但是人才集聚主要是香港特区、深圳、东莞、广州，从西北到东南方向分布。我们从粤港澳大湾区 9+2 城市群可以看到，各个行业不同的产业，不管实体经济还是虚拟经济，不同地区、不同主体、不同行业、规模大小、技术含量高低，我们看整个产业群，每个城市有不同的产业群。再看科技人才流动情况，粤港澳主要通过创新模式来吸引人才。从内部来看，吸引人才流动或者集聚的基本条件是城市经济科技文化的发展和繁荣的程度。"人往高处走，水往低处流"，财富也好，知识也好，创新也好，文化也好，这些都能综合地吸引人才，不管从内部还是外部流动，特别是在粤港澳区，我们看它的创新性。

从人才管理这个角度来讲，粤港澳大湾区有它的分布特点，也有它的开发优势，以及人才开发的趋势。大湾区具有人才资源丰富的特点，人才吸引力比较强，广、深、港三地人才聚集，人口总量持续地上升，人口的红利还是比较大的。而且整体人才年龄趋于年轻化，为经济社会发展注入活力，人才供需也是两旺的。互联网，大数据，高科技的这些行业比较热门，人才毕业院校地缘的特点比较明显。与此同时，外部城市人才的流入比较积极，海外的人才也大力投入大湾区的建设，新兴产业比较吃香，这是从大湾区人才分布的特点情况来看。

那么大湾区人才开发的优势，一方面是经济增长和产业升级，为广大人才发展奠定了基础；另一方面，高端创业的资源集聚，人才创新的环境，宜居宜业宜游的优质生活圈，为人才提供了安居的保障。特别是全国性的优势政策，为人才保障注入了源源不断的动力。从发展的趋势和开发的趋势来讲，不管是医疗保障，生命科学，一站式的服务平台还是粤港澳大湾区人才的政策创新都支撑了粤港澳大湾区人才工作的开展。与此同时，我们也看到，Z世代、00后的新兴员工有他们的特点和优势。为了满足高端的技术核心人才的需求，更多的企业和人才选择灵活用工，数字化技术将助推人才成为企业发展的核心动力。从人才开发趋势的角度来讲，广州全面取消港澳台居民在广东地区就业的许可规定；在深圳前海深港现代服务业合作区，有支持人才发展专项资金的管理，还有珠海英才计划，加快聚集新时代创新创业人才的若干措施等，从中可以看出大湾区这些大城市的人才政策创新。

据研究表明，吸引海外人才回国主要因素中排在前面几位的分别是，工作条件和事业发展的机会占80%，生活环境占59%，收入水平占62%，还有子女教育问题等。综合这些因素，就深圳海外人才的引进来讲，选择回国工作的人才主要是考虑自然环境、职业生涯发展的有利条件。过去我们调研影响人才走向的因素，主要是看中高工资、福利等，现在看来排第一的是，这个地方有没有发展前途，有没有职业生涯发展的机会，有没有创业的机会。我们进一步来看深圳海外引进人才的一些数据，与上海相比，受访者选择到深圳工作的可能性更大。深圳吸引人才的有利因素包括了薪资、包容性、开放性、社会经济的发展情况，还有海外人才的引进政策，比如奖励、补贴、科研经费的支持、科研工作平台的建设、住房补助、子女、配偶等方面的支持等等。

当然我们也面临着一些挑战，粤港澳大湾区人才队伍建设面临着什么挑战？一是科技人才引进区域整体的效应不是很明显，一方面是大湾区城市之间人才的竞争多于合作，加上缺乏更高层面的统筹协调，所以大湾区抱团引才的效应还没有很明显。另一方面，人才共享的制度衔接不上，特别是三地人才认定的标准、认定体系存在差异，所以在很大程度上阻碍科技人才的自由流动。二就是社保、医保、商业保险计算衔接机制还没有真正建立起来，特别是在教育方面缺乏高质量保障。三是科技人才评价激励方面也存在明显的短板，评价导向过于单一，对科技成果转化、社会公信、社会影响以及创新价值的考虑重视不足，缺少第三方科技人才评价的机制。所以我觉得，未来粤港澳大湾区城市人才工作的重点或创新的第一个方面是为人才提供必要的平台供给，比如技术平台、交易平台、服务平台。我们现在正处于网络化、智能化、平台化这样一个时期。第二个方面，要促进人才资本的保值增值。第三个方面，创造有利于人才流动和集聚的制度保障。以上是我们从整体来分析全球竞争，人才的竞争，国内的人才竞争，以及粤港澳区域内不同城市的人才吸引、人才保障和人才政策。

最后，我们来看看彼得·德鲁克 1999 年写的《21 世纪管理挑战》。在这本书里面，德鲁克教授预测到未来 21 世纪六个方面的问题，其中有两个值得大家探讨，一个是新的信息技术，第二个是自我管理。新冠疫情影响下，如果没有信息技术，没有腾讯会议系统，今天我们也不可能在云端跟大家做交流。彼得·德鲁克在《21 世纪管理挑战》当中讲到，未来新兴的信息技术会影响整个人类，影响到我们整个社会、整个组织，影响我们每个人工作生活的方式，所以我们面临这个挑战，我们需要掌握新的信息技术。第二个是彼得·德鲁克讲 21 世纪需要自我管理的能力和自我管理的艺术。所以他专门在《哈佛商业评论》上写了一篇关于自我管理的文章，而后收录在《21 世纪管理挑战》这本书里。彼得·德鲁克认为自我管理是必要的，因为未来的员工将在他们的公司和组织当中生存下来，对大多数人来说，终身学习新技能和新政策也将成为人生常态。管理自己是人力事务当中的一场革命。以上这两个议题，对我们未来人才的引进，人才的开发，人才的培养，人才的吸引和人才的留住，这一系列的问题都应有诸多的启发。从未来发展这个角度来讲，我们需要培养有全球视野、战略眼光和跨文化管理的人才。

今天下午，我主要从人才的挑战以及大湾区面临的挑战，包括我们现有的政策碰到的一些问题等方面跟大家做一些交流。我相信通过国家给我们粤港澳大湾区的优势政策，地方制定相应的政策，一定能够吸引更多的人才，为推动我们整个大湾区的经济发展做出更大的贡献。

全面绿色转型与粤港澳大湾区人才战略

王重鸣[*]

今天要讲的是绿色转型下的人才战略,这是非常要紧的问题。在全面绿色转型的大战略下,究竟应该做什么样的人才工作,实施什么样的人才战略。

粤港澳大湾区是一项高端的战略举措,一定要跟进到习近平总书记所推动的全面绿色转型的总体轨道上面。主要讲三个方面的内容,一是全面绿色转型,提升人才战略。二是人才战略要落地的关键点是能力建设,我提出运用聚能、赋能、使能三项策略来强化能力建设。离开能力建设,人才战略是难以有效落地的。因为战略再好,还是要有能力来推进和践行。三是人才生态系统的新概念,怎样通过创建粤港澳大湾区的人才生态系统,加速绿色创业创新的行动,称为绿创行动。

第一,全面绿色转型是指导思想。我们大家都做了很多学习,把全面贯彻新发展理念和构建新发展格局作为全国学习和践行的重要指导思想。习近平总书记强调要推动绿色低碳发展,建设低碳循环发展的经济体系,促进经济社会发展和全面绿色的转型。我的理解,新发展理念不只是低碳,这里有创新、协调、绿色、开放、共享。概念上,绿色是其中非常核心的要求。绿色转型也成为人才工作的新理念,也一定会在粤港澳大湾区得到新的示范。这就是绿色可持续发展,是高质量发展和"一带一路"建设的核心理念。这是全世界都在推进的联合国可持续发展目标 2030 议程的主题思想,"一带一路"也成了全球发展重要倡议,成为全球共同的行动框架。我们现在与欧亚和拉丁美洲的各大商学院紧

---

[*] 浙江大学文科资深教授、博导王重鸣的主题发言,收录时略有修订。

密合作，创建了"国际丝路创业教育联盟"及其合作示范基地，积极推进全球绿色可续创业创新的示范园区。我们开展了很多研究，在国家人社部、国家自然科学基金、国家社会科学基金的支持下开展了一系列重点研究课题。创业创新成功经验的最要紧一条经验就是可持续发展。离开可持续发展，不少创业创新园区昙花一现，或者是有投入、有启动，不可持续。从全球的发展来看，智慧城市建设和创新园区的建设都在以绿色可持续发展作为全新的发展方向，许多地区已经形成了"非绿不创"的发展共识。那么从人才来说，全国各个部委都出台了"十四五"规划，以绿色发展为重点。联合国所倡议的可持续发展目标即 SDG 的 17 项目标当中，头一项目标就是扶贫，是我们国家率先成功进行的重要战略。全面绿色转型必须成为粤港澳大湾区人才战略的主题思想。从粤港澳大湾区人才的能力建设重点来说，应该放在绿色创新和绿色创业人才的开发方面，即绿创人才开发。我们说"数字经济方兴未艾，绿色经济勇立潮头"。就像举世闻名的钱塘潮，一浪高过一浪，当今的新浪潮是绿色经济、可续发展，我们讲勇立潮头，正是绿色经济之潮头，也是中国战略人力资源开发的重要机遇。我想特别强调的是：绿色可持续发展并非"锦上添花"，而是"雪中送炭"。从浙江中小企业的许多案例来看，大量企业面临挑战，甚至可能濒临倒闭，那么，需要尽快往哪里转型？是要往绿创转！除了我们常说的低碳，需要从业务创新的层面，运用"绿色科技"（GreenTech）做出更加可持续的变革创新，包括从材料、产品设计、销售、服务，乃至社会价值方面，注重绿色可持续。我非常想鼓励我们的人力资源管理工作者、研究者、实践者开展这方面的工作。我们提出第一个展望就是至少到 2030 年，因为 SDG 是全球到 2030 年，绿色转型和可持续发展的人才应该成为或者将要成为粤港澳大湾区人才战略一层的首要议题。

第二，粤港澳大湾区人才的能力建设。可续人才能力建设是怎么回事呢，从 21 世纪开始，我们就承担了国家自然科学基金的首项创业创新的重点项目，这个重点项目经过 20 年的打磨，我们提出一个能力模型叫做创业五力模型。意思是说，以生态力为核心，构筑我们人才的文化力、团队力、创新力和行动力，这是我们这个模型。现在也是作为国家人社部的全国知识更新工程指定的一个能力模型，就是我们现在讲创业能力，所以我有本书叫《创业能力建设读本》,这个读本的意思,大家知道就是要广泛阅读和进行能力提升。那么在这个框架下,我这里提出十个小的能力,具体的能力,现在特别要紧的,责任力和变革力,精益创业或者精益管理的能力,数字能力和团队力,那么还有一个力,大家可能没有听说过,特别新的叫做弹韧力。我们平时的常识里头叫做韧性,其实专业词叫弹韧,它不只是韧还有一个弹性。工科有一个专门的专业就叫弹性工程,就是弹比韧更要紧,韧是一种坚韧性,能够承受压力、承受变局,但是我们更要紧的是人才能够主动重建和开拓发展的能力,这个叫什么呢,叫弹力,所以叫做弹韧力,是我们现在人才培养里头最关键的。为什么大学生创业很多都是持续时间很短呢,就是缺乏弹韧力,然后又没有赋能力。因此,在这个框架下我们提出5个战略,一个叫做绿创人才战略,第二个叫做一带一路下的人才战略,叫带路人才战略,通过文化我们全球形成一种共同的理念:绿色与可持续。还有数字人才战略,这对于科创人才特别重要。我觉得对粤港澳大湾区来说经理人才也非常重要。经理人才的重要性甚至超过了我们原来所说的企业家,因为我们大量的企业更要紧的其实是经理人才,这个是我们现在提的。那么这个五个战略,理论上说是一个什么战略呢?是一个我叫做引智聚才的策略,团队聚才和发展育才,广东财经大学有很强的人力资源管理的团队,萧院长担任院长。我建议把这个续才、聚才、育才,作为人才研究的一个重要的方向。为什么呢?因为我们知道一个区域里头有很多团队,但是我们中国的习惯,团队都是单干的,很难聚合的。包括我们学校的老师也是这样,每个老师带一批学生,老师之间很少合作,而现在全世界的经验表明了创新园区的一个重要条件就是团队间的聚合互动和创新。所以这是第一个叫聚能。第二个叫赋能。根据我们在国内对数千家企业的案例报告的研究,我们发现三个赋能非常要紧,第一个叫做快速适配,就是我们刚才好几位领导都说,我们引进来以后很多人其实留不住或者没有办法发挥作用,所以作为人才战略应该是更加行动性的,什么行动呢?创造一个快速适配机制,即人才与大湾区适配的这种机制。第二个赋能策略,叫历练扎根,历练扎根就是让人才在多个岗位、多个区域进行历练。有个新词叫做人才沉浸式,我们要让人才投入,投入在我们粤港湾大湾区的建设和发展当中。那么它的赋能策略叫历练扎根策略,各位领导有兴趣可以看我的书里面提到。最后一个赋能策略就叫做可续发展，这个就涉及给人才创造更好的发展机会，而我们调查浙江大学的数百位成功创业校友，他们之所以在创业当中坚持不懈，能够不断地获得新的成果，很要紧的是它打造的可持续发展的成长路径，这个就是我们这里说的可持续发展的赋能策略。第三个叫做使能策略，使人发挥能力，再有能力的人，刚才说帽子或者是哪怕是戴了最高的帽子，到了园区，还是要创造条件让它发挥作用。那我们提出从价值、从职业化的开发、从数字的协同学习都是具体的使能策略，那么概括起来说有三个方面，第一个我建议创建粤港澳人才系统，这里包括数据人才库、数字人才库、职业经理的群、科创合作的网，请大家注意用一些互动性的开放的论坛来配套，这个使能非常要紧，硅谷为什么这么成功呢？除了刚才说斯坦福或者等会儿我要说到的创业型大学以外，其实很要紧的是他随处可见的互动性论坛，并不是大家就这样碰个头聊一下，不是这个意思，而是业务、科技的协同的讨论。最后一个就是发展绿创生态系统，建立绿色创业的服务网，服务圈。我叫创新项目群、可续学习区。大家看我用的词，叫服务圈、项目群、学习区是作为使能战略、使能策略，那么我预计聚能、赋能、使能策略会成为粤港澳大湾区绿创转型人才战略的重要议题，实际上它是一个重要的抓手。因为刚才我说了，缺乏能力建设是全国性面临的挑战。为什么人社部要启动全国知识更新工程、专业人才的知识更新工程呢，就是总书记看到了这个问题，特别提出来的知识更新。

第三，粤港澳大湾区人才的生态系统。请大家注意，这是新一代生态系统。我们在过去十年里面，大概有十五年，我们团队一直在研究浙江大学创业校友的成功经验，我们在做很多的案例调查，这个是我们校长专门定的一个课题，也不是什么自然科学基金的课题，我专门去了硅谷、到了新加坡、到了荷兰、到了英国、到了迪拜，都是去拜访我们浙江大学成功校友。我们调研发现，不管在哪一个区，全球这个生态系统不是我们原来概念上的，现在政策条件的生态系统更多是一个能力提升的生态系统。那我们把这个叫做什么呢，叫新一代生态系统。那么最后一点就是我讲的人才生态系统，怎么来加速绿色创业的行动。关于这个生态系统我们做过很多的研究，特别是跟中国人事科学研究院我们合作做了一个非常有意义的研究，叫中关村创业人才成长案例。这个案例报告是请斯坦福的浙大全球创业研究中心联合主任、斯坦福的原常务副校长做指导，我们提出来，这个可续发展成长的生态系统，它有六项特征，一是对领军人才的关注，当然也不能仅仅关注几个领军人才。二是对创新群体的指导，就是一种群体指导。三是产业的集聚，这个我相信在粤港澳已经非常好，特别深圳，广东应该是已经做得非常好。四是人才聚能赋能使能。五是绿色创业的文化和价值塑造。六是投融资，这一点我相信也已经做了蛮多了，但是问题是，我们现在以为有钱就能够创业成功。其实很多投融资是失败的多，成功的少，为什么呢？如果没有人才配套，没有这种可续战略，它的持续性有限。最后一点就是把人才政策和组织变革相结合，浙江省正在大力推动变革型组织的建设，为什么要建设变革型组织，哪怕是政府、部门也要变成变革型组织，就是因为我们面临的是大变局，面临的是一种需要长期努力的这样的一种形势。所以这两个东西不能分开，我们不能光出政策，不改变组织，那就还是不行。

那么最后我说一下我们在这个基础上提出来的新一代人才生态系统的几个特征：一个是我们通常生态系统，或者对着初创企业或者对着大型企业现在要求建的是什么呢？我建议叫双栖生态系统，就像水陆两栖，双栖系统。第二点，需要有一个绿创人才网，我就不细说，涉及技术、金融、商务服务等方面。第三点是科技创新的合作园，现在很多学校做国际认证，粤港澳和大批的学校并不表示他的人才就是一定是高水平。我觉得需要建设创业型大学，促进科技转化，科技不光是做点发明。科技的转化、开拓精神、创业精神，这种培养思路尤为重要。国际上的几个最带劲的、最好的几个园区，包括硅谷、美国波士顿附近的这些园区、德国的慕尼黑的区域、英国的雷丁，这些创新区有一个非常重要的特征，就是建设创业型大学。如果不是创业型大学，这个科创合作园是很难建的，因为我们现在大学的教育离着这个需求，还是距离比较大的。我们大学生经过几年才能够适应。此外，人才生态系统还包括人才服务圈团队、项目群和绿创学习区等方面的特征，就不细说了。那么概括来说，就这个生态系统应该有几个特征，就是绿创人才网、科创科技创新的合作园、人才的服务圈、团队的项目群。我特别强调团队间的合作的，这个是现在全球的一个重要经验。那么最后我提一下这个实际操作上。我觉得需要创建可续发展人才生态系统，英文叫做 STES，那么它包括什么呢？我建议包括四个中心，五个平台。四个中心，即职业经理人的赋能评价中心、可持续发展的技能培训中心、科技创新的领导力开发中心，因为现在的问题不是科技不能创新，是领导力不够。我们这个园区如果没有大量的领导人才的话，那也不会做得特别带劲，还有一个就是我们今天中国也在发布叫 ESG 的推广中心，叫环境社会治理，是绿色转型的重要的抓手。那么在这个四个中心基础上建五个平台，数字化人力资源平台、"一带一路"的人才聚能平台、绿创科技赋能平台、绿色创业的产业使能平台，大家都不要小看这下面这三个平台，因为数字化，我觉得早点做迟点做关系不大，但是"一带一路"的高质量发展跟我们粤港澳大湾区的发展怎么衔接，这个确实是非常要紧的，因为这个也是我们国家的重大战略之间的协同，是不是可以事半功倍。那么还有一个是我刚才一再强调的叫团队化，双创平台，就是为团队的协同合作服务，这些内容在我撰写的由清华大学出版社于 2022 年出版的《责任与可续管理》一书中可以找到。

粤港澳大湾区高水平人才高地建设的实践和思考

魏建文[*]

习近平总书记在中央人才工作会议上要求，在北京、上海、粤港澳大湾区建设高水平人才高地，赋予广东新的重大机遇、重大平台、重大使命。作为广东省人才工作重要职能部门，我们深感责任重大、使命光荣。广东省人社厅认真学习贯彻习近平总书记重要讲话精神，从"国之大者"的高站位、国际一流的高标杆、粤港澳协同的高势能、人才强省建设的总抓手高要求出发，深化认识、准确把握高水平人才高地这一国家战略，结合广东特别是大湾区建设实际，积极探索更具国际竞争力的人才制度体系，加快建设高水平人才高地，全力以赴完成好中央和省委、省政府赋予的光荣任务。

以"湾区人才"工程促"湾区通"，把湾区的独特优势转化为聚才优势。

粤港澳大湾区是我国开放程度最高、经济实力最强的区域之一。近年来，广东省人社厅以"湾区人才"工程为抓手，优化政策机制，强化要素支撑，在服务"双区"和横琴、前海合作区建设中彰显担当作为。目前，全省专技人才858万人、技能人才1761万人。

（一）实施"人才通"促进融合发展。编制发布粤港澳大湾区（内地）急需紧缺人才目录，为大湾区引进人才提供决策参考。先后推动文化旅游、律师服务、医疗卫生、教育、金融、社会工作、专业代理、建筑工程8个专业领域港澳专业人才在大湾区内地便利执业，尤其是2019

---

[*] 广东省人力资源和社会保障厅魏建文的主题发言，收录时略有修订。

年印发推进粤港澳大湾区职称评价和职业资格认可的实施方案，在港澳专业资格单方认可方面取得重大突破，目前已有3169名港澳专业人士获得内地执业资格；《深圳市推进高度便利化的境外专业人才执业制度的实施方案》已明确金融、税务、建筑等11个领域境外专业人才便利执业具体举措并已吸引300余名港澳专业人才来深执业；横琴以建筑、旅游、社工服务等领域为突破口出台相关规定，在横琴备案执业的港澳人才超300人次。积极探索职业技能"一试三证"互认，截至2021年底，粤港澳三地联合组织4212人次参加"一试多证"考试，3211人获得相关技能证书；研究引入澳门职业技能认可基准（MORS）；为港澳培训评价机构备案成为职业技能等级认定社会培训评价组织提供支持。贯彻落实大湾区个人所得税优惠政策，对在大湾区工作的境外高端紧缺人才给予财政补贴。建立"五个一"国际化人才服务体系，包括"一港"——粤港澳大湾区（广东）人才港、"一园"——国家、省、市县三级人力资源服务产业园体系、"一卡"——人才优粤卡、"一站"——人才驿站、"一赛"——首届全国职业技能大赛、首届全国博士后创新创业大赛先后落户广东（大湾区），有力支撑了人才竞赛体系建设。

（二）推进"就业通"吸引港澳人才。2017年率先在粤港澳人才合作示范区（南沙、横琴、前海）取消《台港澳人员就业证》。推动港澳青年与广东居民享受同等就业创业扶持政策和公共服务。2020年创新实施大湾区（内地）事业单位公开招聘港澳居民管理办法，吸引超过1000人次港澳居民报考。基本建成"1+12+N"港澳青年创新创业基地体系，累计孵化港澳项目2394个、吸纳港澳青年就业3455人。连续六年举办"众创杯"创业创新大赛，累计参赛项目8.6万个，60%以上的团队获奖项目成功落地广东，成功营造南粤"大众创业、万众创新"的生动局面。

（三）依托"社保通"推动普惠共享。2019年，国家《香港澳门台湾居民在内地（大陆）参加社会保险暂行办法》和广东《关于进一步完善我省港澳台居民养老保险措施的意见》相继出台，港澳台居民在我省参保和继续缴费已不存在政策障碍。我厅还推动人社部出台《关于外籍参保人员参加养老保险有关问题的复函》，解决在华参保的外籍人员待遇领取地等问题；深化与港澳相关方面合作，优化在粤港澳居民社保服务,强化社保"跨境办"服务能力。截至 2021 年底,港澳居民在粤参保约 29 万人次。

突出构建更具国际竞争力体制机制特色定位,奋力打造具有全球影响力的人才创新高地。

中央和广东省委把大湾区定位为全球高端科技和产业创新人才集聚地、内地与港澳人才深度合作示范地、国内国际人才双循环链接地、人才政策综合改革先行地。我们将继续认真贯彻落实习近平总书记关于做好新时代人才工作的重要思想和对广东系列重要讲话、重要指示批示精神,坚持党管人才,坚持协同港澳,坚持改革创新,坚持全球视野,着眼湾区战略定位,深入落实新时代人才工作的新理念新战略新举措,全力打造政策最开放、机制最科学、流动最顺畅、服务最优质的创新创业活力区、融合发展示范区、安居乐业试验田,用人才"第一资源"赋能创新"第一动力"、支撑发展"第一要务",为广东在新征程中走在全国前列、创造新的辉煌提供强有力的人才支撑。

(一)坚持国际导向,面向全球招揽天下英才。切实增强全球人才资源配置能力,着力将大湾区打造成引才揽才聚才的桥头堡。一是推动港澳青年创新创业基地提质增效。高质量推进港澳青年创新创业基地建设,打造集交流、培育、实训、孵化、展示、对接等功能于一体的示范性平台。落实港澳青年群体与广东创业者同等享受一次性创业资助、租金补贴等扶持政策,优化项目入驻、融资对接、生活配套及"一键入孵"服务。二是实施博士、博士后创新人才支持计划。出台新一轮博士、博士后创新发展政策。继续面向世界前 200 高校毕业优秀博士来粤从事博士后工作,继续资助优秀博士、博士后人才到境外高校、科研机构、企业的优势学科领域开展博士后研究工作。三是建立具备国际竞争力的人力资源服务产业集群。充分发挥市场在人力资源要素配置中的决定性作用,以广州、深圳国家级人力资源服务产业园为龙头,加强与国际、港澳知名机构合资合作,创建大湾区人力资源服务产业联盟,为大湾区培育高水平猎头公司和科技人才服务企业提供市场化、法治化、国际化营商环境。

(二)坚持要素融通,加快推动粤港澳三地人才规则衔接、机制对接。一是拓展职业资格国际互认。建立高度便利化的境外专业人才执业制度，允许金融、税务、建筑、规划及文化旅游、医疗卫生、律师、会计等行业境外人才采用单向认可、考试、备案等方式在大湾区跨境便利执业。制定境外执业资格认可目录并实行清单管理。二是优化调整大湾区个人所得税优惠政策。为科技创新人才、哲学社科人才和从事"双十产业集群"（即10个战略性支柱产业集群和10个战略性新兴产业集群）、现代服务业的境外高端紧缺人才给予更加便利的个税补贴。在横琴粤澳深度合作区对境内外人才给予同等优惠并直接免征。三是加快推动港澳居民社保普惠共享。继续推动完善社保服务跨境协作机制，加快粤港澳三地社保卡居民服务"一卡通"建设，积极推动粤港澳社保衔接。支持深圳试点解决外籍高层次人才养老保险继续缴费问题并探索在大湾区推广。

（三）坚持深化改革，走好人才自主培养之路。全面加强人才制度创新，持续深化人才体制机制改革，使各方面人才各得其所、尽展其长。一是创新人才评价方式。推动27个职称系列改革任务落地，畅通职业资格与职称评审渠道，探索开展"双十产业集群"前沿技术和新业态职称评价。大力推行职业技能等级认定，支持企业自主开展职业技能等级认定。梳理调整省级人才表彰奖励项目。二是增强人才自主培养能力。实施新一轮专业技术人才知识更新工程，开展数字技术工程师培育项目，大力培养卓越工程师。全力推进技工教育强基培优工程，分期分批高标准建设20所高水平技师学院和30所示范性技工学校，支持符合条件的技工院校升格，造就"大国工匠"厚植教育沃土。三是积极向用人单位放权松绑。着力破除体制机制障碍，向用人主体充分授权，为人才大力松绑，全面落实用人单位在人才引进、职称评审和收入分配等方面的自主权。推进实施中小学校、高校、科研机构、公立医院薪酬激励分配制度改革。

（四）坚持精准导向，优化环境留住人才。全面提升服务、形成合力，着力打造近悦远来的世界一流人才综合发展环境。一是建设国际人才一站式服务平台。充分发挥粤港澳大湾区（广东）人才港作用，完善"实体港+云港"全省一体化的人才公共服务平台体系，整合集聚人才政策和人才服务事项办理功能。推进大湾区内地九市建立线上线下相结合的国际人才一站式服务窗口，实现人才服务事项"一窗受理，一窗办结"。二是分类打造一批宜居宜业高端人才社区。落实中央和省委有关要求，支持大湾区内地九市建设以港澳人才、外国人才、海归人才为主的不同类型高端人才社区，打造有多元文化、有创新事业、有宜居生活、有服务保障的人才生态。三是出台服务更优的优粤卡实施办法。进一步解决人才在税收优惠、交通出行、子女入学、安居保障等方面新的更高要求，实现高层次人才服务全省"一卡通用"。四是以赛识人健全竞赛体系。办好粤港澳大湾区博士、博士后创新创业大赛，积极备战第 46 届世界技能大赛。健全以世赛为引领、国赛为主体、省赛为基础的职业技能竞赛体系，加快建设世赛中国（广州）研究中心。

数字化时代企业的转型升级与人才创新发展

彭剑锋[*]

我今天要给大家分享的主题"企业的转型升级与人才创新发展"，即如何通过人才的创新发展推动企业的转型升级，来推动区域经济的发展，刚才前面各位嘉宾已经谈到，粤港澳大湾区的发展离不开人才，离不开人才高地的建设，离不开创新与人才高地的构建。关于打造人才高地，我个人认为，人才高地不是一个人才的堆积的高地，也不是人才的高学历的密度高地，也不是简单的一个人才的抢夺的高地，更不是我们现在的地方政府为抢夺人才竞相出台各种特殊优惠政策的一个高地。对于人才而言，最重要的是创新创业的机会，如果不为人才创造发展机会，仅为人才给高薪、送别墅，将人才养起来，挂起来撑门面，本质上这是对人才的最大不尊重。

我认为人才高地是企业家备受尊重及企业家精神得到极致弘扬高地、人才创新创业与持续奋斗高地、优势产业集聚与产业生态优势高地、世界级企业与行业领袖造就与聚落高地、知识产权交易与创新成果加速转化高地、人才资本化与人力资本价值实现高地、人才加速培养与发展高地、人才服务与宜居乐业的高地。

所以从人才高地这个角度来讲，大湾区能不能成为人才创新创业的福地，成为人才成长发展，人力资本价值实践的乐园，我觉得关键还是在于两大要素，一个就是人才发展与区域产业发展能够相互驱动，一个

---

[*] 中国人民大学劳动人事学院教授、北京华夏基金管理咨询集团董事长彭剑锋的主题发言，收录时略有修订。

就是人力资本与金融资本能够相互融合，人才有价值，人才的价值能够得到实现，他的信用价值，他的人才能力价值能够得到金融资本的认可。这些来讲我认为是未来区域人才发展的关键。所以人才的发展战略，人才的高地建设不能背离区域经济发展与产业的发展战略，不能忽视企业家精神的弘扬与营商环境的优化与提升的策略，尤其是不能游离企业的转型升级与系统变革。从中国企业发展到今天来讲，只有企业基于高质量和数字化进行转型升级，才能真正推动区域经济的高质量与创新发展，才能真正推动区域产业优势的集聚和产业生态的建立。未来中国企业的转型升级，要确立长期主义与创新向善的思维。关于中国企业的转型升级，我归结为以下六句话：登科技高山，下数字蓝海，聚天下英才，与资本共舞，创全球品牌、做三好企业，只有这样才能抓住中国经济下半场的大的发展机遇，实现高质量发展，真正在大湾区打造一批具有全球竞争力的世界级领先企业或者产业领袖。但是中国企业基于数字化与高质量的发展进行转型升级，它最大障碍与瓶颈是什么呢？所面临的最大的障碍还是来自人力资源管理，来自组织。中国企业转型升级的三大障碍第一个障碍就是目前企业家与高层领导团队转型升级，变革领导力不足的瓶颈。企业家与高层领导团队，应该说是企业最大的人力资本，尤其是基于数字化的转型升级，它是一场认知与思维的革命，是一场脱胎换骨的系统变革与能力升级，是企业的长期发展战略，所以转型升级依靠单一的职能部门是不能来推动的。企业家高层领导团队必须要承担转型升级的领导责任，但是目前来讲，企业家与高层领导团队责任的缺失与变革领导的不足，应该说是中国企业转型升级的最主要的瓶颈。

这体现在现代很多企业家面对数字化，面对新的高质量发展还是一种短期机会导向，非长期价值主义的思维，普遍的还是投机心态，追风口，习惯于赚快钱，赚容易的钱，那么大家知道科技创新数字化，都需要长期投，连续投，短期是难以见效和变现的。科技创新与数字化的部门与人才必须获得优先级的资源配置与投入，才能真正实现转型升级，但是因为现在企业家对转型升级的难度、长期性估计不足，战略准备都不够，所以就导致现在很多企业都在喊要转型升级，但真正转型升级，实现有效转型升级的企业还是很少。所以中国企业真正要实践创新，人才驱动的话，就必须要确立长期价值主义的思想，从习惯赚快钱，赚容易的钱，转向赚正确的、难的钱，需要时间积累和能力沉淀的钱。

第二个来讲，现在高层企业家对高质量发展、数字化、转型升级战略应该说还只是停留在概念层面上，没有真正把它作为核心战略，很多企业家还是对数字化这一核心战略没有想明白，想透，所以就导致转型升级的方向不清。高层领导团队没有达成战略共识，企业家也提不出富有说服力、感召力的新愿景、新目标，这就使得转型升级往往头痛医头、脚痛医脚。

第二大瓶颈是来自我们现在组织治理、组织文化、组织结构与流程的滞后。中国企业要适应未来数字化和高质量发展要求，现在在公司治理上，组织结构上，业务流程上是严重滞后，应该说支撑转型升级，新战略和新能力是短缺的。

因为我现在很多重大决策还靠老板拍脑袋，没有发育和建立高层的决策机制与组织，不尊重群体智慧，不认可专家权威和数据权威，第二就是现在绝大多数企业的组织结构还是传统的金字塔式结构。威权化的单一的中心组织是很难支撑数字化运营，很难支撑企业的产业生态战略的。再加上我们现在组织机构僵化、程序多、组织机构臃肿，总部能力是缺失的，比如资源配置能力、专业赋能能力、风险控制能力，以及战略协同能力都是缺失的。不管是民企还是国企，很多企业内部还是一种官本位的运行机制，导致目前一线很难呼唤炮火，一线的集成综合作战能力很难形成。

另外一个就是现在业务流程滞后，因为真正的数字化它是要先消费再生产，但是传统企业的流程是先生产后消费，这种业务流程是很难真正以客户为中心的流程去拉动整个组织体系的。这是从组织治理、组织文化的角度来讲的。

第三个来讲就是转型升级的战略性核心人才短缺与人才机制僵化的问题，应该说转型升级需要企业确定新的战略和开放新的业务，但目前新的业务发展所需要的顶尖人才短缺。首先是新业务的准企业家人才，大数据的技术大咖，解决问题的牛人，应该说严重的短缺，还有就是现在干部队伍跟不上，就是我们整个人才机制是以管控为特性的，人才机制是很难激活人才的价值创造。另外就是要适应未来的创新与高质量发展，现在企业的人才结构太单一，没有真正形成生态化与数字化的跨界人才结构。主要是领军人才、顶尖的技术、创新人才严重短缺。第二个就是现在很多地区的文化相对封闭，不开放，不包容，缺乏创新文化土壤和尊重与个性创新人才的氛围。企业内部存在大量的部门墙，导致流程不通，再加上机构臃肿，职能碎片化，使创新在企业内部很难进行跨部门、跨领域的协同，形成所谓的创新孤岛。再一个就是组织文化对创新失败、具有个性的创新人才没有包容性，有个性的创新人才很难存活和成长。另外一个就是整个人才机制相对而言是僵化的，目前整个人才机制还是以管控为特性，人才的责、权、利、能机制不配套，没有真正去基于企业战略进行重构与创新，人才的劳动组织方式与协同方式相对是落后的。人才的价值评价体系缺失，价值分配形式单一，导致对人才缺乏有效的激励，员工认知度与参与度低，数字知识、数字技能缺失，所以未来需要的是人才能力的转型。企业面临这三大转型。我认为，还是要回归到企业经营管理的底层逻辑与基本命题来进行企业组织能力再造，与人才机制的系统的创新与变革。所以最近我们现在从咨询这个角度来讲，在帮助中国的企业在进行转型升级的时候，我们主要还是抓住三件事在做。

第一个就是帮助企业重新进行顶层设计，打造基于价值观的新领导力。我们最近在很多企业就是基于数字化与高质量发展要求，进行企业的新领导力再造工程，那么这个新领导力的再造工程就是要重塑企业的使命追求，重塑企业愿景，企业家与高层领导团队对未来真正去完成系统思考，去达成战略共识，去形成新的顶层设计。所以我认为中国企业发展到今天，要进行系统的变革创新，企业高层领导团队必须要基于未来真正需求重构整个战略思维。另外，帮助企业的高层领导团队，各级领导干部进行认知与思维的革命，进行观念的更新、知识的再造、人才结构的调整、能力的提升、态度的转变。

第二个来讲就是企业要进行公司治理与组织结构的改革，去打造新的组织能力，真正去构建基于数字化与高质量发展的组织新领导力。因为企业转型失败，往往是来自组织不能成功转型，组织没有新能力，那么就难以与数字化、战略生态化相适应。企业日益在打破金字塔式的组织结构，将金字塔式组织结构真正转向扁平化，网络化，平台化的有机结构。所以，在组织结构的过程中我们应该去中介化，去威权化，去中心化，真正去构建平台化，加分布式这种经营，去打造平台化的赋能能力，以及一线的集成综合作战能力，这是我们最近所提出来的。如何上升平台的赋能能力，这里包括企业的战略管控能力、专业服务能力、风险控制能力，等等。同时企业还需要下沉一线的集成综合作战能力。通过结构这种创新，通过组织结构的改变去打造新的这种组织能力，

第三个来讲就是创新人才管理思维，重构组织与人才的关系，持续激活人才的价值创造。所以作为企业来讲要通过真正人力资源管理，真正要从专业职能层面，真正上升到企业战略和经营的这个层面，真正实现人力资源与业务的有机融合，通过创新人才机制去激活人才创新与价值的创造，去提升人力资源的效果。通过重构组织与人才的关系，比如说引入事业合伙机制，真正使得人才跟企业之间能够共事共担，共创共享，同时基于数字化，创新劳动组织方式。那么一个企业真正要激活人才的话，我认为还是要引入最小熵原理，实现人才的激活，也就是说要充分拉开差距，要打破平衡，还是要引入竞争淘汰机制，还是要建立开放式的人力资源系统。企业内部要加速人才的流动，要提高企业内部对干部的管理，要实现责权利能机制的系统的变革与创新。

第四个方面来讲，就是真正要构建企业的价值管理循环系统。整个去打造全力创造价值、科学评价价值，合理分配价值的三位一体的价值循环体系。另外一个就是刚才所讲到的现在要重构组织跟人的关系，尤其是组织性的人才，它不仅仅是获得一份劳动收入，它更重要的是要参与其管理，要分享企业的价值，分享企业的成功。所以我们也是提出了企业事业合伙机制的32字方针，比如说志同道合，利他趋势，共担共创，增量分享，相互赋能，自动协同，价值核算，动态进退，所谓人才合伙机制的32字方针。

我认为区域经济发展的核心还是产业的集聚，还是世界级领先企业的集聚，以及行业领袖的集聚，那么真正要打造世界级企业的集聚地和行业头部企业的集聚地，就必须要通过人力资源机制创新，制度创新，去推动中国企业的转型升级。

推动中国企业的转型升级就是要从三个问题入手。第一，企业家与高层领导团队的转型升级。第二，组织治理与组织结构的转型升级。第三，人力资源管理体系的转型升级。

人才生态建设的微观视角

——组织建设的 Great 模型

谢克海[*]

人才高地建设需要关注人才生态问题。我今天发言的题目是《人才生态建设的微观视角——组织建设的 Great 模型》。我提出的组织重塑 GREAT 模型，Great 模型已发表在了《哈佛商业评论》中文版。为了便于让大家理解，我从司空见惯的令人烦恼的事情谈起。

第一个烦恼：两颗螺丝钉。

这是我亲身经历的一件小事。几个月前，我家的床坏了，不太好修，于是买了个新床。新床由厂家上门安装，正常来讲本来半个小时就可以完工。预约的时间是周六上午，周六下午我还得去学校上课去。按照预约的时间，厂家派了两位安装工带着床上门安装了，开始一切顺利，两位安装工开始在卧室忙起来，大概过了 20 分钟，意外发生了。其中一位安装工对我说"不好意思，配件中少放了两颗螺丝钉，而且是非常重要的螺丝钉，床装不起来了。"

两位安装工不得不停工，联系他们工厂。电话打过去，大概过了 40 分钟，厂家终于有了解决方案，派出一辆面包车，从北京的南五环到北四环来送这两颗螺丝钉。这样一来，不仅我的时间被打乱了，两位安装工也很被动，他们在协调两个螺丝钉的时候，还不得不给约好的其他客户打电话，推迟时间或者改日期。可以想象一下，其他客户的时间表也一定被搞乱了。

---

[*] 北京大学人力资源开发与管理研究中心副主任、研究员，北京大学光华管理学院管理实践教授谢克海的主题发言，收录时略有修订。

眼看到了午饭时间，我定了外卖，请两位吃饭。吃饭我了解到：

- 他们的收入是按订单提成，安装一张床每人可以提成 60 元。本来半小时到一小时就可以挣 60 元，但是现在折腾一上午也只有 60 元了。
- 工厂经常出现诸如缺少配件、发错货等情况，当天的事情并非偶发。

午饭之后，我去学校上课了，让家人陪着两位安装工等螺丝钉。就这个小事，大家可以想一想：

如果这个企业一直这个样子，这两个装修工会流失吗？

这个企业的客户会满意吗？我不满意。后边那些时间表被打乱的客户会满意吗？

你觉得这个企业会有效益吗？两颗螺丝钉，用面包车专门从南五环送到北四环啊，这是多大的成本！

事情虽然不大，但反映出这家企业的组织运营是不入流的，没有为员工提供"能干"的环境。试问，这个企业只有这两位安装工不能高效率干活吗？其他类别的员工能高效干活吗？技术人员能高效干活吗？我们可以想一想，这样的运营水平当然也会影响技术研发等等。

我们经常讲"技术卡脖子"，其实卡脖子的不仅仅是技术，"两颗螺丝钉"的案例启示我们，组织效能低下在卡技术的脖子。

第二个烦恼：企业家四处奔波的烦恼。

企业家们在忙什么？我画个像，看看您接触的企业家这样的是否是少数。

他们在忙优惠政策，到处找优惠政策。忙战略合作，外部的战略合作。忙找银行，融资贷款怎么可以便宜一些。忙着在企业外部寻找各种资源，各种商业机会，实际上一切都是基于所谓的"人脉"。这类企业家在外部耗费了太多精力，没有足够时间和精力投入到企业内部的运营管理。

如果企业家不太关注内部运营，不太关注组织内部的效率，导致组织效能低下，那意味着什么呢？

如果把企业家辛辛苦苦从外部获取的资源比作 100 元钱的话，投入到企业内部一个周期之后可能产出只有 95 元。为什么？因为企业组织效能低下，因为企业内部是一些不优秀的管理人员在运营，因为流程不畅、决策迟钝、沟通缺位等等。很多企业家往往继续到企业外部去寻找资源，又找到了 100 元钱，这样企业就有了 195 元，看似财务状况很好，一个周期下来，就只剩下 185 元了。如果继续，285 元一个周期之后剩下 271 元，371 元剩下 352 元。其结果是：企业规模越来越大，亏损也一步步加大。

组织效能低下的企业，就像是一台发动机功效低下的汽车，与好车相比，把同样的一箱汽油加到车里，汽油的燃烧效果和汽车的运行效果是有很大差异的。

现实中，组织效能差的企业，终有一天会难以持续的。很多企业一个业务做不下去了，就想着搞多元化，搞多元化其实是被动的，刚开始多元化的时候看似很热闹，不了解情况的人觉得这家企业很有实力，但其实是为了填补原有业务的窟窿。当然，不是说每家多元化的企业都是这样，有的少部分企业基于自身资源禀赋开展多元化经营的，做得也成功，这样的企业并不多。

回到最初的问题，企业家们该忙什么？企业家忙外部资源争取无可厚非，但也必须拿出相当的时间和精力花费在内部组织效能管理上。具体说，要深刻思考并做这些影响组织效能的工作：

- 企业的业务选择对吗？
- 运营体系对吗？
- 组织及队伍环境对吗；
- 各级班子对吗？
- 组织的使命、愿景、价值观对吗？

这些工作做好了，就是组织能力，就会提高组织效能。组织效能也是组织的生态。

第三个烦恼：长期横盘的股指。

多年以来，上证指数在 3000 点上下波动，横盘了很多年。我们的 GDP 绝对值世界第二，增速世界第一。但为什么股指一直就上不去呢？

股价与什么相关？归根到底是利润。

按照世界 500 强的排名，我们进入名单的企业是 124 家，已经超过了美国。但是，如果比较利润水平、销售收益率、净资产平均收益率的话，我们与美国有明显差距。我们企业的利润质量也有待提高，利润质量影响 PE 值进而影响股价。创新的高科技企业和传统垄断企业，市场给予的 PE 值是不同的，大家都知道，创新高科技企业的 PE 值或许达到 50 甚至 100，传统企业可能只有 10。

以上就是我所谓的三个烦恼，其实，归根到底是同一问题：企业组织效能低。如何解决问题呢？下面分享一下我自己提出的解决方法。

组织建设的 Great 模型。

我认为企业管理核心问题，或者说应该关注的几个问题是，一个企业做什么？谁去做？做没做？为什么要做？这个企业的 CEO 和高管团队行不行？这就是我提到的组织重塑的 GREAT 模型。前面提到，这篇文章发表在了《哈佛商业评论》中文版，题目是"组织成功重塑的 Great 模型"。

组织建设始于组织建设系统到位及开启组织调研。我要特别强调，一个企业要做好组织建设，提高组织效能，就必须有"组织建设系统"，但，非常遗憾，我们的很多企业没有"组织建设系统"。怎么启动组织建设系统建设？我的建议是：以开展组织调研起步。关于如何组织调研，其中有很多需要探讨的问题，我们后续交流。

粤港澳大湾区高水平人才高地建设的战略选择与实现路径

王建民[*]

我今天发言的内容是个人对粤港澳大湾区高水平人才高地建设战略的初步思考。理性思考有助于深刻认识习近平总书记2021年9月在中央人才工作会议上的重要讲话精神，促进粤港澳大湾区建设高水平人才高地建设工作，实现"加快建设世界重要人才中心和创新高地"的国家重大人才强国战略目标。

关于"人才高地"概念的内涵、要素与结构等问题，萧鸣政教授团队提出了"结构模型与标准体系"以及"一个高地＋三个特征＋三大要素＋五大体系"的建设路径框架。早在2008年初，王通讯研究员发表文章，讨论了人才高地（"人才资源高地"）的概念、形成、移动、测量与建设途径问题。

汲取王通讯研究员和萧鸣政教授等著名专家的研究成果，可以尝试把定位于人才强国战略高度、建设在"北京、上海、粤港澳大湾区"的"高水平人才高地"理解为：高质量集聚和开发承担国家基础科学、应用技术和产业攻关研究与开发任务，落实国家"十四五规划和2035年远景目标"，实现国家新时代创新战略使命和"第二个百年奋斗目标"强国梦的战略科学家、领军人才和创新团队的城市或区域；在这样的城市或区域，战略人才及其团队，数量充沛、质量优良、结构优化、制度健全、条件优越、激励相容。

---

[*] 北京师范大学战略人才研究中心创始主任，教授、博士生导师，中国人力资源开发研究会常务理事，经济学博士，王建民的主题发言，收录时略有修订。

一 战略选择的条件

粤港澳大湾区"区位优势明显，经济实力雄厚"，"创新要素集聚，国际化水平领先"，是中国的经济高地，也是世界重要的经济高地之一；经济高地，一定是人才高地，至少是经济人才高地——经济人才资源汇聚和人力资本开发与利用的"高手"、"大家"云集之地。

在粤港澳大湾区实施国家高水平人才高地建设战略，基础扎实，条件优越，特点显著。通过直接和间接的观察，可以对大湾区高水平人才高地建设战略选择的环境条件和基础性战略资源做出初步判断，具备以下五个特点：

（1）经营管理人才高地，质量好，效率高；

（2）创新人才集聚高科技企业，密集度高；

（3）人才总体上年轻化，能力强，潜力大；

（4）通过香港和澳门，获取、利用境外人才具有比较优势；

（5）人才市场主体（政府部门、市场组织和事业单位），拥有丰富的开发和利用人力资源的制度资本。

从优势（S）、劣势（W）、机遇（O）和挑战（C）四个维度进行初步的SWOC分析，结果简要概括在表1中。

表1　港澳大湾区人才高地建设基础条件（SWOC初步分析）

维度	要素
优势 S（Strengths）	经营管理人才汇聚和开发的高地；人力资本年轻化，能力强，潜力大；重点人才储备比较丰富；科技创新企业研究（R&D）人才集中；ICT基础型行业数字人才丰富；市场主体（华为等）开发利用人才经验丰富；人才服务与管理制度资本优质、充沛……
劣势 W（Weaknesses）	"高校研究人才和创业类人才相对较少，人才的国际联通程度比较低"；支撑大湾区规划目标任务的战略性高层次人才有待进一步开发；有国际竞争力的人才有待增加……
机遇 O（Opportunities）	国内和国际环境因素，为大湾区人才参与更高水平国家发展和国际竞争开辟新空间；大湾区战略规划为大湾区人才发挥创新创造作用，实现价值和剩余价值创造提供大量充分机会；粤、港、澳三地人才优势互补、合作创新更为便捷和有效

续表

维度	要素
挑战 C （Challenges）	受单边主义和疫情等影响，外部环境不确定不稳定因素增多；霸权主义、国际政治因素阻碍国际高层次人才自由流动；大湾区经济运行产能过剩、供需结构不平衡等矛盾和问题，对人力资本数量和结构的需求不够稳定；粤港澳社会和法律制度不同，市场互联互通水平有待进一步提升，人力资本等生产要素高效便捷流动的良好局面尚未形成；国内其他地区的人才竞争

主要参考资料：(1) 2019-02-18 新华网：《粤港澳大湾区发展规划纲要》。(2) 中华人民共和国科学技术部编：《中国科技人才发展报告·2020》，科学技术文献出版社，2021。(3) 清华大学经济管理学院和领英（Linked in）2019-02：《粤港澳大湾区数字经济与人才发展研究报告》。

盘点粤港澳大湾区经济的和非经济的、物质的和非物质的环境因素，有助于确定高水平人才高地建设的坐标点，扎实形成国内和国际比较优势和核心竞争力的战略基础。

二 战略选择的原则

基于现实的和理性的思考，可以认为建设粤港澳大湾区高水平人才高地，应该坚持五项原则。

1. 战略人力资本原则

基于经济学的人力资本逻辑，高水平人才高地汇聚的人才，应该视为直接投入到粤港澳大湾区战略规划和国家"十四五和 2035 年远景目标"规划任务与目标实现"生产活动"中的"战略性人力资本"，是第一"生产"要素。

建设高水平人才高地，出发点和落脚点都应该是支撑和直接作用于大湾区战略规划和国家规划的目标实现。无论采用"人才"还是"人力资源"概念，本质上指代的是"凝聚在人体中的知识、技能和能力"——人力资本。人力资本是生产要素，在表现为"投入—产出"特征的经济和社会的"生产性"活动中实现价值和创造剩余价值。只有高质量、高效能投入到战略规划目标实现活动并发挥了积极作用的人力资本，即人才或人力资源，才具有战略意义和应用价值。

2. 攻克难题和构建基础原则

在粤港澳大湾区高水平人才高地汇聚的人才，不仅是支撑战略目标的人力资本，而且应该进一步具体到能够胜任解决紧迫的技术和生产难题，或者有能力解决满足未来突破性发展需求的基础科学问题。

粤港澳大湾区应该高度重视投资和利用战略科学家、领军人才及其工作团队的人力资本，在国家、地方部门和企业组织的攻克科学、技术、产业创新创造难题，特别是解决"卡脖子"技术和产品问题中发挥积极作用，产出有价值的成果。也应该面向未来，培养和引进有潜力在国家自然科学、人文社会科学和技术基础学科做出贡献的创新创造人才。

3. "雁阵"格局和集团化作战原则

在粤港澳大湾区高水平人才高地建设中，应该高度重视战略人才的团队合作问题，注意构建"雁阵"格局，形成"雁阵效应"，有利于实现人才的强项叠加、优势互补、协同作战，组织实施"饱和打击"，"尖刀连突进"，"撕开城墙口子"，进而攻克堡垒，解决难题。

习近平总书记在中央人才工作会议中指出，要通过高水平人才高地和人才平台建设，开展人才发展体制机制创新，集中国家优质资源，为人才提供国际一流的创新平台，加快形成"战略支点"和"雁阵格局"。形成"战略支点"，意味着高层次人才人力资本投入的战略相关性，在战略相关活动中实现产出和价值创造；"雁阵格局"意味着团队合作，头雁发挥引领和核心作用，成年大雁压阵，雏雁居中助力，列阵飞翔，避阻力，战风雨，一路向前。

开发战略科学家和领军人才，要有清楚的"雁阵效应"意识，为首席专家配备成员，形成"雁阵格局"，实现团队协作作战。

4. 制度和文化认同原则

从国外（或境外）引进高层次专家或青年拔尖人才，有必要考察和评估其对粤港澳大湾区，对中国经济体制、政治制度、社会文化，以及相关企业、高等教育或科研机构等组织的激励与约束制度，是否了解、认可、接受和适应。所谓人才开发，目标是投资或利用"人"所承载的人力资本；作为载体的"人"，具有文化性和社会性，而且必然在一定的组织文化和社会文化中发挥作用。

5. 多样化开发与利用原则

在建设粤港澳大湾区高水平人才高地建设中，有组织、有规划、有手段地集聚和开发战略人才，配置在大湾区各类组织中的合适岗位上发挥作用的人才，这是符合常规或传统逻辑的人才开发机制。但是，集聚人才的目的在于利用，"不求所有，但求所用"的认识同样具有重要的现实意义和应用价值。

我们注意到，华为等高科技企业，一些省组建的人才集团，在开发和利用国际或地区外高层次人才过程中，采取了多样性的做法，获得事半功倍效果，值得借鉴。

三 建议选择的战略

在审视粤港澳大湾区高水平人才高地建设战略选择的条件、选择的原则基础上，拟对实施这项国家人才开发工程应该采用的战略提出建议，谨与专家同行交流，为人才服务与管理部门提供参考。建议选择的战略安排有五项。

战略建议一：强化全球比较优势技术和产业领域关键人才团队。

粤港澳大湾区有不少全球领先或具有比较优势的技术与产业，代表未来发展趋势，是国家核心竞争力的重要组成部分。有专家指出，粤港澳大湾区与纽约、旧金山和东京三大湾区相比有两个强项。一是在规模上，"粤港澳大湾区的GDP总量与东京湾区和纽约湾区相当，是旧金山湾区的两倍多；而且粤港澳制造业占GDP的比重是21%，远大于其他三家"。二是"粤港澳大湾区的制造业门类更加齐全，包含电子信息、装备制造、汽车、新能源、新材料、生物医药、石化、钢铁、海洋工程、高端消费品等等，世界500强企业在粤港澳有25个"。以华为公司为代表的ICT（Information and Communication Technology）信息技术产业世界领先，包括5G技术与应用、鸿蒙系统（Harmony OS）等。

战略建议二：汇聚和培养大湾区战略性新兴产业人才。

汇聚和培养支撑大湾区战略性新兴产业的高层次创新人才、研发团队，形成"集团军作战"格局。《粤港澳大湾区发展规划纲要》提出"培育壮大战略性新兴产业"，推动"新一代信息技术、生物技术、高端装备制造、新材料"等发展壮大为"新支柱产业",在"新型显示、新一代通信技术、5G 和移动互联网、蛋白类等生物医药、高端医学诊疗设备……北斗卫星应用"等领域培育一批"重大产业项目"。

战略建议三:引进和造就研究型、创造性青年基础性战略人才。

这是针对基础性战略人才开发和利用的建议。建议全方位评估,从大湾区外部招聘和在大湾区内部培养相结合,精心遴选大批爱国奉献、学业精湛、品德优良的青年博士、博士后,签订长期聘用合同,给予关心爱护、支持帮助、了解包容,分配有挑战性和重要性工作任务,让年轻学子在实践中接受锻炼和考验,逐步培养和造就成为各项国家事业的重要成员、骨干力量和领军人才。

战略建议四:优化国际高层次人才流动机制,获取国际顶级专家智慧。

参照国际一流学术机构,比如哈佛大学肯尼迪政府学院,高频率广泛开展学术研讨交流活动,获取国际学者的智慧和重要政界人物的经验。建议完善和优化国际高层次人才到粤港澳大湾区流动的机制,通过短期访问、学术研讨、项目合作等方式,高质量获得国际顶级专家的智慧——新理念、新思想、新模型,以保持和促进粤港澳大湾区的国际前沿性和领先性。

战略建议五:创新学术成果国际发表方式,成为重要的知识传播主导者。

改变学术成果在所谓国际学术期刊发表作为主要评价指标的"传统"模式。中国科研经费资助下获得的研究成果,发表方式应该由中国学者、中国机构主导;应该扩大中国的外文期刊的创办规模,利用国际互联网和多媒体技术,发表中国学者的研究成果,增强中国成果的国际传播力度,不断提升中国学术的全球影响力。

四 实现战略的路径

提出政策层面和实际作业的建议,谨供高层次人才服务与管理部门以及用人单位工作人员参考。结合长期观察和研究所形成的认识,对如何实现"粤港澳大湾区高水平人才高地建设"战略目标,提出五点具体建议：

第一，进一步加强人才市场主体决策、政府部门服务与管理的理念与机制。

普遍认为，广东省的政府部门和社会组织在人力资源服务与管理方面，政策比较完善，效率比较高。曾有某市的一位工商界别的政协委员发言，比较其在深圳市和当时所在城市体会到的政府部门服务与管理的态度与效率，对深圳市的经营环境大加赞赏，充分肯定，媒体纷纷报道。

第二，在人才评价中体现国家和大湾区发展战略需求与人力资本的价值创造和实际贡献。

粤港澳大湾区高水平人才高地对人才价值和贡献的评价，应该彻底摒弃"五唯"指标。人才所带来是人力资本，人力资本只有在国家和大湾区战略规划的任务、项目、目标中发挥作用才具有价值，对战略目标的实现没有做出实际贡献的论文、帽子、获奖等是没有什么意义的。

第三，不断优化各类人才在大湾区生活、工作的物质条件与制度环境。

战略人力资本以人为载体，而人是具有复杂心理活动，以社会化和生态化存在的高级生命体。解决好个人生活条件、家庭成员需求等问题，才能够免除后顾之忧，专心致志投入到工作中。

第四，在更高水平实现人才服务与管理的大湾区协调一体化和法治化。

在粤港澳大湾区高水平人才高地建设，广东省 9 个城市、香港特别行政区和澳门特别行政区在人才服务与管理方面，有一个法规和政策的协调合作与一体化发展问题。在大湾区建设中，包括人才职业资格互认、人才认定标准体系和机制、社会保障、薪酬福利、人才居留政策、配偶和未成年子女随同居留等问题在内的法律、法规和政策，势必在三地 11 市协调一致，逐步妥善得到解决。

第五，建立与优化人才服务与管理"客户满意度"后评估机制。

最后，建议完善数字化、网络化的人才工作质量后评估机制，对大湾区高水平人才高地建设中实行的人才服务与管理方面的法规政策的可行性、有效性、经济性进行评估，就工作流程的效率和效果、工作人员的态度和服务水平，向服务与管理对象征求意见和建议，及时反馈，适时调整，消除"熵增"因素，输入"负熵"能量，实现服务与管理开放系统保持高效运行状态。

人才中心和创新高地竞争力比较研究

任文硕[*]

我的发言题目是关于人才竞争力的比较研究，我也希望通过这一研究，对我们今天的主题——"粤港澳大湾区的人才战略和创新发展"有一定的助益。

具体内容分为四个部分：第一个部分是个研究的背景；第二个是人才竞争力指标的开发；第三个是关于一带一路重要节点城市人才竞争力数据的一个比较情况；第四个是这个研究对于我们粤港澳大湾区建设人才中心和创新高地的启示和借鉴。鉴于这个项目还有一些数据和某些信息是不便于公开的，本次的汇报主要是从一个共性的角度谈人才竞争力。

研究背景包括理论背景和现实背景。

（一）理论背景。理论背景主要是对国家竞争力和人才竞争力的理论背景研究。在座各位都是专家，关于国家的竞争力、人才的竞争力的研究从来都不缺乏的，比如说2022年、2021年、十年前，二十年前，如果你想知道，你总会得到某一个关于国家竞争力比较的一个研究报告；人才竞争力指标开始于20世纪70年代初，瑞士洛商国际学院和世界经济论坛，他们共同研究国际竞争力问题，1980年的时候首次出版了一个关于世界竞争力的报告。

首先涉及一个国家竞争力的概念和国家竞争力的指标，今天上午萧教授的发言就谈到了一个国家竞争力的概念，萧老师是从人才竞争力和军事的竞争力进行剖析。这里谈到的是对于国家竞争力概念的一个描述，

---

[*] 中国人事科学研究院绩效管理与考核奖惩研究室主任，研究员任文硕的主题发言，收录时略有修订。

它是指一个国家具有经济可持续的高增长的能力，有一种界定就是把原有的经济增长竞争力指数，商业竞争力指数，全球竞争力指数，统一为一个综合指数也就是全球竞争力指数。如果从国家竞争力的角度，我们国家和世界上其他国家相比，就一定要一个量化的比较。比较就一定要有指标，关于国家竞争力的指标也有不同的提法，在这里我就略过。今天非常欣喜地听到萧老师对人才竞争力这一块一级指标，二级指标，三级指标都已经做出来了，我们也非常期待着关于人才竞争力指标的一个结构。

其次涉及一个人才竞争力的概念和指标。人才竞争力是国家竞争力非常重要的基础，关于人才竞争力也有各种各样的说法，在这里用《人才蓝皮书》中关于人才发展报告，第三部对人才竞争力进行的一个界定。人才竞争力是什么？人才竞争力是一个国家或区域的人才的总量，人才的质量，人才的结构，人才的比例，人才的环境等因素，在经济社会发展和竞争的过程中表现出来的综合实力。它是各种人才因素综合和凝聚的过程。对此，有多种视角，有多种说法，其中有一种说法，就是四个视角：第一是人才能力，今天上午发言的王重鸣老师也多次谈到了绿色发展人才，多次谈到了能力的培养问题；第二是人才匹配包括人—人匹配和人—岗匹配。一个人个体的力量，1加1是大于2还是小于2，这是人—人匹配问题，还有就是人和岗之间，有研究表明如果人岗能够匹配的话给整个工作的绩效带来的效益，比人岗不匹配带来的效益的增长率能够达到百分之四十到五十；第三是人才优势。我们今天谈人才竞争，重点就是看人才优势问题，人才有什么优势，那么还有一个人才劣势，看竞争，要看优势，粤港澳大湾区的优势在哪里？前面几位专家分别都有提到，那么我们的短板在哪里？有长板有短板；第四，人才竞争。如果说能力，配置，优势还有一点静态的味道，那么人才的竞争就涉及在今日的竞争当中，人才的个体和人才的组织表现出来的一种动态的特点。粤港澳大湾区的人才竞争力的评价和判断，也要从几个方面，能力、配置、优势、竞争，这几个角度考虑。

现实背景。近年来我们相继召开了全国第一次人才工作会议和第二次人才工作会议，他的整个范围是全国；2021年的9月召开的中央人才工作会议，这一次是中央层面，会议的规模小、高端，这次会议重点体现了对于高端人才的重视，和对科技创新人才的精准化的聚焦。在新时代的人才强国战略当中，特别提出了2035年的目标和2050年的目标，全面建成社会主义现代化强国，要打好人才基础，那么到2035年要进入强国，人才竞争力要进入到世界前列。目前我们中国的GDP在全球已经到了第二位，但是我们的人才竞争力的排名是不是第二名呢？肯定不是。全世界关于人才竞争力有不同指标，不同的排名，哪一个排名都没有把中国排到前30名。那在这种情况下，我们要实现2035年的目标和2050年的目标，我们将要迎接着国际人才竞争的新挑战，之后我们面临的就不仅仅是国内的竞争，更多的是国际的竞争。在这样一种现实的背景和国家人才发展战略目标要求之下，对于我们国家，对于各个地区的人才竞争力的水平的提升可以说是到了一个非常迫切的程度。

人才竞争力指标的构建。这个研究要对"一带一路"的重要节点城市的人才竞争力进行比较，首先要做人才竞争力指标的构建。关于指标的构建，简单汇报一下指标开发的过程。指标开发共经历了五个阶段，第一个是指标的框架的搭建，这是一个最大的一级指标搭建；第二个是指标构建的依据；第三个指标的结构是什么；第四个，各个指标之间权重如何设置；最后一个是指标数据的处理。

1. 指标框架的搭建，主要是以科学性，全面性，针对性，可得性和动态性的角度与基本原则，我们梳理了近年来关于人才竞争力评价的几乎所有的研究成果，结合"一带一路"的特点最后搭建出了一个"人才规模，人才素质，人才投入，人才平台和人才环境"等五个一级指标。

2. 指标构建的依据。"一带一路"人才竞争力指标在通常人才竞争力指标基础上体现以下三个特点：一是体现"一带一路"沿线城市的特色，这里很多指标是"一带一路"特有的，因为"一带一路"有一个"五通"原则，五通里面就涉及五通相关联的指标；二是展示城市人才竞争力动态的发展过程。人才竞争力一般的是从静态，一个年度，一年一年地推。这项的研究还把近五年的指标的动态情况作为重点，看它的发展趋势和未来性；三是人才竞争力的指标应该是可量化的，但是由于这种指标的复杂性多样性和难以完全量化的特点，我们有一些个别指标是补充了一些量化，请了专家做了一些量化的研究。

3. 指标结构。经过课题组的研讨和专家咨询，以及符合"一带一路"城市发展要求等等最终确定了 15 个二级指标，41 个三级指标。

4. 指标权重。对所有指标进行了权重的设置，关于一级指标的权重，我们请了很多专家对一级指标权重给出自己的评判，还有二级指标和三级指标，我们通过这种专家和层次分析法，确定了各个指标的权重。

5. 指标数据的处理过程。指标数据的处理，除了个别的定性的研究，总体的指标全部都是来自官方的数据，比如城市年鉴的数据，还有其他一些地方的统计公告的数据，数据统计的过程是经过了一个标准化的过程。

第三，"一带一路"重要节点城市人才竞争力数据的比较情况。研究的结论是对五个方面进行一个数据的比较。一是人才竞争力总体情况；二是五大指标竞争力的分项比较；三是重要动态竞争力指标的比较；四是几个重点城市人才竞争力的比较；五是"一带一路"典型城市的比较。这里重点对"专业技术人才数，科技成果转发量，科学技术支出数，人均 GRP 和普通高校教育学校数"几个可获取指标的比较。我们得到了 2010 到 2020 年，这些城市的专业技术人员科技成果转化量，以及科学技术支出 GRP 以及高等学校的数据，从这里我们发现专业技术人才和地区的经济发展高度相关。科技成果转化对于地区的未来性一定是有帮助的，有些城市具有很强的后发优势，即一个地区的经济发展和他对经济的重视程度以及对研发的重视程度高，它的发展潜力会非常大。

第四，对于粤港澳大湾区建设人才中心和创新高地的启示和借鉴。

第一个就是"有量才有质"。人才密度很重要，一个地区吸引人才非常重要。只有质量，没有总量是不行的，但是人才的质量和高层次人才又更加重要。就像我们今天这个大会，几乎把国内人力资源管理方面的各方面专家悉数请到场，这是论坛的一种影响力，这就是我们经常说的：引来一个人或者项目，带来一个团队，引来全国的力量聚集到此，这是高端人才的一个集聚作用。

第二个就是"既要引才，更要育才"。就是教育的作用，和培育的作用，这一次中央人才工作会议，对于自主培育人才作用也提到了更高地位，特别是卡脖子工程，我们要对高精尖领域有自主培育能力。

第三个就是"既要建高地，也要补短板"。我们在人才高地指数，数据评价过程当中发现：一个城市如果某一项指标特别低，就像我们高考一样，要是偏科的话肯定不行，一个地区既要把你的优势挖掘出来，你的短板也要抓紧补，而且短板补起来，相对来讲速度会更快，我们粤港澳大湾区既要看我们的高点，也要看我的低点。

第四个就是"既要有高峰，更要建高原"。我们建人才高地，有些地方有几个点都超出平均值很高了，但整体还是不高，为什么，就是这个点构不成一个面，对此就要不断地激发这些点，把这些点连成一个高原，这个时候整体平均值才能最高。

第五个就是"撬动制度的核动力，高质量引领发展"。前面几位专家都谈到了价值观的问题，企业使命感的问题以及制度对发展的价值。制度它是能够发现人才，它是能够让人素质提高起来，特别是他能够最大限度把人的积极性激发出来。这是我在这个借鉴里面最核心的一个观点。

最后，我用这个管理学家的几句话来结束我的发言，第一个就是国家和国家之间的竞争，就是人才和人才之间的竞争，第二个就是麦克里兰曾经提到的一句话，一个人的成就动机越强，这个人就越能成功，一个组织成就动机人数越多，这个组织绩效就越高，一个地区，一个国家高成就动机的人越多，那个国家就越兴旺发达，那我祝愿我们粤港澳大湾区，能够把那些越来越多的高成就动机，高水平高质量的人汇集过来，打造一个"国内引领，国际赶超"的人才中心和创新高地。

以国际人才双循环促进大湾区
人才高地示范区建设

姚 凯[*]

一 粤港澳大湾区面临着巨大的战略机遇

习近平总书记在中央人才工作会议上强调,要以加快建设世界重要人才中心和创新高地为重要战略抓手及战略举措,深入实施新时代人才强国战略。总书记的重要讲话是在建党百年和向着第二个百年奋斗目标迈进的重要历史节点上,在系统总结党的十八大以来我国人才理论创新和工作经验的基础上,深入研判国内外环境发生深刻复杂变化、全面分析国际科技竞争态势、科学分析全球人才流动和竞争格局基础上提出的科学论断,为我国广开进贤之路,广聚天下英才,共同实现中华民族伟大复兴的"中国梦"绘就了新时代人才发展蓝图。

会议决定,在北京、上海、粤港澳大湾区建设高水平人才高地,同时,要集中国家优质资源重点支持建设一批国家实验室和新型研发机构,发起大科学计划,为人才提供国际一流的创新平台,加快形成战略支点和雁阵格局。中共中央政治局4月29日召开会议,审议《国家"十四五"期间人才发展规划》,会议强调:要坚持重点布局、梯次推进,加快建设世界重要人才中心和创新高地。

北京、上海、粤港澳大湾区要坚持高标准,努力打造成创新人才高

---

[*] 复旦大学全球科创人才发展研究中心主任、教授、博导姚凯的主题发言,收录时略有修订。

地示范区。

一些高层次人才集中的中心城市要采取有力措施，着力建设吸引和集聚人才的平台，加快形成战略支点和雁阵格局。

《中共中央、国务院关于加快建设全国统一大市场的意见》的正式发布，明确了加快推进全国统一大市场建设的总体要求、主要目标和重点任务，是坚持和完善社会主义市场经济体制的生动体现。意见明确加快建立全国统一的市场制度规则，打破地方保护和市场分割，打通制约经济循环的关键堵点，促进商品要素资源在更大范围内畅通流动，加快建设高效规范、公平竞争、充分开放的全国统一大市场，全面推动我国市场由大到强转变，为建设高标准市场体系、构建高水平社会主义市场经济体制提供坚强支撑。建设全国统一大市场是构建新发展格局的基础支撑和内在要求，也是人才在国际双循环中有序流动和合理配置的市场保障，为粤港澳大湾区建设"世界级"创新人才高地示范区创造了有利条件和坚实基础。

二　粤港澳大湾区人才发展面临的挑战

1. 国际挑战

面临百年未有之大变局和世纪疫情相互叠加的复杂局面，新冠肺炎疫情和乌克兰危机导致风险挑战增多。拜登政府采用"回形针行动2.0"掠夺俄罗斯人才，简化H-1B签证取消雇主规定，精准地为俄罗斯关键领域高端人才移居美国创造便利，同时提供科学家保护地位，趁机吸纳冲突地区顶尖科学家。

美国布局"去中国化"。2021年5月出台《无尽前沿法案》实质性地推动中美科技脱钩，2022年2月4日，通过了众议院版《2022美国竞争法案》，2022年3月28日，表决通过了参议院版本的《美国竞争法案》，加强美国本土的科技创新能力，拨款激励私营部门投资半导体制造、改善美国供应链和增加关键产品的国内生产以及推动美国的科学研究和技术创新，同时极力在全球半导体产业链中"去中国化"，如将与日本、欧洲在半导体研发方面加强合作，邀请日本、韩国等组建芯片四方联盟。

全球范围的人才竞争加剧。美国移民局在3月29日宣布了"缩短案件审理积压、缩短审理周期"的计划；英国宣布将于2022年5月30日启动一项面向世界一流大学毕业生的"高潜力个人签证（HPI）"计划，针对50所"全球大学名单"毕业生开放，无需雇主担保直接入英，我国有北京大学、清华大学、香港中文大学和香港大学四所高校被列入HPI学校名单。

2. 国内挑战

一是我国经济发展环境的复杂性、严峻性、不确定性上升，稳增长、稳就业、稳物价面临新的挑战。

二是城市受到人口老龄化和少子化的威胁，更多中西部地区城市加码参与"抢人大战"，高质量引才聚才面临更加严峻挑战，如5月7日，重庆市渝中区宣布，部分符合要求的高层次人才可享受最高1000万元的购房补助，成都高新区发布了50万元—300万元年薪的高能级人才岗位，昆明则为生物医药、新能源等重点领域人才发放最高100万元的生活补贴。

三是半导体、新能源、人工智能等产业发展迅速，但相关领域人才的培养速度、质量难以满足产业发展需求，存在较大的人才缺口。猎聘大数据研究院最新数据显示：智能制造、集成电路、人工智能、生物医药等领域人才紧缺指数居高不下，半导体行业TSI（人才紧缺指数）为1.91，达到近两年来峰值；智能网联工程师、智能驾驶系统工程师TSI分别达到3.46、2.46；生物制药/工程TSI指数高达4.4人，工智能算法与应用、元宇宙等数字经济人才紧缺数量、程度不断攀升。

三 粤港澳大湾区人才发展基础与思路

（一）粤港澳大湾区建设"世界级"人才高地的竞争力

1. 粤港澳大湾区拥有建设"世界级"人才高地示范区的竞争力基础

一是具有较强的国际竞争力基础，2021年度"全球人才竞争力指数"（GTCI）排名中，我国首次进入全球前40位列第36位，其中全球前100城市中大湾区有4个城市上榜，分别为香港（20位）、深圳（82

位)、珠海(96位)、广州(98位)。《2021年IMD世界人才竞争力报告》,香港特区在全球排名11,亚洲排名第一,中国内地全球排名第36。

粤港澳大湾区具有较强的人才吸引力

中国最具人才吸引力城市中,京沪深居前三,一线城市的人才净流入达到了5.2%。深圳广州位列中国城市人才吸引力排名前十。粤港澳地区是我国开放程度最高、经济活力最强的区域之一,具有较强的人才集聚力。

3. 粤港澳大湾区具有人才发展良好的环境

粤港澳大湾区的产业链完整,公司资源丰富,优质的营商环境为人才创业就业创造了条件。大湾区内很多城市全面放开放宽落户政策,接连推出了有力的人才支持政策,2000—2020年间深圳、珠海、东莞、佛山颁布出台科技创新人才政策累计超过30条,广州、中山、江门超过20条。率先推出系列境外人才政策,包括对境外高端人才和紧缺人才实施个人所得税优惠、港澳科研机构和人员可共享使用重大科技基础设施与大型科研设备、逐步放宽港澳人才投资及执业限制等多项举措。

4. 瞄准世界第四大湾区加速推进一体化发展

2019年《粤港澳大湾区发展规划纲要》发布,粤港澳大湾区瞄准世界第四大湾区,已经规划设计了强有力的顶层统一部署和大湾区自身的发展活力,为人才要素国际双循环奠定了坚实的基础。

(二) 粤港澳大湾区拥有实现国际人才双循环的良好基础

粤港澳大湾区目前已经形成了包括就业通、社保通、人才通、治理通的人才发展机制,形成了具有粤港澳特色的人才发展模式,为进一步实现国际人才双循环打下了良好的基础。具体内容包括:1. 就业通。全面取消港澳人员在粤就业许可,基本建成以粤港澳大湾区(广东)创新创业孵化基地为龙头的"1+12+N"港澳青年创新创业基地体系。目前,在粤纳入就业登记管理的港澳居民超过8.51万人,全省已建成的57家N系列基地吸纳了3455名港澳青年就业。2. 社保通。广东省出台完善港澳台居民养老保险措施意见,首创内地赴澳门务工人员可在横琴参加企业职工养老保险,截至2021年底,港澳居民在粤参加养老、失业、工伤保险累计27.92万人次。"湾区社保通"加快以社保卡为载体的居民服务"一卡通",实现社保卡金融功能跨境通用,目前,港澳居民持卡人数已达21.59万人。3. 人才通。粤港澳大湾区(广东)人才港2022年3月正式开港,实现服务、交流、展示、创新四大功能"一站式"服务。4. 治理通。在"治理通"方面,建成粤港澳大湾区劳动争议联合调解中心,在珠海(横琴)和广州(琶洲)设立速调快裁服务站,广州、深圳、珠海等地试点聘任港澳籍仲裁员30名、调解员14名。在打造和谐劳动关系示范区方面,依托粤港澳大湾区劳动争议联合调解中心等平台,建立粤澳信息交流机制与打击恶意欠薪逃匿联动机制,加强粤澳劳动保障监察和调解仲裁规则对接,积极促进粤澳劳动用工融合,营造国际一流营商环境、和谐稳定用工环境。

(三)粤港澳大湾区人才发展思路

围绕高标准建设国际人才双循环重要节点,积极打造大湾区人才高地示范区的战略目标,形成以下人才发展思路:

1. 畅通国际人才循环通道,发挥国际竞争力和影响力。

以开放、有效的人才政策吸引集聚国际人才,为海外人才、港澳人才提供更加统一、畅通、方便、快捷的发展通道,为各类人才搭建能够施展才华、支撑其创业就业的广阔舞台,吸引全球英才共同建设具有国际竞争力的高水平人才高地。

2. 形成区域内人才自由流动和高效配置,形成辐射力和示范效应

在加速推进区域一体化发展中,积极改革创新,形成粤港澳有机协同的人才治理机制,同时积极对接辐射国内其他区域,深入推动人才资源的跨境、跨区域自由流动,探索人才制度创新、人才政策创新和人才环境创新,形成可复制推广的经验做法。

四 上海浦东国际人才双循环的经验借鉴

自由贸易试验区设立后,国务院及有关部委陆续组织复制有关改革创新经验,其中,上海浦东新区300多项自由贸易试验区改革试点经验已在全国或有关地区复制推广。

2021年4月7日,《国家发展改革委关于推广借鉴上海浦东新区有

关创新举措和经验做法的通知》印发，在全国各国家级新区推广浦东新区涉及改革系统集成、制度型开放、高效能治理3个方面经验，共计25项、51条具体做法，其中试点持永久居留身份证外籍高层次人才创办科技型企业改革、浦东国际人才港构建人才服务生态圈两项共8条直接与海外人才相关的示范举措被面向全国推广。

浦东建设国际人才发展引领区政策则形成了以下主要的试点经验：1. 试点持永久居留身份证外籍高层次人才创办科技型企业改革，制定发布《关于持永久居留身份证外籍高层次人才创办科技型企业试行办法》，外籍高层次人才可凭其持有的外国人永久居留身份证作为创办科技型企业的身份证明，与中国籍公民持中国居民身份证作为身份证明创办企业享受同等待遇。2. 浦东国际人才港构建人才服务生态圈，全覆盖集成整合人才审批业务。包括：探索推出外国人工作居留审批"单一窗口"和"一网通办"服务平台，把多部门串联审批改为并联审批，实行"一表申请，一网办理"，审批实现从12个工作日压至5天；全场景推进智能审批应用，通过附件智能识别、文本智能审核、机器自主学习等新兴技术应用，实现申请端智能化填报，申请人由表格填写者转变为校对者；实现审批端智能化审核，审批人有材料审核者转变为复核者；全领域链接各类创新要素资源，推出"创业首站""双创加油站"等服务品牌，举办政策宣讲、产业交流、项目路演等各类人才活动；全方位提供精品化个性服务，设立高层次人才精品服务专窗，为专家及其团队解决各类诉求。

中国（上海）自由贸易试验区临港新片区双循环经验：1. 国际人才方面：对标最高标准、最高水平，在临港新片区形成了海外引才制度的率先突破，实施便利开放的外籍人才出入境、停居留及从业政策，延长外籍人才居留年限，放宽工作许可条件和办理永居条件，实现具有境外4地的14种职业资格专业人才可在新片区备案执业，3类职业资格考试在新片区内面向境外人士开放，对引进的境外高端、紧缺人才个人所得税超出15%的部分给予税负差额补贴，为海内外人才创业和就业提供便利。2. 国内人才方面：积极探索突破国内引才限制，一方面充分赋予临港新片区引才自主权，承接国内人才引进直接落户和留学回国人员落户审批权、管委会直接推荐人才引进重点机构、自主制定技能人才引进目录。另一方面推进人才引进落户政策优化，突破实施缩短"居转户"年限并放宽评价标准、完善直接引进落户梯度化政策、升级人才购房政策。目前，新片区共 301 家用人单位纳入"居转户'7 转 3'单位清单"，597 家用人单位纳入人才引进重点机构清单（含高新技术企业），人才总量突破 8.2 万人。

五　主要对策建议

1. 加强统筹协调，合力提升人才共治水平

当前粤港澳大湾区各城市间尚未协同发展的统一格局，城市和地区间产业定位雷同，导致城市间人才需求同质化，人才政策缺乏中心特征和集聚性，碎片化和割裂化的"单打独斗"效果有限，难以在未来充满挑战的人才环境中满足大湾区产业升级发展需求，未来产业发展亟需更加强有力的人才共治能力作为支撑。

建议加强统筹协调，整合区域内人才资源形成大湾区人才治理有机整体，通过推动区域内人才流动共享建立人才协同治理的工作机制，整合多方力量，形成人才一体化发展的合力，共同提升区域人才治理水平，形成人才优质资源共建共享的新格局。

2. 共同搭建全球化的人才平台体系

（1）搭建辐射全球的人才引育平台。包括鼓励企业和高校建立海外人才离岸创新创业基地、留创园等内外联动引才载体和平台；充分发挥区域内一流高校作用，通过学分互认、校友推介等多渠道面向全球招募优秀博士研究生；建立面向全球、具有影响力的人才招聘网站和科研人员社交媒体网站。（2）全面对接的公共服务平台。打通粤港澳三地居民与当地居民在医疗教育等方面的服务对接通道，整合三地公共服务资源，创造人才自由流动的政策制度环境，同时探索优化海外人才服务政策，制定更加开放有效的海外人才服务机制。（3）面向全球的公共科研设施平台。据统计，粤港澳大湾区共有 43 个国家重点实验室，建议发挥科研优势，整合资源共建创新、开放、高标准的面向全球的公共科研设施，推动人才、知识、技术的国际流动。推进科技大设施建设，以此在全球范围内吸引和培养一批科创领军人才。完善科技成果跨区转换落地机制，

推动产学研链条的跨区域构建。(4) 网罗全球的人才数据平台。建议推进全球关键人才信息采集与处理工作，推进全球人才数据库的建设，并注意海外人才数据信息站点的布局，动态精准掌握国际人才信息，绘制全球国际人才地图。

3. 积极探索体制机制改革创新，发挥引领性和示范性

(1) 深化区域内的机制对接和政策衔接。消除制约人才区域内自由流动的壁垒，扩大海外人才互认范围，共同制定统一的人才培养、评价、激励、服务机制等；共同出资成立人才集团和发展基金支持各类产业、教育、研发、人才等共同发展。(2) 积极探索与其他区域的改革互动。深化与其他区域的联动，推动对接长三角、京津冀以及其他中西部重点城市，扩大人才链、产业链辐射范围。(3) 积极探索更加开放、具有竞争力的海外人才政策。包括采取更加开放有力的海外人才吸引政策，放宽重点人才就业限制和入境限制，简化入境手续，缩短入境审批时间，适当延长科研人员签证时效；探索建立海外关键人才"引才绿色通道"，主动积极应对当前国际人才竞争压力。(4) 形成可复制可推广的示范举措。前海深港现代服务业合作区、横琴粤澳深度合作区、南沙国际化人才特区等重大平台利用在政策创新、体制机制改革方面的先行先试优势，探索了港澳人才职业资格互认、居民"人才绿卡"等成功举措，积极探索创新更加开放、高效的港澳人才、海外人才政策，形成可复制可推广的示范举措，发挥"头雁引领"的示范带动作用。

4. 对标世界一流的人才生态，建设人才双循环节点

(1) 深化产才融合，创造具有活力的事业环境。发挥用人主体优势并充分赋予自主权，深化区域协同联动机制，构建人才链、创新链、产业链、价值链融合发展的事业平台，助力人才创新创业，充分释放活力。(2) 关注人才自主培养，营造开放宽容的成长环境。完善人才培养、选拔、使用、评价、吸引、激励、流动制度规范和政策保障体系建设，围绕人才成长全周期建立长期性的支持和保障，创造"鼓励创新、宽容失败"有利于人才培养和成长的"软环境"。(3) 链接人才服务，形成具有吸引力的生活服务环境。包括：推进港澳人才的医疗、社保、教育等公共服务政策的衔接和共享；完善海外人才公共服务政策，为海外人才工作生活提供更多便利化政策；建设国际化人才社区、优化配套设施及

公共服务资源。(4) 树立国际品牌形象,构筑具有竞争力的生态环境。建立粤港澳大湾区统一的人才品牌和形象,积极参与到全球人才流动和国内人才流动的过程中,积极对标国际人才标准,以广纳天下英才的形象吸引全球人才要素资源的集聚,在国际人才双循环中发挥人才高地示范区的影响力。

全国统一大市场建设下加速推进区域人才一体化的构想

刘帮成[*]

今天我发言的题目,是全国统一大市场建设下加速推进区域人才一体化的构想。因为时间有限,我从四个方面向各位做一个简要汇报:

第一个方面就是关于背景和问题。从今天早上到现在,在各位专家领导的讲解中,大家有一个共性的认识,即百年未有之大变局下我们步入了一个新的发展阶段。这个百年未有之大变局,如果再强调一下,可能就会与最近的一些事情,像新冠疫情,或者是俄乌冲突叠加;还有一个就是所谓的"逆"全球化,我个人更希望把它说成一个"拉帮结派"的势头。正是在这种情况下,咱们整个国家迈入了大家所熟知的"三新一高"阶段。为了应对所谓新的趋势也好,新的形势也好,"双循环"格局,也就是国内国际双循环的新发展格局被提出。在这样一个格局情况下,有关文件,特别是中央文件,非常清晰、明确地将区域一体化上升到国家战略层面。大家关注长三角也好,或者是说国内的一些其他区域,早期叫都市圈,这些背景由于时间问题我不过多去说,那么其实在区域一体化的国内外实践当中,国外有名的一些湾区的建设,也有一个对应的都市圈发展阶段。国内实际上我们也有布局。为什么我说这是一个命题型的作文呢,之前萧院长希望我特别分享一下环杭州湾区的一些情况,实际上环杭州湾区呢,可能在上海,包括浙江、江苏、安徽这一块,大家对外讲得更多的是长三角一体化"金南翼"。在这个情况下,

---

[*] 上海交通大学国际与公共事务学院教授、副院长,上海市创新政策评估研究中心首席科学家刘帮成的主题发言,收录时略有修订。

不管是讲国际上的湾区建设，还是国内都市圈的发展，当然包括杭州湾或者长三角一体化，其关键是人才。

背景和问题的第二点，是我个人对所谓湾区的一个理解，前面专家们也有提到，那么我简要说一下。首先我个人认为它是地缘上的一些因素，不管是港口也好，交通也好，当然地缘有很多方面，是不是同时具备后面这几个特点呢，至少国际上三大湾区基本都具备。全球化，前面也说了，现在可能不再叫全球化，而是所谓"再"全球化或者是"逆"全球化，自然禀赋、制度创新以及当地的产业结构，特别是产业结构当中，我们一直在关注的是互补，我个人觉得未必说一定要达到完全互补，互补当然很好，那如果是同质，也是一个非常好的策略。湾区或者区域实践的目标愿景，我个人的理解是把它上升到所谓的"三创"中心，即创新，创业，创造。我们可以看到虽然国际上的知名湾区和国内的湾区似乎都给自己定位是要搞金融，要搞科技。透过现象看它的本质，我相信最原始的可能就是"三创"力量能够形成，要实现这些愿景或者目标，那么就再次回到前面讲的区域内要素的自由流动和实现高效配置，这可能是区域或者湾区生命力的关键。

背景及问题中还有一块就是我们前面强调的区域一体化当中，人才一体化的关键性。前面专家都提到了这个观点，实际上我们团队刚好是从2018年长三角绿色生态一体化发展示范区建设就开始关注，一体化的发展哪些是不错的经验，哪些是应该避免的问题，从2018年以来，我们开始关注这些问题。在这个过程当中，作为大湾区特别是粤港澳在实现一体化的过程中，所面临的挑战可能有很多，和长三角或者一些其他的湾区有共性的，也有一些非常特殊的地方。

2021年秋天的中央人才工作会议，特别对北京、上海和粤港澳提出了一个殷切的希望。2022年4月10号中共中央国务院出台了《关于加快建设全国统一大市场的意见》，在这样一个文件下，怎么去加快推进区域内人才一体化的构想。从4月份出来以后，各个论坛、多方专家一直围绕这个文件的意义进行研讨。我个人理解是从国际方面，在"逆"全球化当中，我们应该主动作为，尽可能去避免出现全球供应链断裂的风险，因为大家都感觉到这种风险在暴增，而不是以前说不会断裂的这种情况；那么国内方面，疫情防控常态化下，一些地方政府"刚性"作为，甚至"乱"作为。因为来自上海，这两天自媒体上非常多关于上海一些人才流动情况的报道，甚至有人说"逃离上海"，一些媒体以这种"语不惊人死不休"的姿态，引起大家注意。究其根源，就在于国内疫情防控常态化的情况下，一些地方政府的"刚性"作为甚至"乱"作为。面临这些情况，建设全国统一大市场是构建新发展格局的基础支撑和内在要求，这一点在文件中也非常明确地表明了。

介绍完背景之后，第二个就是我们这个命题作文重点关注的，向各位专家和各位领导汇报一下当前区域人才一体化推进情况，建设全国统一大市场下我们加速推进区域人才一体化的重点或者着力点会在哪里。因为我们是一个研讨会，学理或研究层面我直接跳过去，多去说一下咱们的实际，我的整个演讲比较偏宏观一点，偏政策科学，特别是评估领域。那么接下来就简要地向各位分享一下环杭州湾区域人才一体化的现状。

其实所谓的环杭州湾区，也就是浙江的这个 6 个市，加上上海。我列出来的这些文件，大家可以看出来，基本上是浙江省积极出台的一些文，这也是为什么说环杭州湾地缘上可能确实是在杭州湾区或叫环杭州湾区，但是行政属性方面，目前看得比较多的还是浙江牵头来做。当然了，浙江省也会认为它是属于整个长三角一体化的"金南翼"。这个当中，我援引浙江省发展规划研究院的潘毅刚老师团队的研究报告（不包括上海），大家可以看一下我们平时曾经引以为豪的几个地方，比如我们都说中国什么最不缺，我们都搞人才管理，都搞人力资源管理，我们经常会在不同的培训、跟学生上课，都会强调，"三条腿的蛤蟆不好找，两条腿的活人是满街跑"，我们甚至认为在中国，特别在一些经济发达的地方，我们看到全都是人，从来没有去担心过人口密度，更不要说是人才的密度。环杭州湾的数据，对比国际，我们或许会认为人口密度低在这些地方不太可能的，但实际上却正是如此。

同时成为我们一个金名片的，就是高铁或者交通，那么我们认为长三角这一块的交通应该是最好的吧，但是实际对比后发现，我们的交通网络方面，跟国际上的知名的湾区比，差距还是相当明显的。杭州湾区的轨道网络人口密度仅为旧金山的十三分之一，这个其实还是有点汗颜。因为这是我们认为一直做得比较好的一些地方。生态环境和体制机制，我们会认为在沿海，靠近长三角或者粤港澳这些地方都会比较不错，但是实际上我们可以看出来呢，这些方面差距还是相当显著的。

面临这些情况，上海或者长三角自身，就是三省一市。如果仅仅是以环杭州湾区这个方面来讲，或许他的量级也好，他所拥有一些建设情况，但是从我们前面讲的那些数据来看，我们可以预期可能在短期内发展或是有限的。浙江省内公布的2035目标，包括他2022年的目标，大家可以看能不能实现，2021年的目标实现情况应该马上就能看到了，我估计短期内还是比较麻烦的，那么2035年的目标，如果我们不做一些调整，我的理解，可能也是说比较麻烦。所以为什么说建设全国统一大市很重要的，怎么能够更加烧一把火。其实可以看到三省一市在长三角一体化当中，已经自发在做一些动作了，比如，2019年出现的人才一体化发展城市联盟，2018年前面已经说过的一体化示范区，我们团队这几年一直在跟踪他的一些结果。我后面加上这句话是，"高铁"效应初显，但是我们感觉到差距还是很大，区域市场一体化程度不高，特别是在劳动力和土地要素方面。

那么我简要地跟大家分享一下我们团队做的关于一体化示范区的成果。从我们2018年到2021年8月最新的数据可以看出来，在示范区人才一体化过程中，总体情况是越来越好，但是这个步调，或者速度，可能和我们的期待差距还是比较大。

另外，我们在调研的过程中，也对一些重点人群，做了一些比较主观性的关注，可以看出在人才规划当中大家所认为的关键点是在哪里。刚刚前面专家提到，示范区当中有哪些方面东西可以共享，很多时候可能我们觉得理论上应该是这个样子，可能在现实执行当中，一些人才主体还没有明显的自身感觉。

在这个背景情况下，建设全国统一大市场，我用了助推这个词，在这个地方，是想办法去尽可能推动或者打破一些关键"堵点"。劳动力要素，显然是很重要的一块内容。

最后，我们在这个过程怎么去加速推进区域（湾区）人才一体化，实际上就是我特别想跟各位领导、各位专家分享的。

第一个是区域（湾区）功能的再定位。不管粤港澳也好，或者是咱们刚刚关注的环杭州湾也好，环渤海湾，包括我们广西的北部湾，这些湾区当中，包括一些政策的、政府有关的一些研究机构都还在讨论，究竟应该是一个什么样的定位？我相信定什么位都应该问题不是特别大，那么我的一个说法，就是源于区域但不完全依赖区域。这个情况下，我们特别强调在当前数字化的时代，人才、资本、科技、制度多要素的整合或者集成。终极的目标，或者我们透过现象看到的内核，不管是金融的，或者科技的，或者一些高端的制造业，或者一些服务业，我相信最终都落脚在"三创"这个根本上。可以说在这个定位当中，如果说任何有影响"三创"目标实现的地方，那可能就需要想办法着力去破解或者是推进解决这些地方。在当下这个现实中，制度创新是关键，其中我专门强调的一个是要摆正恰当的"人才主权"意识。在2021年的首届会上我也讲了这个概念，"人才主权"特别是在咱们粤港澳，因为涉及一些刚刚前面专家都提到的，有不同的制度，他可能还不像长三角一样，那么"人才主权"可能会更加的敏感。"不为我所有，但为我所用"，我觉得这个理念可能比较有用。

我特别想提的是"元"治理这个理念，这个本来是公共管理或公共政策领域当中，在20世纪90年代的时候提出的。在我们当前执政体制的情况下，应该说是没有特别关注过这个问题。在全国统一大市场建设的过程当中，比如说"三省一市"自然会出现多中心多主体，那究竟谁是"老大"？所以在这个过程当中，我们对多中心多主体的一个反思，就是"元"治理本源的一个东西。我觉得我们是时候要去思考这个问题，特别是在全国统一大市场情况下，可能更加需要。对于粤港澳来讲，我相信这个也是非常关键的问题。

另外一个问题就是尊重人才要素的特殊性，建立着眼于人才一体化的人才生态系统，前面专家都提的比较多，我就不过多说了。

最后一点，特别要强调一下，要发挥独立第三方的监督和科学评价的功能。过去说"摸着石头过河"，现在实际上是没有石头了，摸不着石头，水越来越深了，咱们怎么做呢？或许只能够边实践边总结经验，也就是示范区，形成经验以后，成熟以后，可以把它推广到其他地方，便于更好地推进，"星星之火可以燎原"。在这过程当中，可以由相对独立的第三方来监督政府一些自身可能存在的问题。特别是昨天中宣部和教育部公布的《面向2035高校哲学社会科学高质量发展行动计划》中明确提到,人文社科在智库建设当中应该发挥更大功效,我觉得这是一个很好的机会。独立的第三方,当然不见得都是高校,也可能是一些专业的智库机构,或者地方高校跟一些专门机构之间一个有机的互动,形成一个相对独立第三方,进行独立监督和科学评价,对我们当前正在推进的一些安排,至少有一个相对比较客观的视角,这样一来,下一步的推进应该会更加顺利。

我们还会继续来跟进这个议题,也期待粤港澳大湾区的人才一体化高地建设当中,长三角和粤港澳大湾区之间相互促进,共同成长。

面向人才高地建设，培养德智体美劳全面发展的高端创新工程人才

雷涯邻[*]

习近平总书记在 2021 年 9 月 27 日中央人才工作会议上明确提出，在北京、上海、粤港澳大湾区建设高水平人才高地，作为加快建设世界重要人才中心和创新高地的战略布局。11 月 1 日，广东省委人才工作会议在广州召开，提出要以在粤港澳大湾区建设高水平人才高地为牵引，扭住"五大工程"精准发力，奋力开创新时代人才强省建设新局面。"推动教育合作发展，打造教育和人才高地"写入到了《粤港澳大湾区发展规划纲要》这一指导粤港澳大湾区当前和今后一个时期合作发展的纲领性文件中。在科技领域"卡脖子"和"新工科"建设的大背景下，实施创新型工程人才培养，做强工程教育，将直接关系到粤港澳大湾区的经济发展、社会进步和科技自强自立。

一　工程教育的目标定位

（一）工程教育的背景

当前，经济全球化的趋势不可阻挡，经济的快速发展迫切需要先进的科学技术，科学技术的发展需要大量的工程科技人才，各国在政治、经济领域的竞争实际上是对人才的竞争，归根结底是对教育的竞争，特别是在国家建设中发挥重要作用的工程教育的竞争。工程教育培养的是能够胜任研究、开发、生产、管理等岗位的工程师，在企业中发挥核心

---

[*] 北京化工大学副校长、教授、博导雷涯邻的主题发言，收录时略有修订。

作用，决定着科技成果最终能否转化为经济效益，从而推动经济的发展。

从第一次工业革命开始，伴随着蒸汽机、发动机、半导体、计算机到大数据、人工智能的发展，科学革命和产业变革在短短两个多世纪中迅速席卷全球，对工程人才提出了越来越高的需求。从某种程度上来说，谁掌握了更好的工程教育，谁就获得了新一轮科技革命和产业变革的主动权。

（二）工程教育的内涵

工程一词18世纪产生于欧洲，最初是指兵器制造、军事目的等劳作，而后延伸到其他领域。随着人类的不断发展，可以建造出各种复杂的产品来满足人类的需要，如建筑物、铁路工程、飞机等，于是工程逐渐成为一门独立的学科。可以说，人类的发展，社会的进步都离不开工程，各行各业都急需工程技术人才。正因如此，工程教育应运而生，它是以技术科学为其学科基础，主要涉及工程技术的研究与应用，主要以培养能够适应工程实践，具有创新精神和创新能力的工程科技人才为目标。

本科层面的工程教育，是以培养高级工程技术人才为目标，体现了工程教育的技术性和实践性的特点。工程教育的任务是使学生掌握工程技术的专业知识，并能把这些知识迁移到工程实践。

（三）工程教育的目标定位

习近平总书记在中央人才工作会议上明确指出：要培养大批卓越工程师，努力建设一支爱党报国、敬业奉献、具有突出技术创新能力、善于解决复杂工程问题的工程师队伍。要调动好高校和企业两个积极性，实现产学研深度融合。

2022年3月16日，教育部、中国工程院举行会商会议，研究加强和改进工程教育，共谋合作发展。怀进鹏部长在会上指出，习近平总书记对工程科技创新和工程师培养作出了一系列重要指示批示，为我们深化工程教育改革、培养大批高素质工程师提供了根本遵循。工程科技、工程教育对经济社会发展和产业升级的"发动机"作用日益凸显，培养造就更多卓越工程师和高质量技术技能人才，是推进我国科技自立自强、加快建设世界重要人才中心和创新高地的必然选择，对于建设教育强国、服务现代化建设，具有重大战略意义。

深化工程教育改革，做好新时代卓越工程师教育培养，是我们应对新一轮科技革命和产业变革的必然要求，对建设世界重要人才中心和创新高地起重要支撑作用。

二　国内外工程教育的发展

（一）国外发展情况

1992 年欧洲共同体变更为欧盟后，欧洲高等教育开始由多国合作向一体化迈进。1995 年欧盟制定了大型综合教育改革的"苏格拉底计划"，借助此项行动计划欧盟构建并实施了一系列"主题网络"来加强欧洲工程教育的改革和发展。第一个主题网络是欧洲高等工程教育（Higher Engineering Education for Europe，简称 H3E）。H3E 于 1998 年 1 月由工程教育机构和学生协会合作实施，目的在于通过反思与行动为欧洲维度的高等工程教育的发展作贡献。第二个主题网络是加强欧洲工程教育（Enhancing Engineering Education in Europe，简称 E4）。E4 是在苏格拉底计划Ⅱ的支持下于 2001 年开始实施的，其目的也是为了发展欧洲维度的高等工程教育，实现方式包括提高通往工程师职业的不同途径的兼容性，促进整个欧洲技术人才的流动性和综合性，促进能力技巧交换以及提供学术与职业交流的平台。第三个主题网络是欧洲工程的教学与研究（Teaching and Research in Engineering in Europe，简称 TREE）。2004 年开始实施的 TREE 可以说是 E4 的一个延续。TREE 的全球目标是对工程教育欧洲维度的发展与丰富做出贡献。这三个主题网络对欧洲工程教育改革与发展产生了重要而深远的影响，被视为欧洲工程教育再造的三部曲。

国外高校工程教育以实现回归工程实践为目的，总结起来分为三类："基于企业需求导向"的模式、"基于工程问题导向"的模式、"基于体验式导向"的模式。

麻省理工学院的 CDIO（构思（Conceive）、设计（Design）、实现（Implement）和运作（Operate））教育模式是一套符合工程科技人才成长规律和特点的教育模式，旨在培养以企业需求为主的创新型工程科技人才。

英国利物浦大学工学院发挥老牌工科传统优势并吸纳先进教育理念，构建了面向产业需求的主动学习模式。

美国欧林工学院是一所斥巨资、从零开始兴建的本科学院，它构建了以工程问题为导向贯穿始终的教育愿景、工程问题为先导的课程设置和教学模式。

奥尔堡大学理工学院的工程教育模式最显著特征是以工程问题为导向，由课题来规定和设计相应的教学内容以及教学活动。

伦敦帝国理工学院和阿斯顿大学的体验式教育对学生影响也是巨大的，无论是从课程方面还是教学方面，培养工程师工业经验的体验式理念成为该校的特色。

（二）国内发展情况

中国的近代工程教育始于19世纪60年代至90年代洋务运动。改革开放之后，我国工程教育进入改革和发展的新时期。1995年，发出了"关于组织实施面向21世纪高等工程教学内容和课程体系改革研究计划"的通知，旨在通过制定和实施本计划，对高等工程教育的人才培养的规格，教学内容体系和课程整体结构进行深入的系统的研究和改革，使其更好地适应我国社会主义市场经济的发展和当代科学技术，文化和社会发展的需要，提高教学质量，培养适应21世纪所需人才。2005年底引进并实施CDIO工程教育改革，在国内高校开展CDIO工程教育模式试点工作。2006年，教育部组织开展工程教育认证试点工作。2010年，教育部启动了"卓越工程师教育培养计划"，重点培养能适应企业发展要求的创新拔尖人才，通过校企共同参与培养过程，为行业企业培养具有创新能力的一线技术人才。2016年，中国成为《华盛顿协议》第18个正式成员。截至2019年底，全国共有241所普通高校的1353个工科专业通过认证。2017年2月18日，教育部在复旦大学召开高等工程教育发展战略研讨会，30所与会高校达成"复旦共识"，之后，《教育部高等教育司关于开展新工科研究与实践的通知》发布。4月8日，新工科建设研讨会在天津大学召开，60余所高校参会，形成"天大行动"，提出"天大六问"。6月9日，"新工科研究与实践"专家组在北京成立并召开第一次工作会议，全面系统部署与启动新工科建设发展工作，来自高校、企业和研究机构的 30 余位专家审议通过了《新工科研究与实践项目指南》，即"北京指南"。至此构成新工科建设"三部曲"，吹响了新工科建设的集结号，奏响了人才培养主旋律，开拓了工程教育改革新路径。截至 2018 年，全国约有 1100 多所学校举办工程教育，开设 1.9 万多个工科专业，在校生约 550 万人，毕业生达 120 多万人，中国已成为名副其实的工程教育第一大国。在《2022 年教育部工作要点》中，继续将加强和改进科学教育、工程教育，深入推进新工科建设，加强卓越工程师培养作为 2022 年的工作重点之一。

三 面临的问题

1. 我国工程教育大而不强

我国高等工程教育占整个本科教育专业数的 1/3、在校生的 1/3、毕业生的 1/3，毕业生占全世界总数的 1/3 以上，90% 以上的高等院校开设了工程类专业。但在近 10 年来瑞士洛桑国际管理学院发布的《世界竞争力年鉴》表明，在 60 个国家和地区中，我国"科技研发人员国际竞争力"徘徊于中游，"合格工程师"位于后位。

2. 工程教育与新兴产业和新经济发展存在大量供给不足

2020 年，新一代信息技术产业、新材料、电力装备、高档数控机床和机器人技术相关专业将成为最大的人才缺口专业，其中新一代信息技术产业人才缺口有 750 万人，2025 年会达到 950 万人。大数据、物联网、人工智能、网络安全等新经济领域人才供给严重不足。

3. 学生实践能力不强

由于对教师教育评价导向的偏差，教师更多注重论文产出，工科教育存在理科化现象。实践教学存在"脱离现场"、"只能观看不能操作"、"实践教学离散化"、"缺少优化设计和运营管理"等弊端，传统的深入生产一线开展实习实践往往"走马观花"、"只见树木不见森林"，学生参与度低，导致刚刚走出校门的毕业生快速适应企业真实生产活动的能力欠缺。

4. 学生人文素养不深

由于对学生评价导向的偏差，学生更多关注高考分数，中学早早就以文理分科，理工科学生人文素养严重缺乏。

四 北京化工大学在工程人才培养方面的举措

北京化工大学是新中国为"培养尖端科学发展所需的高级化工技术人才"而创建的一所高水平大学。作为一所行业特色鲜明的大学，突出化工特色，培养具有"大工程观"的卓越工程人才是学校的使命。近年来学校扎实推进"大化工"特色工程教育改革创新，在培养德智体美劳全面发展的高端创新工程人才方面开展了一系列针对性的工作。

（一）多学科交叉人才培养模式的探索与实践

学校自2013年启动"学科交叉人才培养计划"，设立绿色生物制造等21个学科交叉团队，87个学科交叉班，开设了《插层化学与纳米功能材料》等20余门学科交叉研讨课。截至目前累计培养学科交叉人才1285名，以学生为主体发表中英文论文34篇。进一步营造学科交叉的文化氛围，在全国及省市比赛中获奖91项。搭建学科交叉平台，围绕交叉、创新、实践等核心要素，建成"学科交叉工程创新实践中心"，并面向各学院建立8个交叉创新实践分中心，涵盖了创新实验室、创客空间、创新创业展示大厅、实物生产线以及分析测试平台等六大模块，支撑学生的创新实践、工程训练、学科竞赛、创业启蒙与成果孵化等。

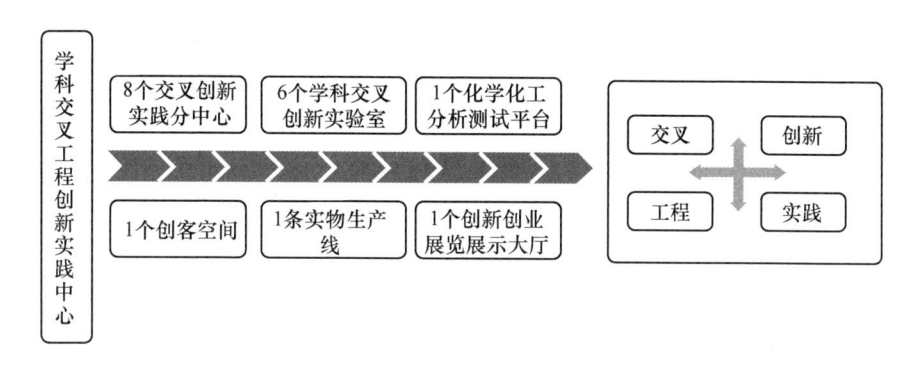

图1　学科交叉创新工程人才培养平台

（二）本研贯通的国际化高端工程人才培养机制的探索与实践

我校积极响应"一带一路"倡议，推动工程教育大开放、大交流、大交融，通过引进法国精英工程师教育体系，与法国巴黎国家高等化学学校联合成立中外合作办学机构——巴黎居里工程师学院，探索实施本硕、本硕博贯通培养模式，培养具有国际化视野的高端工程人才。紧扣"基础教育+工程师教育"不同阶段的能力需求，构建厚基础、重实践、强能力、中英法多语言交融的培养方案和课程体系。借鉴法国精英工程师教育中的基础教学模式与评价体系，采用"课堂教学—小班习题—实验教学"多维教学模式强化数理化基础教学，通过"课堂小测+阶段考试+教学督导"强化过程考核，创新工程师特色基础教育教学体系，以强化学生工程实践能力、工程设计能力与工程创新能力。

（三）全周期多元化实践教学平台

坚持将真实工程体验与创新思维融入教育教学全过程的理念，不断夯实"大化工"类工程教育实践环节，将实验教学、科研实践、工程训练、创新创业有机融合，逐步形成"三中心"（国家级、北京市级、校级实验教学中心）、"三层次"（实物、半实物、仿真）、"三融合"（科教融合、校企融合、一二课堂融合）的校内外互补的全周期、多环境实践教学体系。实现理论教学、实践教学与企业人才需求的无缝对接，深化多主体协同育人。

基于工程实际和科研转化教学，将真实化工厂搬入校园，建成了3个国家级虚拟仿真实验教学中心和丙烯酸甲酯实物仿真生产线、生物与制药类实物仿真生产线、双塔合成DPC精馏反应实物仿真生产线等3条实物+仿真生产线，学生既可以在实物生产车间"摸设备、走流程、调参数"，进行典型工艺的"情景再现"和实物操作，也可以利用仿真系统模拟真实工业现场的异常工况处理与故障诊断等，同时依托现代信息技术，将抽象难懂的反应及工艺制作成简单易懂的动画，学生通过扫描装置二维码，即可实现自主学习。

持续推进产学融合、校企合作的体制机制改革，与中石化、华为、京博控股、西门子等100余家大型企业在工程人才培养、实践教学改革、创新创业教育、教师培训、科技成果转化等方面进行了跨界合作，推动教育内部资源和外部资源的有效整合，实现互为依存、深度融合。

五 面向人才高地建设的一些思考

一是如何在注重学科交叉的同时，强化基础教育；二是如何在面向未来颠覆性技术的同时，解决当前卡脖子的技术难题；三是如何在关注知识与技能的同时，注重人文素养；四是如何结合学校的特色，将德智体美劳全面培养的教育体系落实、落细。

澳门在粤港澳大湾区高水平人才
高地建设中作用的若干思考

柳智毅[*]

我将以澳门在粤港澳大湾区高水平人才高地建设中作用为主题,和大家分享一下我粗浅的见解。

今天我主要向大家汇报以下三个方面的内容:第一,关于高水平人才高地建设的背景、必要性和紧迫性。第二,澳门在粤港澳大湾区建设,尤其是在高水平人才建设当中的角色和独特的优势。第三,我最近的一些思考和意见。

一 高水平人才高地建设的必要性和紧迫性

关于这个背景,必要性和紧迫性相信大家都非常熟悉的了,我就不在这里详细地展开。众所周知,近年来保护主义,单边主义,霸权行为不断升级,为国际格局带来不稳定因素,经济全球化遭遇到逆流,加上国际疫情和世界经济形势非常严峻,国际地缘政局也愈趋复杂,世界进入了动荡变革的时期,百年未有的大变局正在加速演进,新一轮的科技革命和产业革命变革也正在重塑全球的经济结构。

当今,科技创新已经成为国与国之间竞争的核心所在。面临我国高科技的"卡脖子"问题,我们必须实现科技自立自强,将创新主动权、发展主动权牢牢掌握在自己手中。创新驱动本质上是人才的驱动,人才

---

[*] 第六届澳门立法会议员、澳门大学战略及规划办公室主任、澳门经济学会理事长柳智毅的主题发言,收录时略有修订。

是关键，也是创新驱动的动力源，关系到国家的前途和命运，因此加强、加快高水平人才高地建设是新时代强国战略的重要内涵，也是中华民族伟大复兴的重要保障和必然要求。

习近平总书记在2021年年底的中央人才工作会议上强调，综合国力的竞争说到底就是人才的竞争，人才是衡量一个国家综合国力的重要指标。国家发展靠人才，民族振兴也靠人才。习近平总书记同时提出："深入实施新时代人才强国战略，加快建设世界重要人才中心和创新高地"。而且明确地提出了要在北京、上海、粤港澳大湾区建设高水平人才高地。粤港澳大湾区正肩负着建设高水平人才高地的重要使命。《粤港澳大湾区发展规划纲要》中也对建设人才高地进行了相应部署，重点在于港澳与珠三角九市合力创造更具吸引力的人才引进环境，实行更积极、开放、有效的人才引进政策，建设人才合作示范区。

二 澳门在大湾区人才建设中的角色和独特优势

澳门在粤港澳大湾区建设高水平人才高地当中有哪些独特的优势呢？首先我想强调的是，澳门是粤港澳大湾区的重要组成部分，在大湾区规划纲要当中，澳门的空间定位是"一中心、一平台、一基地"。"一中心"是世界旅游休闲中心，"一平台"是中国与葡语国家商贸合作服务平台，"一基地"就是中华文化为主流，多元文化共存的交流合作基地。这是我们现在和未来的发展定位。澳门和珠海是大湾区三大空间极点之一，也是四大中心城市之一，是大湾区西岸的唯一的中心城市，也是大湾区西岸的唯一的科技走廊节点城市。

澳门是我国"一国两制"成功实践的典范。"一国两制"的制度优势明显，是我国内地任何城市不能够比拟的。澳门始终保持着自由港的地位，是独立关税区，不征收关税，人流、物流、资金流、信息流、技术流等创新要素完全自由流动，同时税率也非常低和简单。而且澳门经济发达，国际化程度高，是一个中西文化交汇、多元文化和谐共存的社会。此外，回归以来澳门高等教育水平不断提升，为科研创新发展打下了坚实的基础，甚至有些科研领域达到了世界领先水平。总的来说，澳门完全具备了世界高水平人才，包括就是帅才、领军人才等实现聚集的一个土壤和环境条件。

习近平主席在 2018 年的时候就已经指出,"在我们国家新时代改革开放进程当中,香港特区、澳门特区仍然具有特殊的地位和独特的优势,仍然可以发挥不可替代的作用。"并明确期盼港澳"更加积极主动助力国家全面开放","努力把香港、澳门打造成国家双向开放的重要桥头堡。"

三　思考及建议

澳门特区在助力国家加快建设高水平人才创新高地中要担当重要角色和发挥积极的作用,必须继续做好"一国两制"的典范,持续丰富"一国两制"成功实践的内涵,发挥"澳门所长",服务国家和大湾区发展战略所需。"澳门所长"的核心依然是"一国两制"制度优势,以及澳门是国家双循环新发展格局当中的一个重要的交汇点这个优势,是国家对外开放的重要窗口和桥头堡。在新时代国家的发展战略当中,澳门的作用尤为凸显和重要。在高水平人才建设当中也可以担当很重要的一些角色,负有人才强国战略当中的一个责任,助力国家加快建设高水平人才创新的高地。

澳门有责任在国家的人才强国战略当中勇当排头兵,走在前列,助力国家加快建设高水平人才和创新高地。那澳门可以做什么、如何做呢?其实澳门可以做的东西也不少,由于时间关系,以下我重点围绕高水平人才的"引"和"育"两个方面讲:

第一,要充分发挥澳门的独特优势,尤其是"一国两制"的制度优势和有利的条件,做好人才引进工作。粤港澳大湾区的人才引进必须面向世界科技前沿,面向经济主战场,面向国家重大需求,面向人民生命健康。澳门的国际化水平相对较高,具备较强的国际网络优势,从全球吸引和聚集国家和大湾区发展所需的高层次的领军人才,为粤港澳大湾区建设高水平人才高地,以及加快建设科技强国做出澳门的应有贡献。

第二,发挥好、善用好澳门国际优质教育和科研资源,以及国际网络的一些优势,助力我国人才自主培养。人才除了引进之外,我们更要注重自主培养,需要"引"和"育",引进和培育并重。尤其面向世界科技前沿的国家重大发展战略需求,澳门是粤港澳大湾区四大中心城市之一，也是科技创新走廊，可以重点依托澳门高等院校国际化教育模式以及科研优质资源，发挥澳门相对实力较强的，基础较硬的一些科技领域，以及发挥好澳门在这方面的国际网络优势，协同内地的一些大学开展人才联合培养。此外，也要充分发挥好粤港澳大湾区自身的科技和产业优势，面向市场和产业需求，构建畅通大湾区的产业，产学研协同创新机制，深化联合研究平台。通过产学研创新的平台和机制联合开发人才，促进高校链、人才链、产业链和创新链有机的衔接，促进人才培养供给和产业需求要素有机地结合。

总的来看，粤港澳大湾区不仅具备较为完备的产业基础，同时也集聚了一批富有实力和特色的高等院校，高层次人才相对较为集中。更重要的是，大湾区具备"一国两制"的制度优势，粤港澳三地可以进行优势互补及协同发展，共同探索更优越及便利的人才流动机制，集中资源为引入国际高端人才、自主培养创新人才创造更好的发展条件。澳门作为大湾区的中心城市和重要节点之一，可以利用多方面的优势，发挥积极作用，为大湾区建设高水平人才高地作出应有的贡献。

打造粤港澳大湾区人才集聚高地

刘善仕[*]

今天我就"打造广东省人才集聚高地规划"项目跟大家做个分享。

第一个问题，产业集聚能不能促进人才集聚？产业集聚有纵向和横向两个方向，我们通过调研发现，珠三角的产业集聚主要是横向相关产业的延伸，纵向的通过技术升级产业的集聚较少。因此低层次的产业集聚并不会促进高层次人才的集聚。

第二个问题，能否通过政府的引导来聚才？大家都知道我们现在地方政府为了吸引人才，主要是通过平台来聚才。这些平台我们可以把它分成创业导向的和创新导向，这些产业园、孵化器是否承担了聚才的功能呢？我们去看了很多创业园、孵化器，发现里面空空的，并没有多少像模像样的创业创新项目入驻。

第三个问题，为引才而引才，能不能聚才？我们在调研中发现了很多地方政府为了吸引高层次人才，出台相关激励政策吸引博士、博士后一类的高端人才。他们引进的人才跟产业是没有关系的，这些人来了以后多数去了行政和事业单位，跟产业没有关系。因此，引才如果与当地产业结构脱节，对当地经济的拉升作用并不明显。

第四，政府主导能不能聚才？政府主导是各个地方政府通行的模式，许多地方政府的通常做法就是出台有竞争力的激励政策，来引才聚才。这种做法对高层次人才来说，即使引得来也留不住。

既然我们现在的很多实践效果都不太好，那么应该怎么样的引才，怎么样来聚才？

---

[*] 华南理工大学工商管理学院教授、博导刘善仕的主题发言，收录时略有修订。

我们提出了一个"产业、平台和人才三轮驱动"的模式，要三个轮子一起转，才可能有很好的聚才效果。首先我们要基于产业的分析，要明确一个地方它的重点产业；然后我们去考虑基于这种产业，我们需要什么样的人才；再通过这些平台，打造人才蓄水池，来支撑产业转型升级。

围绕"三轮驱动"，人才软环境和政府政策扮演了机制和保障的功能。根据我们的测算，软环境对引才留才影响的权重占到48%。除了一些硬的引才政策，软环境的打造也很重要。良好的事业平台，中介、专业机构服务，产业链的配套齐全，这些对于吸引创新创业人才非常重要。

基于此，我们对广东打造人才集聚高地做了一个定位。珠三角地区，粤东地区，粤北粤西地区，他们的产业有不同的特点，各个地方他们根据之前的特点制定了重点产业的规划。基于不同地区产业发展的方向，我们提出广东人才高地建设的构想：广州、深圳、珠海打造为科技创新人才、战略性新兴产业人才集聚的高地；两侧东莞、佛山，还有肇庆、中山、江门，打造成为高技能人才集聚的高地。依托广东"一核一带一区"的发展格局，以广州、深圳"双核"中心为主引擎来推进珠三角核心区域深度的一体化，重点打造粤东以汕头为"副中心"，粤西以湛江为"副中心"的一个生态产业，与珠三角沿海地区串珠成链，形成沿海经济带，把粤北山区建设成为生态发展区，以生态优先和绿色发展为引领，在高水平中实现高质量发展，集聚特色产业人才。

致力创新，推进粤港澳大湾区人才市场一体化

谌新民[1]

40年前，中国经济体制改革从邻近港澳的珠三角起步，以"招商引资"为特色的发展模式掀起经济发展浪潮，带动了中国经济的第一轮腾飞。那么，粤港澳大湾区建设应以什么思路和模式为特色？《粤港澳大湾区发展规划纲要》要求积极推动跨区域的要素聚集和优化配置，广东省将大湾区建设作为形势下全面发展的引擎，作为深化改革、引领新发展的纲，其实质就是实现从"招商引资"、"招商选资"到"招才引智"的转变。改革开放以来，如果说广东经济发展经历了从获取"人口红利"到"人力资源红利"的过程，现在就是要通过制度创新实现向依靠"人才红利"转变，致力提升资源配置效率，为广东创新发展提供新的动能。

一 正视粤港澳大湾区人才和体制存在的问题

由于特定的制度环境和发展历程，粤港澳大湾区"一国两制三个关税区四大核心城市"的现状，使得市场资源要素配置与流动具有特殊的表现形式，虽然粤港澳大湾区在产品、金融、信息等市场一体化建设方面取得重要进展，但人才市场建设却因制度和体制的差异而日益成为影响大湾区快速发展的掣肘。其实，人才要素的流动和使用上存在诸多制度差异，影响着资源配置效率，也影响着公共服务效能的发挥。粤港澳大湾区人才发展的核心要义是通过制度创新，克服粤港澳三地体制机制差异，通过推进三地人才市场一体化，使人才资源作用进一步释放，进

而在大湾区依靠人才实现发展动能转换,率先获取"创新红利"。

正视粤港澳大湾区人才存在的短板。当今,各国的竞争归根到底是人才的竞争,吸引到所需人才,发挥人才作用,使人才形成生产力,成为取得竞争优势的不二法门。在世界级大湾区,全体劳动者中受教育程度为本科及以上的占比,旧金山湾区46%,纽约湾区42%,远高于美国平均水平的28%。东京湾区的东京都、神奈川县及埼玉县的大学及研究生数量在2010年就占到全国比重的36.7%。而粤港澳大湾区的人才数量、人才素质和人才结构整体上与其他三大湾区还存在差距,特别是高学历、高素质、能够适应市场需要的人才占比还较低,粤港澳大湾区虽然拥有逾百所高校和一批科研机构,有超过300万的在校大学生,但由于人才体制机制上的分割,在优化互补上还有较大提升空间。

重视大湾区制度性分割带来的困难。由于粤港澳大湾区三地法律和体制的差异,使得市场机制配置人力资源作用的发挥受到一定限制,对于人才吸引、使用、激励、劳动关系等方面的体制性成本较高,在客观上对人才流动产生了制度性困扰,也导致珠三角地区招才引智的困难。大湾区三地现有人才体制,在人才的含义、职业资格论证、跨境流动就业、社会保障互通互认、知识产权认定、创新成果税费优惠、劳动关系协调等领域存在较大差别,导致人才流动困难,配置效率太低。大湾区需要正视现实法律和制度的差异,要重视三地人才资源的配置效率过低现状,更迫切需要通过体制机制创新,克服阻碍人才作用发挥的制度性障碍,着眼推进大湾区一体化进程,着力推进人才市场一体化。

二 从降低交易成本来推进人才市场一体化建设

从湾区定位提高粤港澳大湾区人才配置效率。《粤港澳大湾区发展规划纲要》明确提出了大湾区五个定位,其核心是构建以创新为特征和动力的创新湾区。如果说纽约湾区特色是"金融湾区"、旧金山湾区是以硅谷为特色的"科技湾区"、东京湾区是"产业湾区"的话,那么粤港澳大湾区更多体现在创新湾区特性上,甚至可以定位为创新型"人才湾区"。当然,粤港澳大湾区也要做大、做强金融业、科技产业和现代制造业,但在目前体制背景下,粤港澳大湾区发展还是要依靠科技创新和科创产业的发展，依靠教育、人才带动科技发展、推动创新创业，这实质上是依靠体制机制的创新，提高人才配置效率，进而激发人才的创新活力。

以产业优化为导向引导人才资源配置方向。改革开放以来，大湾区具备了雄厚的经济基础和分工明晰、结构合理、优势互补的产业链条。当今粤港澳大湾区拥有相互关联的海港和空港群，港澳深穗拥有发达的金融和现代服务业，珠三角拥有强大并快速向高端转型的制造业，具备强大的科技转化和创新研究能力，这就为形成高端人才聚集和优化配置提供了坚实基础，也为人才体制机制创新提供了产业基础。应该发挥港澳产业国际化特色，结合广东制造业和市场容量优势，以产业为导向来为各类人才提供更好的创新创业环境和机会，这种高端创新人才资源的聚集又将产生强大的倍增效应，也必将大大推动大湾区优势产业发展。

从降低交易成本推进人才市场一体化建设。目前，粤港澳大湾区的硬件设施，甚至软件方面都已经具备了吸引国际人才创新创业的条件，现在重要的是要做好粤港澳三地人才政策的衔接，降低人才流动的制度成本。通过创新性举措，构建具有国际竞争力的人才体制和机制，促使人才自由流动，充分发挥三地人才政策的互补效能。为此，一方面可以向中央层面争取放松相关管制以推动人才政策互通，另一方面，更重要的是从推进粤港澳大湾区人力资源市场一体化着手，遵从人才市场运行规律，创新体制机制，让市场在人才流动和作用发挥方面起"决定性作用"，最大限度激发大湾区人才创新创业的积极性。如可借鉴香港特区人才社会化和市场化的行业协会认证模式的做法，在设立制度、财务制度、管理制度和职业资格认证制度等方面发挥行业协会的作用。具体做法是可以选择若干关键环节进行体制机制创新，取得突破后再推广，可以起到事半功倍的效果。

三 以公共服务标准化改善大湾区人才一体化环境

在粤港澳大湾区人才一体化发展过程中，要学习国际先进经验和港澳做法，更多的是要关注公共政策效能和相关软件建设。应充分发挥自由贸易区政策的优势，率先在粤港澳大湾区推进相关人才体制机制和政策的创新，提高人才公共产品高效供给效能，促进人才配置效率的提高。

着眼提高效率，找准突破口激发人才创新动能。用好用足自由贸易区政策，率先在粤港澳大湾区推进相关人才体制机制创新和政策上突破，在与港澳等境外人才政策互通上，可先从南沙、前海、横琴自贸区试点寻求突破，再复制推广到大湾区其他地区。目前，鼓励优秀人才在大湾区创业的个人所得税政策上已取得重大突破，3月4日，财政部和税务总局印发了关于粤港澳大湾区个人所得税优惠政策的通知，出台境外高端人才和紧缺人才税负差额进行补贴的办法，将吸引大批港澳人才在大湾区聚集发展。随后，深圳市和广东省也出台了相关政策，高端人才和紧缺人才个税最高按15%缴纳，高出部分由财政返还，这些政策对于人才创新创业发展将发挥巨大的激励作用。循此思路，在资格互认、通关便捷等人才政策上再逐步进行改革，将释放巨大的人才创新红利。

以公共服务标准化促进人才服务效能提升。针对一国二制三地实际，可学习国际先进经验和做法，在继续优化硬件和软件设施建设的同时，逐步推行人才公共服务标准化。一是建立互通互认、共享共建的人才引进、评价、服务体系，统筹规划三地人才可接受的标准化的公共政策。二是在税收、出入境、执业资格等方面逐项消除壁垒，构建粤港澳大湾区更加自由、高效的人才运行机制。在三地人才往来上，可借鉴海南免签新政的经验，允许境内外高端人才以旅游、学术交流、创新创业合作等形式免办签证入境并延长停留期限。三是提高政府公共产品的效能，着力在推进人口流动便利化、推进人才市场配置高效化的公共政策上取得进展。长远看，逐步实现对三地人才的公共服务标准化，推进人才市场一体化，人才公共服务才能真正实现高效化。

世界人才高地建设目标的一点思考

陈小平*

我今天与大家分享的话题是"国际人才高地建设指标的国际比较"。主要有三个方面：首先我们需要了解世界人才高地的国际变迁是怎样的；其次是我们要建设人才高地的目标是什么，如何去建设我们的世界人才高地，各个世界人才高地的异同点有哪些；最后谈谈我个人研究方面的几点感想。

首先，我们先来谈谈第一个方面，即世界人才高地的国际变迁。16世纪以来，全球先后形成了5个科学和人才中心。在16世纪主要是意大利，例如哥白尼等科学家发明了像天文望远镜等巨大的发明创造。17世纪是英国，例如牛顿，大家都特别熟悉，也是英国引导了世界的第一次工业革命。18世纪主要是法国，出现了很多的科学家，在力学、热力学等方面做出了一个个重大的贡献。在19世纪，主要是德国，大家都知道爱因斯坦，我们小时候都特别崇拜爱因斯坦，他们创立了一些重大科学理论，也对世界的发展做出巨大的贡献。在20世纪，当前的美国在科学领域做出了巨大贡献，我们看一下数据，美国科学家获得了近百分之七十的诺贝尔奖，产出占同期世界总数的百分之六十以上的科学成果，可见美国在科技创新方面是当前全球中心区域。我们再来谈谈当前的世界人才高地建设排名概况。从2019年到2021年，我们借鉴了创业生态系统指标的一个评估结果，其实排在前六位的分别是美国、英国、以色列、加拿大、德国、瑞典，中国这几年进步特别大，已经跻身第七名，像我

---

* 广东财经大学粤港澳大湾区人才评价与开发研究院副院长、人力资源学院人才系主任、教授陈小平的主题发言，收录时略有修订。

们的北京、上海、广州、深圳等城市,都是排在前20位。这是当前的世界人才高地排名基本概况。我们再看一下全球创业生态系统前20排名,我们也可以比较,排第一的是硅谷,然后分别是伦敦、纽约、北京、波士顿等等。

第二,我们对世界人才高地建设指标做个简单国际比较。我们主要选取了几个指数供大家参考。一是美国硅谷指数,它有五个维度,18个指标,一级维度包括人口、经济、社会、区位和治理。二是欧洲的创新计分卡。还有全球人才竞争力指数等等,也值得我们去学习借鉴。通过比较这些国际指标之后我们有一些启示,首先在管理方面可以构建中国特色的评估指标体系,例如说咱们的第二个百年目标提出了五位一体构想,大家都很熟悉,包括物质文明、政治文明、精神文明、社会文明、生态文明,我们将各个指数的指标进行综合比较发现,其实都可以归入这五个方面,每个方面有三个指标,那我们有了这个目标指标之后可以为世界人才高地建设方向或者路径提供一个重要依据。

最后,谈谈我在理论方面的一些思考。一是在理论模型方面,国家或者区域发展战略,怎么去影响世界人才高地建设的实践,通过世界人才高地建设实践去影响我们的创新绩效,同时它也会受到可能是第一阶段、第二阶段的双重调节作用。例如领导团队的一些特征,会不会有一个调节的作用。二是在研究方法方面,我们也通过比较发现,数据采集可以是在国家层面或者是在城市层面,采取主观数据或者客观数据相结合,也可以是大数据方法进行数据采集,在变量测量时,可以去对战略强度进行测量,还有人才生态系统或者是我们的领导力、领导团队断层等变量测量。结果变量可以对创新绩效进行测量,来检验变量之间到底是有什么关系。

香港特区在粤港澳大湾区人才高地
建设中的特殊价值与作用

傅 誉[*]

我想和大家探讨一下香港特区在大湾区人才高地建设上可以起到什么样的价值与作用。对于这个主题，首先我想简单回顾一下香港特区在整个大湾区中的经济上的作用，基于一国两制制度的优越性，香港特区作为一个高度发达的经济体，是国际金融贸易中心，也是国际航空航运枢纽，拥有非常高度的国际化规范化营商环境。那么许多外国公司的投资者长期将香港特区作为内地投资的中转站，区域总部。与此同时许多内地企业也都来到香港特区进行融资活动，仅2020年就有119家企业赴香港特区上市，占据整个香港特区IPO市场的九成，同时香港特区也是国家对外投资非常重要的枢纽，占据了整个对外投资的百分之六十以上。可以说在这个一国两制的框架下，香港特区在整个大湾区乃至整个中国经济体系中都扮演着一个非常重要的对外开放的窗口角色。基于其独特的经济地位，香港特区对于大湾区人才建设中也有其相应的非常重要的价值与作用。接下来我从四个方面来简单展开。

首先，香港特区作为大湾区的核心城市之一，聚集了大量的高素质的专业人才，非常好地补充与优化了大湾区的人力资源结构。香港特区的主要支柱行业有比如说金融服务，贸易，物流，专业及商业服务等等，这些行业大多都有一个特点那就是面向拥抱内地的同时也非常的职业化，专业化，国际化，充分地融入了全球经济体系，接轨世界商业规则。以

---

[*] 德勤香港公司咨询经理、北京大学本科、伦敦政治经济学院研究生傅誉的主题发言，收录时略有修订。

金融业为例，香港特区在 2020 年是全球金融中心指数排名第 4 名，也是全球前三大的市场，第四大的财富管理中心，另外，香港特区有高度成熟的专业与商务服务行业人才，我们也称之为专业人士，比如大家耳熟能详的注册会计师，2021 年，香港特区会计师公会有大约四万名的 CPA 注册会计师，另外香港特区有大约八千名的 CFA 特许金融分析师，基于香港特区的人口的基数，这是一个非常高的比例。可以说香港特区在金融商业，服务等相关行业的高素质以及专业化的人才建设培养方面具有非常强的聚集效应，可以充分地服务整个大湾区的需求并且辐射带动了相关行业的经营发展。未来随着港澳与内地专业资格互认制度的进一步完善，相信香港特区可以为大湾区提供更多更丰富更直接的专业服务。

其次，香港特区作为亚洲以及国际的人才中心，为大湾区招揽全球高层次的人才提供了非常丰富的渠道，也拓宽了人才引进与开放的路径。作为国际化大都市，香港特区有很多的海外的高端人才与专家在这里进行工作与投资等等。香港特区可以继续发挥它作为大湾区国际高层次人才枢纽的作用，通过其非常发达的人才产业链，以及遍布全球的猎头网络，从全球来招募海外高层次的人才，吸引具有领军作用与战略意义的全球顶尖人才，同时也可以帮助促进海外留学生，华人华侨的人才的回流。那我自己就是一个非常好的例子，将来我们可以依托大湾区进一步融合的各项优惠的政策，鼓励这些人才以香港特区为立足点，深度参与到大湾区的工作与建设中，推动大湾区经济的创新与创业的发展。因此同时我们也可以通过香港特区在海外高层次人才政策上的试点，将其成功的经验推广到整个大湾区，进一步的优化和简便海外高层次人才在国内的生活居留、项目申报，创业创新等政策与流程，这也是香港特区能起到的另外一个试点与示范的作用。

再次，我们香港特区方面也可以推动高科技领域的人才在大湾区范围的合作与流动。因为其产业经济结构的原因，香港特区与深圳，广州等地其实有非常好的互补效应。一方面，深圳，广州等城市有非常先进的高科技制造业及大量的高科技人才，这对于香港特区通过高科技进一步发展金融科技，数字化经济等领域，稳固其金融中心的地位有非常好的互补作用。与此同时香港特区也有一大批高素质的科研人才在各大一流高校，香港特区在生物、医疗，金融科技等领域有一大批高端的人才，香港特区政府也在香港特区各学院推动了比如医疗科技创新平台等项目来扶持科创人才的发展，将来我们可以依托大湾区非常强大的制造业，以这种非常活跃的创新的环境，鼓励这些香港特区科研人才来到内地进行研究活动，并将其科研成果转化成为经济与商业成果，加快两地的交流，推动赋能整个大湾区的高科技产业的发展。

最后，就关于高等教育以及人才培养与交流方面。中国有些大学排名是很靠前的，并且全球靠前的高校每年都有很多的内地留学生过来。有很多年轻人毕业以后通过一些大湾区管培生计划等回流到我们一些大湾区城市。与此同时，香港特区高校也在近几年与大湾区各大城市加速合作，比如香港中文大学在深圳、香港科技大学在广州、香港理工大学在佛山等都纷纷建立起他们的分校区，进一步推动我们世界一流大学与世界一流专业的建设。那么最后在青年交流方面，香港特区政府也出台了一系列的政策，包括青年内地交流资助计划等，来鼓励新一代的香港特区居民来大湾区范围工作学习，推动新一代年轻人的互相交流。香港特区在聚集大湾区专业化人才、吸引国际高层次人才、推动高科技人才的交流合作，以及高等教育与年轻人交流方面可以为我们大湾区做出一个非常独特的贡献！

人才高地建设思考

人才协同发展：粤港澳大湾区高水平人才高地建设的路径选择

王文成[*]

(郑州大学)

摘要：推动粤港澳三地人才协同发展，对于粤港澳大湾区进一步提升国际竞争力、推进综合性国家科学中心建设，打造国际一流湾区和世界级城市群具有重大意义。由于三地在体制法规、需求导向、基础条件等存在差异，大湾区人才发展在协同理念、驱动要素、人才结构、人才流动、环境条件、平台载体、人才绩效等方面，制约了高水平人才高地建设。高水平人才高地建设语境下的人才协同发展，要把握国内大循环为主体、国际国内双循环的经济发展新思路，统筹科技、产业、资本、信息、人才等要素加速深度融合的新趋势，从发展理念、制度创新、引育机制、平台建设、协作交流、绩效评价等维度，探索大湾区人才发展协同治理创新的进路。

关键词：粤港澳大湾区；人才协同发展；高水平人才高地建设；协同治理

引 言

习近平总书记在中央人才工作会议上提出，在北京、上海、粤港澳大湾区建设高水平人才高地，作为加快建设世界重要人才中心和创新高地的战略布局。目前，大湾区协同发展内涵更加丰富，范围更加广泛。

---

[*] 王文成，考试与人才测评研究中心主任，教授、博士生导师，郑州大学。

要肩负起世界重要人才中心和创新高地的使命,粤港澳大湾区的人才协同发展无疑是其战略目标实现的重要环节。

一 问题提出

改革开放以来,粤港澳合作不断深化,大湾区经济实力、区域竞争力明显增强。区域协同发展是新时期粤港澳大湾区提升国际竞争力、建设国际一流湾区和世界级城市群的关键,也是一项复杂的系统工程。自《粤港澳大湾区发展规划纲要》公布以来,大湾区各地纷纷出台相应细化落地措施,打造人才高地,为粤港澳大湾区人才协同发展奠定了坚实基础。

1. 进一步提升国际竞争力,建设经济强国的必然要求

粤港澳大湾区建设是粤港澳培育新优势、发挥新作用、实现新发展、作出新贡献的重大机遇,有利于进一步深化改革、扩大开放,建立与国际接轨的开放型经济新体制,建设高水平参与国际经济合作新平台,有利于推进"一带一路"建设,通过区域双向开放,构筑丝绸之路经济带和21世纪海上丝绸之路对接融汇的重要支撑区。

2. 打造国际一流湾区和世界级城市群的必然要求

粤港澳大湾区要建成活力充沛、创新能力突出、产业结构优化、要素流动顺畅、生态环境优美的国际一流湾区和世界级城市群,这与新发展理念高度契合,有利于贯彻落实新发展理念,深入推进供给侧结构性改革,加快培育发展新动能、实现创新驱动发展,为不断增强我国经济创新力和竞争力提供支撑。

3. 构建国内国际双循环相互促进新发展格局的必然要求

建设粤港澳大湾区是构建新时代国内国际双循环发展格局的重大战略部署,也是香港特区、澳门特区探索发展新路向、开辟发展新空间、增添发展新动力的客观要求,有利于丰富"一国两制"实践内涵,进一步密切内地与港澳交流合作,为港澳经济社会发展以及港澳同胞到内地发展提供更多机会,保持港澳长期繁荣稳定。

二 粤港澳大湾区人才协同发展的现状与问题

（一）粤港澳大湾区人才协同发展的现实基础

近年来，粤港澳大湾区不断加快硬、软联通，不断探索区域协调发展新机制新路径，为人才协同发展打下了较为坚实的基础。

1. 人才发展基础：经济基础与产业链互补

经济基础与产业链互补为大湾区人才发展提供了坚实的基础。首先，大湾区经济体量巨大，实力雄厚。2021年经济总量达12.6万亿元人民币，创造了全国11%的GDP。其次，大湾区产业体系完备、集群优势突出且互补性强。随着产业转型升级，高端化、生态化和智能化的现代产业体系建设加速推进，为各类人才提供了更为广阔的发展平台。

2. 人才引进潜力：区位优势与资源优势突出

区位优势与资源优势突出，进一步激发了大湾区人才引进的潜力。首先，大湾区区位优势明显，交通条件便利，地处沿海开放前沿，在"一带一路"建设中具有重要地位。其次，大湾区资源优势突出，拥有全球领先的金融与服务枢纽城市——香港、全球领先的博彩业城市——澳门、中国超级消费与贸易城市——广州、中国领先的创新技术城市——深圳，以及具有全球制造业供应链基地的佛山与东莞，中心作用凸显，辐射带动周边城市，形成了强大的城市网络。

3. 人才安居保障：宜居宜业宜游的优质生活圈

建设宜居宜业宜游的优质生活圈是国家赋予大湾区的五大战略定位之一，也是人才安居生活的重要保障。首先，加速建设交通联通，大湾区主要城市间基本形成"1小时生活圈"。其次，提供优质的医疗服务，粤港澳三地签订《粤港澳大湾区卫生与健康合作框架协议》，加强医疗卫生交流合作，提供更加优质的医疗卫生服务。

4. 人才聚集动力：全国领先优势的政策

大湾区全国领先优势的政策是推动人才聚集的动力。根据各自的城市定位和主导产业，各地出台了多项具有竞争力的差异化招才引智政策，比如香港特区推出"科技人才入境计划"。统筹大湾区人才顶层设计，《粤港澳大湾区发展规划纲要》从国家层面对大湾区建设发展做出了顶层擘画，强调建设人才高地。先行先试人才改革管理办法，广东省表决通过的《广东省外商投资权益保护条例》明确，经认定的在粤港澳大湾区内的境外高端人才和紧缺人才按照规定享受出入境、停居留等优惠措施。制定大湾区特色人才发展规划，主张构建促进大湾区融合发展的高质量人社制度体系，提倡实施"湾区人才"工程，加快构建具有国际竞争力的人才制度体系。

5. 创新创业环境：高端创新资源汇聚

高端创新资源汇聚为大湾区创造了优质的创新创业环境。首先，创新机构聚集效应显著，诞生了一大批科技和领先企业。其次，创新资源多城市联动效应显现，以深圳、香港特区、广州为联动核心，形成生产要素在城市间快速流动的多层级城市群，实现了丰富的资源联动。最后，创新环境逐步开放，具备较为完善的基础设施、严格的知识产权保护体系和逐步活跃的国际科创合作等良好的创新环境。

（二）粤港澳大湾区人才协同发展存在的问题

经济、环境、政策等资源的高度集聚为粤港澳大湾区人才协同发展提供了条件，但目前仍存在着若干问题，主要体现在协同理念、驱动要素、人才结构、人才流动、环境条件、平台载体和人才绩效方面。

1. 协同理念相对滞后，产学研协同创新待加强

人才协同发展是建设人才高地的必然要求，也是实现大湾区战略定位的重要保障，要求相关各方要以国家大局的政治站位、从全球战略高度，深刻认识人才协同发展在大湾区建设中的重要意义。当前，基于行政体制下的城市本位主义观念仍占主导地位，城市人才发展缺少从更大视域观察的大局意识和整体观念，导致城市间人才竞争大于人才协同，人才交流合作层次和深度有限，人才资源缺乏共享意愿，产学研协同创新程度偏低。

2. 创新要素驱动受阻，人才驱动发展能力待强化

创新要素的高效便捷流动是实现人才协同发展的基本要求。大湾区尚未完全建立三地融合、发展协同的体制机制，在一定程度上限制了创新要素的自由流动，使得各创新子系统之间的联系和协同水平偏低，创新主体之间的资源无法顺畅共享互补，影响了人才创新驱动发展能力的

发展。

3. 人才结构有待优化，人才国际化程度待提升

合理的人才结构是实现人才协同发展的重要条件。目前大湾区人才结构问题主要有二：一是人才结构有待优化，一方面人才类型分布不均衡，传统制造产业比重大，与产业创新人才的需求不协调；另一方面人才分布不均衡，珠三角聚集了80%的人才。二是人才国际化程度偏低。目前，大湾区国际化人才培养体系尚不健全、国际化人才引进渠道尚未畅通、国际化人才流通机制尚不完善，严重制约了集聚世界优秀人才的力度。

4. 人才流动渠道不畅，人才流动机制有待完善

人才便捷流动是实现人才协同发展的重要抓手。大湾区人才流动仍受很多限制，一是人才流动机制尚不完善，包括人才跨境就业涉及福利不过境问题，如两地税收、签证、医疗服务等。二是执业资格认定有待完善。由于人才评价标准、执行资格、人才资质以及人才制度的差异，致使三地人才执业与合作存在障碍。

5. 制度环境有待优化，服务保障能力仍需提高

一流的优质服务环境是实现人才协同发展的重要保障。大湾区人才发展环境与服务保障仍有所欠缺。一是激励人才的制度环境有待优化。在机制体制方面，对人才创新创业过程中迫切需求的科技研发、知识产权、科技成果转化、创业培训、融资、法律等方面的服务尚未建立完善的供给机制；在待遇报酬和社会福利方面，内地收入水平和福利水平明显低于港澳地区，且税收方面存在劣势。二是人才服务保障能力仍需提高。大湾区人才服务工作整体上仍呈粗放特征，对港澳高端人才和紧缺人才的落户居留、子女入学、医疗保障等特定生活保障不足。

6. 平台载体有待构建，引育创新载体支撑不足

完善的引育人才平台载体是实现人才协同发展的重要支撑。大湾区引育人才的平台载体尚不完善。一是缺乏一流教育资源。一方面，人均高等教育资源远低于世界其他湾区；另一方面，大湾区只有香港特区拥有三所"世界百强大学"，作为大湾区重要主体的珠三角地区，尚无一所世界百强大学。二是引育创新载体支撑不足。目前大湾区大科学装置平台、创新创业基地、孵化器等载体平台建设虽不断加快，但仍难以满

足人才协同发展需要，并存在平台载体建设不足、人才数据库建设缺失等问题。

7. 人才绩效评价弱化，人才价值实现效率差异明显

人才绩效的科学评价是实现人才协同发展的重要因素。大湾区的人才绩效产出评价弱化，合理体现人才价值的收入分配机制尚未完全建立，人才对产业发展贡献度、支撑度相对不足。人才绩效评价尚处于粗放阶段，人才评价导向还存在重"行政"轻"市场"、标准重"定量"轻"定性"、机制重"评价"轻"管理"等倾向；以知识、技术、管理、技能等创新要素按贡献参与分配的人才绩效激励机制还处于探索阶段。人才评价标准各不相同，制约了三地间的人才流动，影响了人才配置效率。

（三）粤港澳大湾区人才协同发展的制约因素

1. 体制法规：两制三税三种货币，缺乏统一规则标准

大湾区具有"一国两制"、"三个关税区"、"三套货币制度"等独特特征，在社会制度、法律体系、治理理念、人文观念等领域存在较大差异。"一国两制"的制度框架与灵活多元的制度体系为人才协同发展提供了多元化的制度优势，同时其制度差异也是阻碍人才协同发展的根本原因。建设大湾区，必须要充分化制度差异为制度优势，吸纳两种制度长处，形成一种跨社会制度和法律制度的区域协同发展新模式，在更高起点、更高层次、更高水平上推进人才协同发展。

2. 需求导向：人才需求各不相同，人才吸引力不一致

大湾区三地的人才需求各不相同，对人才的吸引力也不一致，这是制约人才协同发展的重要因素。根据《2020年粤港澳大湾区（内地）急需紧缺人才目录》，由于支柱产业不同，大湾区内地9市的人才需求偏好不尽相同。同时，城市发展程度不同，对人才的吸引力也不一致，由此导致大湾区之间人才合作并没有成为主流，反而演变为在人才招引政策上同质化的无序竞争，进一步阻碍了人才协同发展。

3. 基础条件：城市间发展差异较大，区域发展不平衡

大湾区城市发展差异较大、区域发展不平衡现象较为显著。根据2021年各市GDP和人均GDP可见，深圳、香港、广州是湾区超大城市，已进入世界级城市行列，而肇庆、江门等地经济发展水平较低，位于国

内三线城市行列。城市间基础条件的差异，严重制约了人才协同发展。

三 粤港澳大湾区人才协同发展的治理路径

（一）坚持"党管人才"原则，贯彻落实新发展理念

党管人才是我国人才工作的根本原则，是党执政兴国的制度安排，也是我国人才制度的最大优势。习近平总书记在中央人才工作会议上强调，做好新时代人才工作，必须坚持党管人才。面对大湾区建设高水平人才高地的重大战略部署，需要强化主体责任，完善党管人才工作格局，充分发挥党管人才的制度竞争优势，把党管人才的政治优势转化为大湾区人才引领发展的体制机制优势。

紧抓科技创新牛鼻子，坚定不移推动创新驱动发展。当前，世界新一轮科技革命和产业变革孕育兴起，要紧紧把握当前世界科技发展驱动形成新产业、新经济的趋势，认清创新是产业核心竞争力、持续发展动力以及"高、精、尖、缺"人才培养与引进的实质，把创新摆在首位，加大科技创新力度，紧抓科技创新牛鼻子，构建粤港澳城市群协同创新网络，激发人才创新活力，将粤港澳大湾区打造成为具有国际竞争力的经济合作区、世界级"人才湾区"，走创新发展道路。

坚持协调发展，深化粤港澳人才合作。大湾区天然拥有开放合作优势，承担着我国经济社会发展的现代化探索任务。大湾区内 11 个城市由于城市发展、公共服务、体制机制等方面的发展程度不同，要借鉴世界其他湾区发展经验，精准定位，发挥大湾区内各城市比较优势，合作互补，通过优化产业分工布局，加强金融市场互联互通、整合区域创新资源，实现协调发展，走区域合作发展道路。要强化三地人才交流合作，探索大湾区人才共享制度，促进三地人才互惠互利，畅通人才流动渠道，变"抢人才"为"共享人才"，实现人才绩效在大湾区内共享。

建设人才宜居大湾区，走生态优先发展道路。"绿水青山就是金山银山"。当今世界，绿色产业蓬勃发展，绿色发展已经成为发展趋势，大湾区作为全国的标杆，应坚持绿色发展，打造绿色生态、宜居宜业宜游大湾区，为企业、人才提供便利、品质、低成本的优良场所，通过营造独特而又美丽的公共空间、居住环境，吸引高层次人才集聚。

（二）打造人才协同发展机制，创设优质的人才环境

世界上三大著名湾区旧金山湾区、纽约湾区、东京湾区已成为国际金融中心、科技中心、创新中心。在培育人才方面，三大湾区都拥有国际知名学府及众多高等院校、科研院所，高等教育水平位于世界前列，培养了源源不断的国际化创新人才；在引进人才方面，美国面向全球实施开放性的人才政策，实行"政府引导，市场主导"的猎头制度，日本实施"留学生30万人计划"，完善留学生奖励制度。对标世界三大湾区的人才发展经验，粤港澳大湾区要健全产学研发展模式，加强基础研究，加强国家科研中心、实验室建设，制定政策，加大国际高校人才培养、引进力度，推动人才要素在大湾区便捷高效流动。

要创设更加优质的人才环境。实施人才安居工程，通过配建、采购等方式多渠道筹集人才住房，着力打造特色人才社区，规划建设国际人才社区、青年人才社区，满足各类人才的个性化居住需求，为人才提供安居保障。进一步加大港澳青年人才在粤住房保障力度，扩大人才住房、人才驿站及住房补贴供应范围。完善通信、教育、医疗等公共服务，推进国际通信专用通道建设，降低人才跨境通信成本，提供优质教育与医疗服务，规划建设国际学校、国际医院。研究设立人才服务窗口，为企业和人才提供便捷"一站式"服务。简化优化出入境管理机构外国人签证证件审批，对符合条件的外国人才提供办理人才签证、工作许可和长期居留许可的便利，完善外国专家人才住房、教育、医疗等服务保障措施。

（三）探索衔接紧密引育机制，加强人才引进培育

大湾区的世界级"人才湾区"建设，要遵循引育并举、统筹发展的原则，健全完善高层次人才引进与湾区内人才平衡发展的机制，高度关注潜力型人才的培养，根据产业发展需要，有针对性地培养一批中青年人才骨干，为大湾区可持续发展提供坚实的人才支撑。要加快高等教育及科研机构建设，加强一流大学和科研院所建设力度，引导和支持具备较强实力的高校科学定位、办出特色、差别化发展，以强、优、特、新为目标，以大湾区打造国家创新高地和重要人才中心为方向，做强优势

学科、培育特色学科、增设急需学科、培育新兴交叉学科，建立健全以社会需求为导向的学科专业动态调整机制，促进高等教育高质量发展。打造高质量育才平台，以育才平台吸引人才、留住人才。

探索港澳高水平大学以不同方式在内地办学的新模式，推进港澳高校在大湾区内地合作办学。构建粤港澳三地教育信息交流与合作平台，充分利用香港特区的教育资源培养优秀人才，发挥高水平大学合力，建立高等教育联盟，实现优质智力资源共建共享。借鉴深圳湾实验室与北京、香港、深圳多所知名高校创新开发"实习生＋联培生"模式，共同建设世界一流大学和一流学科，培育高水平科研机构和新型智库。强化创新资源协同，与粤港澳各类科技园区和孵化器开展全方位合作，共享公共平台、高水平实验室等研发资源，搭建集孵化器全链条、"双创"平台于一体的创新多元服务平台，联合承接国际高新技术企业研发转移，积极承接和孵化港澳科技项目。

（四）搭建人才发展平台，提升人才吸引力

升级人才服务平台，促进人才等要素有序合理充分流动。建设内容丰富、形式灵活的人才服务平台，根据服务对象的不同需要及时进行更新和完善，整合优秀人才资源、促进人才进步，统筹推进各项人才工作开展。要实现大湾区内政策同效，引进人才与本地同类人才在创办科技型企业、表彰奖励、科研立项、成果转化等方面可享受同等待遇，解决流动人才的后顾之忧。落实以业绩为导向的人才柔性流动办法，推行专家服务、引智工程、人才驿站、职务特聘等人才柔性流动业务。依托大湾区信息技术产业发达的优势，实现职业需求云发布、人才评价云服务、职业发展云规划、技能提升云培训。通过人才服务平台的提质升级，促进人才要素有序合理充分流动，实现人才、产业、要素、创新之间的深度耦合。

强化数字赋能平台，加快推动人才工作数字化体系建设。充分发挥人工智能、大数据、云计算等高技术的先发优势，以深圳和香港等地已有的大数据中心为基础，推动大湾区科技人才专业数据库、信用数据库、科研成果数据库等的人才工作数字化体系建设。建立大湾区人才、项目、政策信息数据库，推动区域专业人才联合攻关、行业项目深度合作；建立科学有效的国际人才识别系统，通过大数据技术对外籍人才的专业化水平进行动态评价、检测。

（五）统筹国际国内两个大局，创新人才协作交流模式

依托香港特区、澳门特区的国际窗口优势，拓宽协作渠道，实行更加积极、更加开放、更加有效的人才引进政策。增强国际国内人才交流。引进国际通用职业资格认证制度，加强职业资格国际互认，积极探索粤港澳从业人员的职业资格双边或多边互认，推进国际国内人才自由流动。积极开辟高端引才聚才渠道，建立国际人才资源对接平台。对人才职业资格互认工作进行自上而下的系统设计，加快探索并实施经粤港澳三地协同一致、社会普遍认可的专业服务"湾区标准"，研究制定粤港澳大湾区专业人士资格认可清单，建立跨境专业人才职业资格准入负面清单，对清单外的职业资格，取消执业从业门槛，通过单方认可、资格互认、考试互免协议、合伙联营、备案等特殊机制安排，为专业人才在大湾区内流动提供条件保障，打造大湾区专业人才集聚区。

深化教育合作，发挥高校人才支撑作用。通过"规范化、经常化、制度化"的粤港澳教育合作，谋求"需要利益协商求共赢、机制对接求共创、理念交融求共识"，打通粤港澳之间教育合作的"堵点"、冲破"藩篱"，构建三地教育合作的互通式立交桥，基于大湾区建设的"四梁八柱"，建设粤港澳教育合作的一流平台，并在此基础上，打造教育合作品牌，充分发挥高校人才支撑作用，强强联合铸就教育合作品牌效应。

深化大湾区的文化交流合作，强化人文融通，共同培育湾区人文精神。针对当前港澳人才身份认同、文化认同、价值认同不足问题，要更加重视对港澳人才的思想政治引领，发挥大湾区历史资源丰富、人脉文脉和经贸关系优势，在粤港澳大湾区探索设立爱国、国情研修中心（基地），增强港澳人才对祖国、对粤港澳大湾区的认同感和归属感，将个人发展与国家整体发展结合起来，激发人才内生活力动力，为大湾区建设提供强有力的人才支撑。

（六）优化人才评价机制，注重人才价值激发

突出绩效，高度重视人才分类管理评价。破除"四唯"人才评价标准，注重以能力和业绩为主的市场导向评价机制。对于基础研究人员，逐渐弱化以中短期业绩为目标的考核，突出其学术水平和学术能力评价，注重其研究项目及其成果对国家经济社会的影响力；对于应用开发类人才，调整不恰当的论文数量质量要求，突出其专利发明、创新成果等创新创造方面的贡献评价；对科技成果转化人才，则要着重突出成果转化的效果效益评价；对产业人才，则要注重将产业产值、利润、吸纳就业、资源成本节约、环境保护等方面的企业经济和社会效益纳入评价标准。

市场导向，推进人才评价多元化。改变以往人才评价由政府"一元"主体包办的方式，积极引入包括企业、市场评估机构在内的"多元"主体，针对不同产业和行业、不同类别，引入各类用人机构、产业和行业协会、人才市场中介组织等多元主体评价，推进高层次产业人才评价主体的资格和相关评价人员的执业资格认定机制建设，提升专业化评价能力和水平。推进用人制度改革，充分尊重、保障和发挥各类用人主体在人才培养、引进、使用、评价和激励等方面的自主权，授予行业领域内处于领军地位、具有权威和影响力的用人单位、创业团队在高层次人才方面享有自主认定权、人才认定的决定权。

强化激励，充分释放人才红利。深化人才资源供给侧结构性改革，建立大湾区产业发展、转型升级与人才供求匹配的价值实现机制，充分尊重人才平等就业、自主择业和干事创业的职业权利，实现人才择业、就业和创业的统筹发展。分层分类建立人才评价标准，突出品德、能力、业绩、贡献的评价导向，科学运用评价结果，发挥人才绩效评价的激励功能。建立完善人才价值合规、合理、合情的收入分配机制，研究出台以知识、技术、管理、技能、创新、贡献等要素参与分配的政策，实行股权、期权等中长期激励政策，最大限度地释放人才红利，筑牢世界人才中心的制度基础。

参考文献

[1] 中共中央、国务院：《粤港澳大湾区发展规划纲要》，人民出版社 2019 年版。

[2] 广东省委、省政府：《关于贯彻落实〈粤港澳大湾区发展规划纲要〉的实施意见》，《南方日报》2019 年 7 月 5 日。

［3］周仲高、游霭琼、徐渊：《粤港澳大湾区人才协同发展的理论构建与推进策略》，《广东社会科学》2019年第6期。

［4］陈杰、刘佐菁、苏榕：《粤港澳大湾区人才协同发展机制研究——基于粤港澳人才合作示范区的经验推广》，《科技管理研究》2019年第4期。

［5］毛艳华、荣健欣：《粤港澳大湾区的战略定位与协同发展》，《华南师范大学学报》（社会科学版）2018年第4期。

粤港澳大湾区科技创新人才队伍建设研究：政策演进、困境与对策

马秀玲[*] 蒋荣佳[**]

（兰州大学管理学院）

摘要：科技创新尤其是人才创新是推动科技创新和知识创新的重要力量，是推动科技进步的关键。粤港澳大湾区要实现高质量发展，必须建立起一支规模结构合理、素质优良的科技创新队伍。本文采用政策文本分析法，以1998—2021年粤港澳大湾区科技创新人才政策为分析样本，通过共词分析和聚类分析方法深入分析了科技创新人才政策演进的脉络、内容及其特征，通过剖析粤港澳大湾区科技创新人才政策与人才队伍建设的现状，分析存在的问题并提出相应对策建议。推动粤港澳大湾区科技创新人才队伍建设，提高科技创新成果产出效能，促进大湾区经济和社会快速发展，是本文的出发点和归宿。

关键词：粤港澳大湾区；科技创新人才；人才队伍建设；人才政策

一 问题的提出

粤港澳大湾区作为我国经济活力最强的地区之一，具有丰富的科技创新资源，在国家经济发展中具有重要战略地位，在我国创新发展过程中发挥着不可替代的作用。2019年，《粤港澳大湾区发展规划纲要》提出将粤港澳大湾区打造成为具有全球影响力的国际科技创新中心。由此

---

[*] 马秀玲，管理学博士，管理学院副教授，硕士研究生导师，兰州大学。
[**] 蒋荣佳，在读硕士研究生，兰州大学。

可见，国家正致力于推动粤港澳大湾区建设，建设科技湾区是该中心建设的重点之一，科技创新人才队伍建设更是其中的重中之重。科技创新人才队伍，主要包括高等院校和科研院所的全时研发人才、大中型工业企业研发人才、重点实验室和工程研究中心科技创新人才、民营科技企业的研发人才。推进大湾区科技创新人才队伍建设，是促进粤港澳大湾区形成科技人才高地的重要基础，是支撑大湾区成为国际科技创新中心的关键所在。

科技创新人才政策由人才发展公告、通知、意见以及实施细则、管理办法等构成，主要包括人才的引进、培养、激励、评价、流动和保障六个方面（刘媛，吴凤兵，2012；李良成，于超，2018）。科技创新人才政策能够不断优化创新环境，增强科技创新人才的自信心，对科技创新人才的引进、培养和激励起着重要的导向和激励作用。为打造国际科技创新中心，推动大湾区人才高地建设，粤港澳大湾区各市、广东省相继出台了一系列科技创新人才队伍建设的相关政策，取得了一定的成绩，吸引了一大批科技人才创新创业，大湾区各城市的创造力和活力皆得到了充分发挥。但对照战略发展要求，还有相当差距，存在一些短板弱项。如粤港澳大湾区科技创新人才结构分布不尽合理、高端人才总量不足（陈标新等，2020），人才要素流通不畅、人才同构现象严重（邓琦，2021），大湾区各城市产业发展定位的雷同导致人才发展目标同质化，人才竞争激烈（孙殿超等，2022）。粤港澳大湾区的科技创新人才政策是如何演变的？科技创新人才队伍建设面临的难题是什么？怎样提升科技创新人才队伍建设水平？这些问题还有待进一步的探讨。

1998年以来，随着广东省科教兴粤和人才强省战略的实施，以及粤港澳大湾区正式成为国家战略的背景下，大湾区各城市相继出台科技创新人才建设的相关政策，这些政策对促进大湾区科创人才的发展具有重大积极意义。然而，大湾区在科技创新人才队伍建设实践中仍面临不少问题。鉴于此，本文运用共词分析和聚类分析的研究方法，以1998—2021年粤港澳大湾区科技创新人才政策文献为分析样本，系统地梳理了大湾区科技创新人才政策的演进历程、内容与特征，并结合大湾区科技创新人才队伍建设现状，剖析存在的问题，提出相关对策建议。

二 研究方法与分析框架

（一）研究样本

本文的数据来源于1998—2022年粤港澳大湾区的11个城市及广东省的政府、党委和相关部门颁布的科技创新人才政策，按照"科技创新人才、队伍、博士、博士后、专家、院士、青年、留学人员、团队、高层次、领军"等作为关键词进行检索，为确保样本的准确性，剔除了重复部分以及仅表明政府态度的部分，最终获得143份高度相关的政策作为研究数据。政策类型主要包括条例、办法、规定、决定、通知、意见等相关文件，发文单位主要为广东省人民政府、广东省人社厅、广东省教育厅、广东省科学技术厅、广州市委等。通过认真梳理1998年至今广东省科技创新人才政策发展历程，结合粤港澳大湾区及广东省科技创新人才的关键事件，以及科技创新人才政策分布时序状态，可以看出广东省科技创新人才政策演变走过了三个阶段，即积极推进阶段（1998—2007年）；飞速发展阶段（2008—2016年）；深入阶段（2017年至今）。

（二）分析方法

本文运用ROST软件，对检索到的科技创新人才政策进行逐一分析，从每份政策提取4—5个高频关键词，并运用Bibexcel软件对所提取的高频关键词进行分析，建立共词及共现矩阵，进而转换建立相关及相异矩阵，最后通过SPSS 21.0软件，对以上矩阵进行聚类分析，展现共词的词簇，以此分析在不同阶段粤港澳大湾区科技创新人才政策的内容及变迁。

三 粤港澳大湾区科技创新人才政策演进脉络、内容与主要特征

自1998年以来，广东省深入实施科教兴粤和人才强省战略，在此战略背景之下，粤港澳大湾区位于广东省的9个城市陆续出台了一系列关于科技创新人才的政策。2017年，粤港澳大湾区首次被写入中国政府工

作报告，被提上了国家发展战略的高度。粤港澳大湾区各城市为了抓住此次新机遇和新契机，不断完善及优化科技创新人才政策，加大了对科技创新人才的支持力度，营造了良好的育人用人环境，加速科技创新人才集聚。自1998至今，每一阶段里颁布政策数量呈现逐步增加趋势，反映出粤港澳大湾区对于科技创新人才愈加重视。

（一）大湾区科技创新人才政策演进

1. 积极推进阶段（1998—2007年）

基于"科教兴粤""人才强省"和"科技强省"的发展战略，粤港澳大湾区位于广东省的9个城市以培养科技创新人才为导向，满足区域发展的需要。各城市将人才资源作为首要资源，着力强化科技创新人才和创业人才的培育，逐渐加快各类科技创新人才的培养和聚集，提高区域科技创新能力。

表1　　　　1998—2007年科技创新人才政策高频主题词

主题词	频数	主题词	频数	主题词	频数
技术	10	资金	5	创业	3
留学人员	7	博士后	4	教育	3
人才	7	项目	4	科研	3
科技	5	创新	3	企业	3

表1中12个高频主题词经过共词聚类，形成四个群组，代表了这一阶段科技创新人才政策的四个聚焦点，分别是产学研结合、引进留学人员、科技创新、支持教育人才，具体如图1所示。

1998到2007年，科技创新人才工作开始得到高度重视，粤港澳大湾区积极推行科技创新人才政策，为加快科技创新人才的发展奠定了坚实的基础。科技创新始终是这一时期各项科技创新人才政策的重点，并在各项政策中得到了充分的体现和贯彻。在此期间，产学研合作也是一个重要聚焦点，2006年出台的《关于加强产学研合作提高广东自主创新能力的意见》提出坚持以企业为主和以部属高校为技术依托相结合的原则，支持高校、科研院所与企业实现合作协同发展，共同建立研发机构。

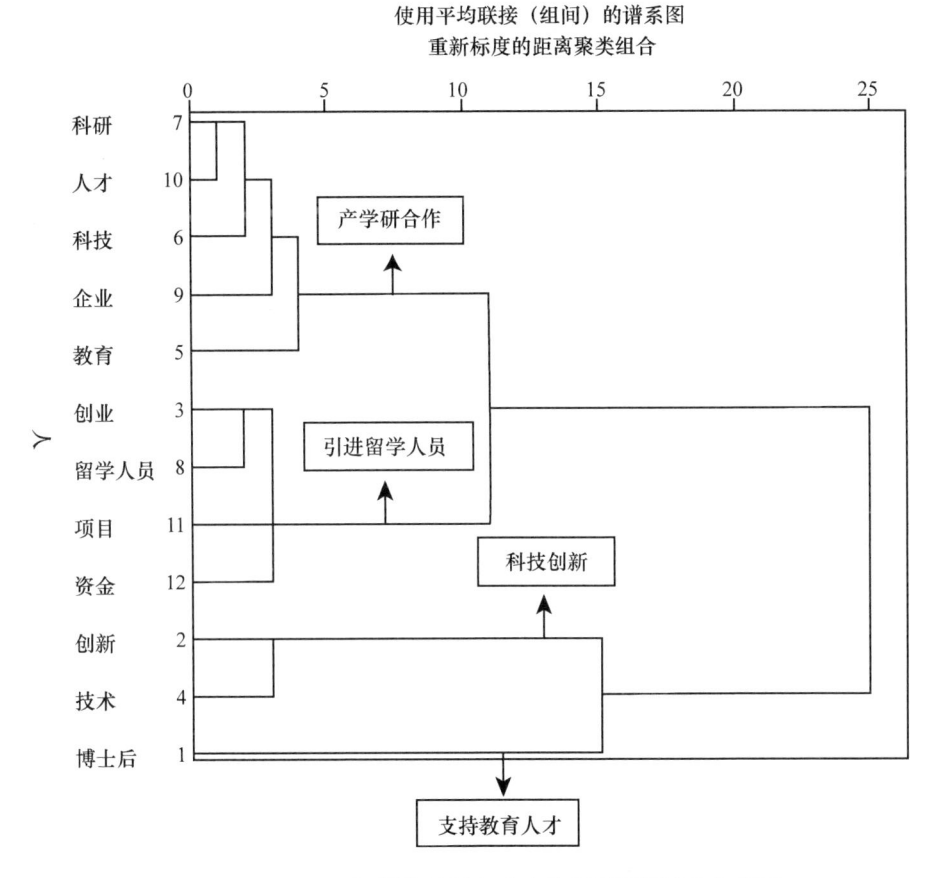

图 1 1998—2007 年科技创新人才政策主题词的聚类分析图

高校在科研、教育、人才和科技成果等方面具有明显的优势，应成为广东企业的技术和人才支撑。将科研资源和人才队伍集中到广东各城市的企业，引导企业加大研发投入和创新力度，有利于促进产学研深度结合，提升广东自主创新能力。与此同时，在政策内容方面注重引进人才和培养人才。人才引进方面，注重引进留学人员，鼓励和引导优秀留学人员回国创业，充分发挥其在科技创新、高端创新、自主创新方面的引领作用。1999 年颁布的《关于鼓励出国留学高级人才来粤创业若干规定的通知》提出了优化留学归国人员发展环境的一系列优惠政策。随后，广州市、深圳市、东莞市等各城市纷纷响应，制定了符合各地实际情况的鼓励政策。2007 年，为提高留学人才引进工作的针对性、实效性，《关于做好海外高层次留学人才界定工作的通知》得以发布。人才培养方面，以支持教育人才为主，如 1998 年出台的《关于依靠科技进步，推动产业结构优化升级的决定》提出支持高校、科研机构、企业建立博士后流动站和工作站，并为进站博士后提供经费补贴，带来博士后事业大发展，充分激发其在技术创新方面的创新能力。

2. 飞速发展阶段（2008—2016 年）

随着经济全球化进程加快和我国改革开放的全面推进，高层次人才成为制胜的关键战略资源。粤港澳大湾区对各类创新人才的需求日益增长，对高层次创新人才的规模和质量更是提出了迫切的要求。这一阶段是科技创新人才飞速发展阶段，科技创新人才政策迅速增长为 57 份，提取主题词，按频次排序列示于表 2。高频主题词有"创新""项目""引进""高层次""博士后"等。

表 2　　　　　　2008—2016 年科技创新人才政策高频主题词

主题词	频数	主题词	频数	主题词	频数
人才	29	科研	10	留学人员	6
创新	23	资助	8	技术	6
项目	15	团队	8	管理	6
引进	11	科技	8	创业	6
高层次	11	资源	7	研究	5
博士后	11	培养	7	领军	5
企业	10	发展	7		

表 2 中 20 个高频主题词经过共词聚类，形成三个群组，代表了这一阶段科技创新人才政策的三个聚焦点，分别是培养及引进高层次人才、人才队伍管理、科技成果转化，具体如图 2 所示。

随着大湾区科技创新人才队伍的不断建设，科技创新人才队伍规模越来越大，但高层次科技创新人才仍然紧缺，因此这一阶段的人才政策侧重于吸引和培养高层次科技创新人才。2008 年，广东省委出台了《关于加快吸引培养高层次人才的意见》，提出以改革创新精神开创吸引培养高层次人才的新局面，以最好的服务、最优的环境、最大的诚意汇聚

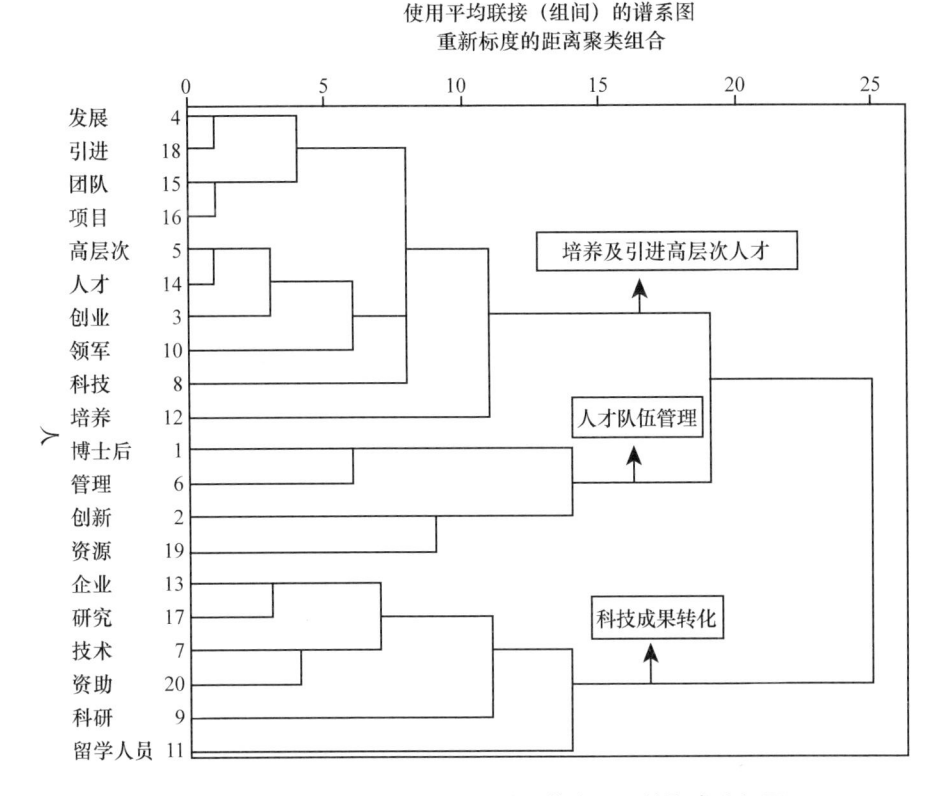

图 2　2008—2016 年科技创新人才政策主题词的聚类分析图

各方精英。2010 年颁布了《广东省引进高层次人才"一站式"服务实施方案》，提出要提供便捷、高效的引进高层次人才"一站式"服务。2014 年出台的《关于全面深化科技体制改革加快创新驱动发展的决定》，提出要重点引进杰出人才、领军人才和青年拔尖人才，加快形成高层次人才集聚机制。2016 年颁布的《关于印发广东省系统推进全面创新改革试验行动计划的通知》提出打造群英荟萃、文化多元、和谐包容、政策开放的国际人才港，进一步完善了粤港澳大湾区科技创新人才交流制度。与此同时，这一阶段注重对科技创新人才队伍的管理。为进一步加强对博士后管理工作，2011 年出台了《广东省博士后培养工程实施意见》，意见提出实施博士后工程，全方位推进博士后人才队伍建设。随后，广州市、惠州市、珠海市、佛山市等各城市纷纷颁布了关于博士后管理工作的政策，为进一步提升粤港澳大湾区自主创新能力提供了坚实的人才支撑和智力保障。该阶段的第三个聚焦点为科技成果转化，随着科技创新人才政策的逐步深入，科技成果转移转化政策也在不断完善。2016年发布了《广东省促进科技成果转化条例》，提出加强产学研合作，实现企业与高等院校和科研院所科技成果的对接，促进科技成果转移转化，提升科技支撑产业发展能力。

3. 深入阶段（2017年至今）

随着2017年粤港澳大湾区建设被首次写入政府工作报告，上升至国家经济发展战略层面，粤港澳大湾区开始深化人才管理体制改革，科技创新人才政策进入全面优化、深入发展阶段。这阶段科技创新人才政策共计65份，提取主题词，按频次排序列示于表3。高频主题词有"补贴""创业""申报""资助""港澳"等。

表3　　　　　　　2017—2022年科技创新人才政策高频主题词

主题词	频数	主题词	频数	主题词	频数
人才	37	资助	12	青年	6
补贴	18	个人所得税	9	认定	6
创新	18	港澳	8	高层次	5
创业	15	管理	8	基地	5
项目	15	团队	8	科研	5
科技	13	博士后	7	引进	5
申报	13	企业	7	资金	5
财政	12	服务	6	资源	5

表3中24个高频主题词经过共词聚类，形成两个群组，代表了这一阶段科技创新人才政策的两个聚焦点，分别是科技创业；优化人才体制机制和粤港澳人才协同，具体如图3所示。

这一阶段的科技创新人才政策主要有两个聚焦点。在科技创业方面，在国家提出的"大众创业，万众创新"背景下，创业对象扩大至普通群体，涵盖了所有科研人员、事业单位专业技术人员、大学生和返乡下乡人员，科技创新主体逐步走向多元化。针对第二个聚焦点，广东省委于

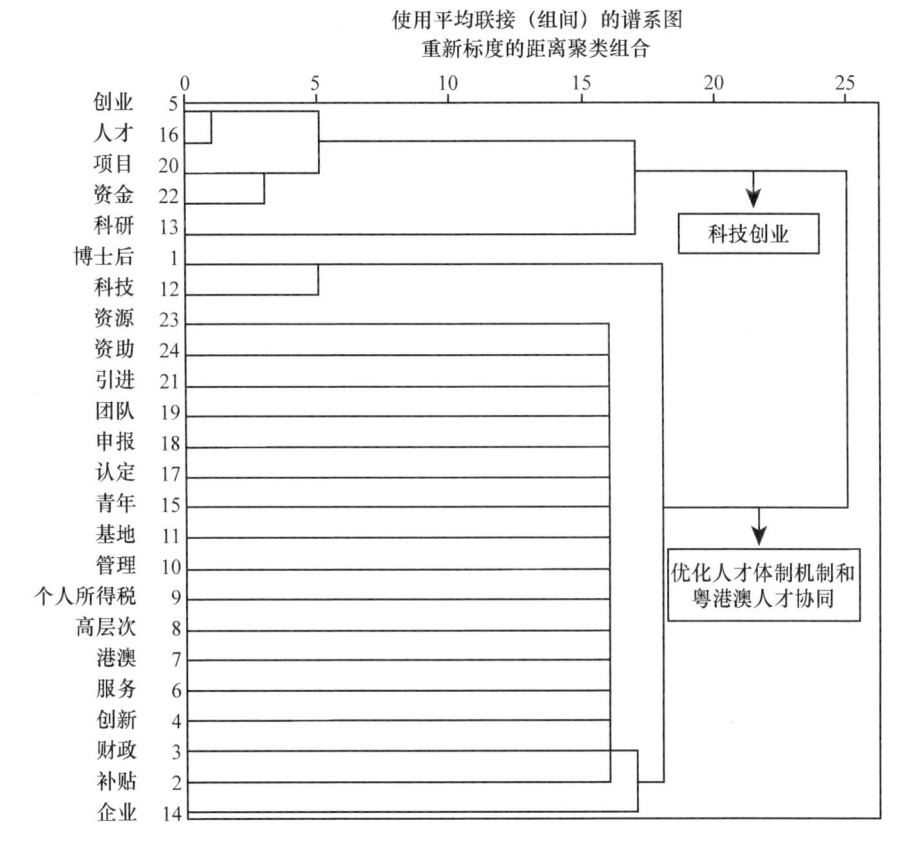

图 3 2017—2022 年科技创新人才政策主题词的聚类分析图

2017 年印发了《关于我省深化人才发展体制机制改革的实施意见》，提出深化人才管理体制改革及改进完善人才吸引、培养、使用、评价、激励、保障、流动等机制的若干措施，这是我国科技创新人才工作的一个重要里程碑，标志着科技创新人才工作进入深化体制机制改革阶段。2019 年出台《粤港澳大湾区发展规划纲要》，提出要实行更积极、更开放、更有效的人才引进政策，完善人才激励机制。根据政策的高频主题词，该阶段的科技创新人才政策覆盖人才培养、引进、评价、激励、保障、服务等各个方面，科技创新人才体制机制全面优化，且出现"港澳"主题词，标志着粤港澳人才协同发展呈现出逐步深入的态势。

(二) 科技创新人才政策演进特征

首先是政策的发布数量，每一阶段在逐渐增多。其中从积极推进阶段至飞速发展阶段政策增加了36份，说明飞速发展阶段是政策演进的关键阶段，该阶段受到国内外环境的影响，科技创新人才的重要性逐步凸显，强烈的高层次人才及科技创新人才需求推进了政策支持力度的加大。

其次是政策内容上具有渐进深化的特征。对于科技人才政策内容，积极推进阶段重点在于人才的引进及培养；飞速发展阶段除了人才引进及培养外，还注重人才使用和人才保障；稳步成熟阶段则转化为对人才引进、培养、激励、评价、流动和保障全方位的关注，科技人才体制机制改革持续深化及完善。此外，粤港澳大湾区人才协同也在逐步深入。政策高频关键词中"港澳""入境""粤港澳人才"等出现次数日益增多，体现出粤港澳三地的人才协同发展机制愈加成熟。

最后是政策聚焦点具有差异性和延续性的特点。一方面，不同阶段的科技创新人才政策关注的问题不一致。积极推进阶段主要注重于引进留学人员，飞速发展阶段关注高层次人才，稳步成熟阶段则将目光转向了优化人才体制机制和粤港澳人才协同，根据不同的人才战略背景和人才定位，每个阶段对于科技创新人才政策的聚焦点皆有所区别。另一方面，政策聚焦点又有一定的延续性和继承性。即使每个阶段的主要关注问题有差异，但例如博士后管理、引进留学人员、科技成果转化等政策皆在不同的时期延续，并在前一阶段的实现基础上进行了再发展，科技创新人才政策具有继承性，进一步推动科技创新人才队伍的稳步向好建设。

四 粤港澳大湾区科技创新人才队伍建设存在的问题

通过上文分析可知自1988年以来，粤港澳三地加快科技创新人才制度和政策创新，科技创新人才发展环境持续改善，科技创新人才建设合作逐步深入，科技创新人才队伍建设成绩斐然，为大湾区打造国际科技创新中心提供了坚强的人才支持。但由于所属不同关税区，拥有不同法律制度和行政体系，粤港澳三地的科技创新人才队伍建设在执行中仍存在薄弱环节，通过查阅《广东人才发展白皮书（2018）（2019）（2020）》，《广东省市2020年人才工作情况》，访谈广东省，广州市人才工作领导小组办公室熟悉工作的相关人员，广东省科技厅，广州市科技局熟悉工作的相关人员，发现粤港澳大湾区科技创新人才队伍建设存在的问题具体体现为以下几点：

（一）科技创新人才分布不均，高层次人才总量不足

由于社会发展不均衡，区域科技发展水平存在较大差异，粤港澳大湾区各城市科技创新人才数量分布呈现出一定的不平衡。根据粤港澳大湾区商学院发布的《粤港澳大湾区人才现状分析》，深圳、广州、珠海、香港、澳门的人才占比远高于东莞、佛山和中山，相应地，科技创新人才也有类似的趋势。其次，粤港澳三地制定实施了一系列引进和培养高层次科技创新人才的政策措施，取得了一定成绩，但高端人才仍相对短缺，无法适应大湾区经济快速发展和产业转型升级的需要。

（二）科技创新人才评价机制不完善

当前，粤港澳大湾区尚未建立适合高端科技人才、海外科技人才和产业科技人才发展建设的人才评价体系，亟待健全其考核评价机制。大湾区仍然存在评价考核方法相对固定单一的问题，在科技创新人才认定及项目评审中，还存在重点看学历、项目、职称，侧重评论文数和影响因子、得奖数量和级别、专利数量的做法。以经济效益、技术能力、贡献度等为标准的市场化、社会化人才评价体系尚不成熟，产业一线的科技创新人才"脱颖而出"的氛围还不够浓厚，一定程度上影响了人才向产业发展一线集聚。

（三）科技创新人才服务保障体系不健全

粤港澳大湾区科技创新人才服务保障体系尚不健全。目前一站式服务平台还存在着办事程序比较复杂、办事效率低下等问题，本土人才家属就业和两地分居等现实困难仍待处理，住房安居、医疗社保、金融支

持等服务有待进一步提升。只有不断强化人才服务保障，构建一流的人才服务保障体系，才能全方位培养、引进、用好人才，最大限度激发人才活力，为粤港澳大湾区创新驱动发展和经济高质量发展提供有力的人力资源保障。

五 推进粤港澳大湾区科技创新人才队伍建设的建议

经过二十多年的长期建设，粤港澳大湾区的科技创新人才队伍建设取得长足进展，但还不能完全满足经济发展的客观需要，仍存在一定的改进空间。大湾区需要不断优化科技创新人才建设的相关体制机制，解决人才队伍建设中存在的问题，不断提升自主创新能力，为经济社会高质量发展提供坚实的人才支持和科技创新保障。

1. 加大科技创新人才引进及培养力度

充分把握粤港澳大湾区发展的国家战略和"一带一路"倡议的历史机遇，拓宽人才引进途径，加大人才培养力度，不断激发科技创新人才创新热情，释放创新创造潜能。在科技创新人才引进方面，着眼打破人才流动壁垒，改变人才引进方式单一、人才引进审批手续繁琐等问题。同时，要重视建立适合开放型经济发展的人才体系，提高人才政策的开放性，广泛吸纳海外优秀人才。在科技创新人才培养方面，实行更具灵活性和吸引力的人才培养政策，着力改进人才培养支持机制，健全人才顺畅流通机制。并建立更具针对性的人才培养机制，重点在高层次科技创新人才培育上求突破。

2. 建立健全多元的科技创新人才评价体系

建立健全科技创新人才评价体系，为科技创新人才潜心研发、安心创业提供良好条件。要坚决破"四唯"，坚持以创新价值、能力、贡献为导向评价科技创新人才，重点突出科创人才的技术创新集成能力、成果转化能力。同时，创新建立"认定""遴选""择优"并重的高层次人才选拔体系，鼓励重点用人单位、科研平台和产业人才联合会探索自主建立科技创新人才评价标准，建设人才评价信息化平台，探索人才评价结果共享机制。

3. 加快提升科技创新人才服务保障水平

一是做好人才保障服务，为科技创新人才解决后顾之忧。要把住房安居、医疗社保、子女教育作为重点，努力为科技创新人才提供更好的生活环境，从根本上解决科技创新人才生活基础服务中面临的问题。二是健全科技创新人才公共服务机制。优化大湾区人才一站式服务窗口，提供高效、透明、便捷的一门式服务平台，最大程度简化办事程序，提高办事效率，为科技创新人才创新创业提供便利。三是加快提升国际化人才服务保障水平。优化科技创新人才生活保障环境，布局国际化人才社区，按照国际标准，打造集居住、生活、休闲等功能于一体的"国际人才社区"示范区，竭力为科技创新人才提供便利生活条件。争取在数据特区、文化娱乐、免税购物、税收标准、医疗合作、社会管理等方面打造拴心留人的环境。

参考文献

［1］刘媛、吴凤兵：《江苏三大区域科技创新人才政策比较研究》，《科技管理研究》2012 年第 1 期。

［2］李良成、于超：《基于内容分析法的广东省科技创新人才开发政策研究》，《科技管理研究》2018 年第 5 期。

［3］陈标新、徐元俊、罗明：《基于粤港澳大湾区建设背景下的科技创新人才队伍建设研究——以东莞市为例》，《科学管理研究》2020 年第 1 期。

［4］邓琦：《促进港澳青年投身大湾区国际科技创新中心建设的挑战与对策》，《科技管理研究》2021 年第 2 期。

［5］孙殿超、刘毅、王春明：《粤港澳大湾区科技创新人才政策演化特征及关系网络分析》，《世界科技研究与发展》2022 年第 2 期。

［6］赵超：《推进粤港澳大湾区科技人才队伍建设》，《中国人才》2021 年第 6 期。

［7］孙殿超、刘毅：《广东省科技人才政策分析及人才资源分布研究》，《科技管理研究》2021 年第 15 期。

［8］陈敏、苏帆：《改革开放 40 年广东科技人才政策发展历程研究》，《科技管理研究》2020 年第 7 期。

［9］刘佐菁、江湧、陈敏：《广东近 10 年人才政策研究——基于政策文本视角》，《科技管理研究》2017 年第 5 期。

[10] 孙殿超、刘毅:《广东省科技人才政策分析及人才资源分布研究》,《科技管理研究》2021 年第 15 期。

[11] 黄萃、赵培强、李江:《基于共词分析的中国科技创新政策变迁量化分析》,《中国行政管理》2015 年第 9 期。

[12] 李燕萍、刘金璐、洪江鹏、李淑雯:《我国改革开放 40 年来科技人才政策演变、趋势与展望——基于共词分析法》,《科技进步与对策》2019 年第 10 期。

[13] 杨月坤、粟茂:《高层次科技创新人才队伍建设的战略思考——以常州市为例》,《工业技术经济》2009 年第 4 期。

加快发展职业教育，建设粤港澳大湾区高水平技能人才高地

陈 姗[*]

（郑州大学）

摘要： 粤港澳大湾区的快速发展对人才提出了新的要求，培养数量充足、能力过硬的技术技能人才是粤港澳大湾区建设发展的关键。大力发展职业教育，是建设粤港澳大湾区高水平技能人才高地的重要内容，是为粤港澳大湾区建设输送高质量技术技能人才的重要举措。粤港澳大湾区技能人才在快速发展的同时也存在一些问题，建议围绕"六个聚焦"——聚焦立德树人、聚焦产业发展、聚焦产教融合、聚焦职业培训、聚焦教育改革、聚焦协同创新，多方面加快推动粤港澳大湾区职业教育起高峰、成高原、建高地，打造粤港澳大湾区高水平技能人才高地。

关键词： 粤港澳大湾区；技能人才高地；职业教育

一 粤港澳大湾区高水平技能人才高地建设的背景意义

大国之路，匠心筑梦。技能人才特别是高技能人才是工人阶级队伍中的优秀代表，是我国人才队伍的重要组成部分，是支撑中国制造、中国创造的重要力量，在新发展阶段肩负着深入实施创新驱动发展战略的重要使命，是企业提升竞争能力、提高经济效益的重要基础，也是稳定和扩大就业、实现共同富裕的关键。党的十八大以来，党中央、国务院

---

[*] 陈姗，郑州大学考试与人才测评研究中心博士研究生。

高度重视技能人才工作。习近平总书记多次作出重要指示批示，要求健全技能人才培养、使用、评价、激励制度，大力发展技工教育，大规模开展职业技能培训，加快培养大批高素质劳动者和技术技能人才。

（一）建设高水平技能人才高地，是建设大湾区高水平人才高地的重要内容

2021年9月，习近平总书记在中央人才工作会议上提出加快建设世界重要人才中心和创新高地的战略目标，在北京、上海、粤港澳大湾区建设高水平人才高地的目标要求。建设粤港澳大湾区高水平人才高地，需要提升科技创新，打造全球科技、产业创新中心，需要建设与世界级科技、产业创新中心相匹配的科技创新基础设施平台、产业转化平台、产业孵化平台，而新的研究成果、新的产业创新要落地实施，离不开大量高水平技术技能人才的支撑。

（二）建设高水平技能人才高地，是促进大湾区社会经济发展的重要因素

技能人才是实现"中国制造2025"的重要因素，是我国迈向制造强国的重要基础。一个国家的制造业和实业，是衡量国家发达程度的重要指标，决定着国家发展的内生动力。随着新技术的不断进步，实体经济与虚拟经济之间需要平衡发展、融合发展。技能人才是促进发展实体经济的重要群体，只有建设好技能人才队伍，实体经济才会有发展。

（三）建设高水平技能人才高地，是推动大湾区产业快速发展的重要支撑

粤港澳大湾区经济实力雄厚、教育基础良好，具有建设高水平人才高地的巨大潜力和广阔前景。进入新发展阶段，云计算、物联网、大数据、人工智能等新技术的发展，不断催生着新产业、新业态、新岗位。大湾区的产业发展方向是战略性新兴产业集群，未来大湾区的产业发展将紧密围绕科技研发、先进制造业、新兴服务业等产业，需要大批的技术技能型人才参与。

二 粤港澳大湾区技能人才发展现状和问题

（一）粤港澳大湾区技能人才发展现状

随着我国进入高质量发展新时代，创新已成为经济社会发展的第一驱动力，粤港澳大湾区要释放巨大的经济增长潜力，需要通过创新驱动来改变经济发展主要依靠资源和低成本劳动力等要素的投入的状况，而以创新驱动为核心的发展方式，亟须通过职业教育培养一批高素质的技能技术人才。大湾区高度重视推进技能人才队伍高质量发展，取得了一系列成绩。

一是技能人才队伍总量持续增加。截至2021年，广东省技能人才总量达1762万人，其中高技能人才593万人，占比达33.7%；以"粤菜师傅""广东技工""南粤家政"三项推动技能人才队伍高质量发展的创新工程为抓手，累计培训797万人次，带动就业创业247万人次，为制造业高质量发展提供了强有力的技能人才支撑。

二是职业教育体系规模持续扩大。广东省全省目前拥有职业院校478所，在校生204.1万人；技工院校148所，在校生63.4万人，约占全国1/7；全省技工院校共开设341个专业，基本覆盖全省现代产业主要领域，建立了全国规模最大的技工教育体系，成为服务产业发展、就业创业、乡村振兴、共同富裕的"加速器"。

三是技能人才发展机制持续创新。建立以职业能力和工作业绩为核心的技能人才评价机制，落实"政府+企业"的评价模式，实行适应岗位要求的多元评价办法，推进技能人才企业自主评价，形成"政府统筹、标准统一、多元评价、规范通用"的人才评价体制机制。实施"湾区人才"工程，推进粤港澳大湾区职业资格认可和技能人员职业资格"一试三证"考试，推动三地人才协同发展。

四是职业技能培训持续展开。2021年广东省重点开展百万产业工人和百万职业农民培训行动，开展各类补贴性职业技能培训326.5万人次，近300所职业院校开展4000余个职业培训项目，全年培训115万人次。

(二) 粤港澳大湾区技能人才发展存在的问题

当前，粤港澳大湾区已进入从要素驱动、投资驱动向创新驱动转变的高质量发展新阶段，人才队伍亟需转型升级，技能人才的发展也面临着新的挑战。

一是技能人才总量不足，供需矛盾突出。大湾区整体技能水平还跟不上经济结构调整、技术进步和市场变化，新职业、新型技能人才的培养仍落后于产业发展。随着智能制造、数字化生产浪潮兴起，在部分重点行业领域和区域，新型技能人才短缺已成为制约产业升级的瓶颈。

二是高技能人才缺口较大，难以适应产业迈向中高端需求。大湾区经济社会发展迫切需要大量新型高素质技能人才——既有扎实的理论知识又有精湛的专业技能，既可以解决复杂的技术问题还具备创新能力。目前，广东省高技能人才占技能人才比例仅为33.7%，远低于发达国家平均水平。据有关数据统计，近三年来珠三角地区80%的技能人才只适应中低端岗位就业要求，难以满足高端产业对技能人才的需要。

(三) 粤港澳大湾区技能人才发展存在问题的归因分析

职业教育是国民教育体系和人力资源开发的重要组成部分，肩负着培养高水平技术技能人才的重要职责。粤港澳大湾区现有职业教育培养模式普遍与产业高质量发展要求不相匹配，主要表现在以下几个方面。

一是人才培养结构失衡。专业布局与产业结构布局不匹配，第二产业的专业结构远低于产业结构，第三产业的专业结构远高于产业结构；专业结构调整滞后于产业发展，对经济产业发展的敏感力弱、缺少对应新兴产业建设新专业的前瞻性，没有形成有效的专业动态调整机制；部分高职院校在办学过程中不顾自身办学基础与特色，盲目追求"大而全"的办学规模，各学校间的专业设置重复现象突出，最终导致技术技能人才培养的层次、规模、质量均难以满足区域经济社会转型升级的需要。

二是办学类型单一，办学模式僵化，不能适应各类人员升学、就业、转岗和技术技能提升等多样化的学习需求。市场经济发展要求职业教育向多元化发展，目前以政府单一办学为主的体制，不能满足人们对职业教育多元化发展的需求，不能合理地发挥市场在职教资源配置中的作用，不利于发挥行业企业在职教发展中的主导作用，同时政府在办学指导中的越位与缺位，限制了职业教育的发展与活力。

三是人才培养定位不准确，没有根据本地区经济发展状况、本行业需求特点来培养人才，在资源建设、教学模式、评价模式等方面滞后行业企业的需求，学校培养的人才素质不能随着产业的升级而升级。

四是师资队伍建设有待加强。虽然教师的学历和结构在不断优化，但是与大湾区的教育规划差距还很大。一方面，在数量上，高职学校的教师规模增长缓慢，中职学校的教师数量逐年下降，难以支撑粤港澳大湾区的职业教育建设；另一方面，师资队伍建设还是相对落后。"双师型"职业技术教师是培育高素质技术技能人才的关键力量，需求旺盛，但目前大湾区"双师型"素质教师的数量较少，且增长缓慢，难以满足技能人才培养的需要。

五是职业教育的协同发展尚不完善。大湾区成立后，虽然三地政府多次进行交流，但目前仍未完全实现三地职业教育的协同发展。广东省职业教育规模大、学校和生源多，香港特区职业教育与国际接轨，澳门职业教育主要为服务业发展培育人才。三地的职业教育各具特色，教育体系存在差异，教育模式和标准不一，缺少统一的领导和有效的合作机制。

三 粤港澳大湾区高水平技能人才高地建设的路径探索

习近平总书记在全国职业教育大会上指出，在全面建设社会主义现代化国家新征程中，职业教育前途广阔、大有可为，要加快构建现代职业教育体系，培养更多高素质技术技能人才、能工巧匠、大国工匠。职业教育肩负着培养多元化人才、传承技术技能、促进就业创业的重要使命，承担着培养数以万计的高素质劳动者和技术技能人才的历史重任。因此，加快建设粤港澳大湾区高水平技能人才高地，必须做到职业教育起高峰、成高原、建高地。

聚焦立德树人，坚持为国育才。一是加强党的领导，以"把方向、揽全局、抓思想、建队伍、促党建"为总要求,把党的建设和思想政治工作优势转化为发展优势。坚持和完善党委领导下的校长负责制,坚持党委对学校实行全面领导,切实履行管党治党、办学治校主体责任,发挥好院系、师生基层党组织的战斗堡垒作用,把党的教育方针全面贯彻到学校工作各方面、人才培养全过程。二是坚持以立德树人为根本,探索符合职业教育特点的思想政治工作体系和方法,构建大中小一体化的思政工作体系和"五育"并举人才培养体系,将社会主义核心价值观教育贯穿技术技能人才培养全过程;构建高质量、一体化的德育工作体系,持续加大德育工作力度,把德育融入课堂教学、技能培养、实习实训等各环节,逐步健全德育政策体系,不断丰富德育内容体系,创新发展德育实施体系,持续完善德育保障体系,提高思想政治教育的实效性。三是健全德技并修、工学结合的育人机制,将理想信念、工匠精神、质量意识、信息素养融入人才培养全过程,努力营造尊重技能、崇尚技能、学习技能的浓厚氛围,着力培养既具备政治认同、职业精神、健全人格等核心政治素养,又具备精湛的技术技能水平,堪当民族复兴重任的时代新人。

聚焦产业发展,优化专业结构。一是改革人才培养方案。坚持以服务社会为导向,引导行业企业深度参与,把握产业升级和技术变革趋势,积极推进课程内容和行业标准、生产流程等对接,构建面向新兴产业与未来产业发展需求的课程教学内容体系,建立产业、行业、企业、职业、专业"五业"联动机制,实现专业与产业对接、课程与职业对接,不断提高服务发展能力。二是健全专业动态调整机制。鼓励各学校做好大数据统计,根据大湾区内产业未来梯度布局的需要,紧贴世界产业发展前沿,对接"十四五"并面向2035年进行前瞻性布局,有针对性地引导开设相关专业,分批建设一批世界一流应用型专业(群)。开设高端产业紧缺人才专业,推动专业链与人才链、产业链同频共振、深度融合,更为精准地培养复合型、技术技能型人才,满足企业需求,破解人才供给与产业需求的结构性矛盾。三是凝练学校办学特色。按照"一校一策、错位发展"的思路,结合学校办学定位和发展特色,突出重点,凝练优势,构建定位准确、错位竞争、优势互补、各有所长、有序发展的职业院校建设新格局。

聚焦产教融合，增强发展动力。一是建设特色职业教育园区。学习和借鉴德国、瑞士应用技术大学培养高技能人才的先进经验，探索建设示范性"粤港澳大湾区特色职业教育园区"，将其打造成世界一流职业教育国际交流区和国家职业教育高地。以先进制造、高端制造领域的工科教育为主，重点培养本科、专业硕士层次的高技能人才和高水平工程师，吸引国内外一流职业教育教师和学生。二是推动产教融合协同发展。促进职业院校、行业企业、科研院所、地方政府协同发展，探索在"粤港澳大湾区特色职业教育园区"内以混合制模式共建一批产业学院、政校企共建的职业培训学院，精准对接产业和城市发展需求，构建人才培养、技术应用研发和社会服务"三位一体"的新型职业教育生态系统，促进教育链、人才链与产业链、创新链有机衔接，在互动共赢中增强发展动力。三是提升校企合作水平。一方面，充分发挥企业办学主体作用，鼓励企业依托或联合职业学校、实践基地开展生产性实习实训，以引企驻校、引校进企、校企一体等方式，实现校企专业共建、课程共担、教材共编、师资共训、基地共享；另一方面，在人才培养、技术创新、社会服务、就业创业、文化传承等方面深度合作，通过激励机制，引导企业把最新生产技术和最先进设备提供给职校，让职校掌握前沿技术，形成校企命运共同体；

聚焦职业培训，打造技能社会。一是加强技能人才职业培训。聚焦重点发展领域，加快建立产、学、研高度对接的高技能人才职业培训教育体系，强化政府引导，发挥职业院校主阵地作用，形成政府、行业、企业、院校、社会共同参与，理论与技能提升并重的培养方案，为技术产业工人终身学习技能提供有效支撑，为农民工、未就业学生、退役军人、失业人员、残疾人等群体提供更有针对性的技能培训服务，有效增加高技能人才供给。二是突出考证持证，落实技能学习终身化，面向社会广泛开展职业培训，推进"人人持证"，建立并推行覆盖城乡全体劳动者、贯穿劳动者学习工作终身、适应就业创业和人才成长需要以及经济社会发展需求的终身职业技能培训制度。三是完善人才评价体系。把企业规模、运营绩效、社会评价、行业影响、人才薪酬等市场化评价要素纳入高层次人才分类评价标准；探索打通"专业技术职称+高技能人才"职业发展双向通道，建立优秀技能人才技能资格越级申报、技能等级直接认定制度；建立完善的大湾区职称评价和职业资格互认机制，推动扩大跨境执业资格准入范围，逐步放宽港澳专业人才在大湾区（内地）执业限制。

聚焦教育改革，建设职教高地。一是建设高水平职业院校。巩固中职基础地位，强化高职主体地位，提升学校治理水平，加强内涵建设，积极构建理念先进、管理精细、设施完善、特色鲜明、省内一流、全国知名的高水平职业院校和高水平专业。二是发展高层次本科职业教育。强化顶层设计，高标准建设职教本科学校和专业，主动服务产业基础高级化、产业链现代化；坚持守正创新，保持职业教育办学方向不变、培养模式不变、特色发展不变，同时推进育人方式、办学模式、管理体制、保障机制改革。三是完善现代职业教育体系。一方面推进纵向贯通，加快建立职教高考制度，一体化设计职业教育人才培养体系，完成各层次职业教育专业设置、培养目标、课程体系、培养方案衔接，实现"中职—专科高职—应用型本科—专业学位研究生"的贯通式培养，搭建完整的职业技能人才成长"立交桥"；另一方面推进横向融通，加强各学段普通教育与职业教育渗透融通，在普通中小学实施职业启蒙教育，推动中等职业学校与普通高中、高等职业学校与应用型大学课程互选、学分互认，建立学分认定标准体系和学习成果认证与转换机制，构建服务全民终身学习的教育体系。

聚焦协同创新，服务社会发展。一是完善协同创新机制建设。围绕大湾区高质量建设发展，着眼于区域群体，发挥各自优势和特色，通过体制机制创新、政策制度保障、资源整合提升，搭建大湾区职业教育交流合作平台，形成一体化的利益共同体、发展共同体，在招生就业、培养培训、师生交流、技能竞赛、实训基地等方面达成合作发展协议，实现大湾区职业教育与区域经济社会的协调发展。二是增强科研创新能力。一方面，引导和支持职业院校面向生产一线开展技术科研创新，与企业共建一批技术技能创新服务平台，积极参与重大科技平台、重大项目、重大园区建设；另一方面，完善高校科技成果转化激励政策、管理体系和支撑服务体系，强化技术开发和创新成果本地转化能力，提升服务大湾区经济和制造业高质量发展的创新能力。三是加强对外合作交流。加大与共建"一带一路"国家以及职业教育发达地区开展务实合作，为周边国家和地区提供技能人才培养、职工培训、师资培训等服务；支持国外教育机构与大湾区职业院校开展合作办学，实践"双元制""教学工厂"等办学模式；探索构建符合省情的职业教育国际交流与合作机制，打造具有大湾区特色的职业教育合作交流品牌。

四 结语

在粤港澳大湾区经济走向高质量发展、亟须壮大实体经济的情况下，迫切需要发展高水平职业教育，培养数量充足、能力过硬的技术技能人才作为支撑与保障。在新发展格局下，加快发展大湾区职业教育，始终坚持立德树人、服务产业发展、推动产教融合、促进职业培训、深化教育改革、构建协同创新新生态，推动大湾区高水平技能人才高地建设，对于大湾区建设大湾区高水平人才高地、打造世界级湾区有着重要意义。

参考文献

[1] 中共中央、国务院：《粤港澳大湾区发展规划纲要》，人民出版社 2019 年版。

[2] 广东省委、省政府：《关于贯彻落实〈粤港澳大湾区发展规划纲要〉的实施意见》，《南方日报》2019 年 7 月 5 日。

[3] 阎豫桂：《粤港澳大湾区打造世界一流创新人才高地的思考》，《宏观经济管理》2019 年第 9 期。

[4] 常莉俊、何建华、辛占华：《粤港澳大湾区高等职业教育协同发展的实现路径》，《河北职业教育》2022 年第 1 期。

[5] 董平、李艳娥：《教育生态学视域下粤港澳大湾区职业教育生态发展探究》2019 年第 10 期。

我国人才共享平台的建设现状及其对粤港澳大湾区人才高地的启示

易槐凯　黎晓丹

（广东财经大学人力资源学院）

摘要：人才共享平台是基于大数据、云计算等互联网技术，在政府政策支持的条件下，服务企业和人才的第三方平台。我国长三角和京津冀地区人才共享平台的建设已有一定的基础，在服务区域人才活动上发挥了重要的作用。随着粤港澳大湾区的快速发展，区域内部城市集群对于人才的需求呈现出不断增加的趋势。本文通过梳理与分析我国长三角和京津冀地区人才共享平台的建设现状，就如何打破粤港澳大湾区目前存在的人才发展困境问题，为打造粤港澳大湾区人才高地提供建议。

关键词：人才共享平台；粤港澳大湾区；人才共享

一　引言

2021年9月27日至28日，中央人才工作会议在北京召开，在大会上总书记明确表示我国人才工作站在一个新的历史起点上，在系统概括新时代人才工作的新理念新战略新举措的八个"坚持"基础上提出了部分中心城市、区域建设吸引和聚集人才平台的以支点为关键辐射全国的人才战略，深化人才发展体制机制改革，打造科技领军人才和创新团队、全方位培养、引进、用好人才的人才事业发展蓝图。由于新冠肺炎疫情的影响，企业生存受到了前所未有的挑战，中小型企业在经营过程中面临着人才成本高昂、科技创新经费不足等问题。此外，由于部分城市、地区缺少人才保护政策，人才流失问题严重，人才吸引力低。如何解决目前大部分城市面临的人才问题困境，帮助企业提升科技创新竞争力，实现地区智力流通、人才共享是目前我国人才工作的主要问题。

面对人才发展问题，打造人才共享平台能有效地解决粤港澳大湾区存在的难点，利用人才共享平台的特点，深化人才发展机制，提高人才资源的合理运用，最终达到建设粤港澳大湾区人才高地的目标。我国长三角和京津冀地区经济发展良好，科技创新能力级别高，地方政府出台过多项政策鼓励进行人才活动，民营企业对于人才活动同样持支持态度，在实践上已具备人才共享平台的基本模式。接下来，本文将重点分析我国具有代表性的长三角与京津冀两个区域的人才共享平台建设情况，最后，针对粤港澳大湾区现存的问题提出大湾区人才共享平台建设的对策与建议。

二 我国人才共享平台的建设现状

（一）长三角人才共享平台

1. 长三角人才共享平台现状

长江三角洲地区简称长三角，包括上海市、江苏省、浙江省和安徽省共41个城市。2020年，地区GDP生产总值达24.5万亿元。[①] 长三角是近年来中国城市群中经济发展最活跃、对外开放程度最高以及创新协同能力最强的区域之一。长三角凭借其原有的产业基础与雄厚的科技人才资源，在高端装备制造业、电子信息制造业、新材料以及生物医药等方面取得了许多优秀成果。长三角地区政府结合地区优势推出多项政策，以下是长三角有关人才共享的相关政策：

2018年11月5日，总书记在首届中国国际进口博览会上宣布支持长江三角洲区域一体化发展并上升为国家战略，标志着长三角区域进入新的历史阶段。长三角区域的一体化发展肩负着国家战略目标，在人才工作上更加专业和规范化。2019年，杭州市、南京市、合肥市、宁波市等就以"构建长三角跨区域人才共同体"为目的签署了《长三角"十市

---

① 长三角与长江经济带研究中心《长三角地区41个城市经济增长报告（2020年）》https://cyrdebr.sass.org.cn/2021/0520/c6129a105415/page.htm，2021-05-20。

一区"新一轮人才合作框架协议》,加大了人才合作范围和人才引育留用乃至保障等方面,目标构建和形成长三角地区多维度示范性合作新机制,为推进人才资源共享,搭建人才交流共享平台奠定了扎实的政策基础。同年12月中共中央、国务院公布《长江三角洲区域一体化发展规划纲要》,提出探索人才柔性流动机制。2020年1月8日,浙江省发布《浙江省推进长江三角洲区域一体化发展行动方案》,浙江将支持民营企业在上海等地设立"飞地孵化器",进一步提出柔性引进高端创新人才,弱化人才的归属问题,强调高端创新人才的智力资源因素。同年4月《长三角一体化江苏实施方案》顺利推出,江苏将实行人才评价标准互认制度,制定相对统一的人才流动、创业等政策,为推动人才资源互认共享,完善人才柔性流动机制做出了重要作用。

此外,长三角为推进区域人才共享发展还做出了许多建设性努力。如,运用信息化手段,完善人才电子化审批系统,实现专技人才"跨域、互认和共享";区域内城市联合开展人才同城共建座谈会,签署战略合作协议,聚焦人才同城招引、服务、培育等重点领域,共同构建人才资源共享、政策协调、制度衔接、服务贯通的同城化人才生态;高校与研究院间成立示范基地,实施创新创业共享行动,推进高校间优势学科的交叉合作以及产学研协同创新,促进科技资源及人才资源开放共享。

2. 长三角人才共享平台建设效果

2020年国务院下发文件,针对长三角地区区域一体化发展目标,鼓励江苏省南京市雨花台区探索人才共享新模式,打造IT人才共享平台,对接人才资源充足和有研发任务但动力不足的企业,实现人才共享。雨花台地区为代表的长三角IT人才共享平台搭建仍然处于起步阶段,但该区域的人才共享平台主动投入大量资金支持引导经费,对在辖区内注册并使用平台进行人才共享的供需双方企业分别给予奖励,给予了较大程度的可视化服务与全流程监管,这对于后疫情时代区域搭建人才共享平台起到典型的示范作用。

此外,武汉市大数据企业就人才共享战略方向与政府合作规划了未来的发展方向,主要从平台搭建、政企和人才三方服务等方面落实。而这一"政企结合"模式的人才共享平台的成功搭建,创新了人才共享发展的局面,为未来人才共享平台深化构建打下了良好的现实基础。

2020年11月，长三角人才一体化发展圆桌论享会于长三角人才枢纽杭州召开，会议上介绍江干区医疗保健、子女教育等优势项目，为人才提供多类服务。2021年，界首市与企事业单位打造高端聚才平台，累计建设院士工作站8家、博士后工作科研站11家，为加速集聚外地人才资源、实现人才共享奠定基础。① 此外，长三角积极拓展创业服务，开设"黄浦·姑苏同城创业云课堂"，开展线上分享活动4期，从文创品牌经营、商演技巧等多个角度利用线上直播形式与两地创业者讲解创业知识，累计参与1074人次数。②

3. 长三角地区人才共享平台的启示

（1）统一精确的政策法规是人才共享平台的基础保障。长三角地区人才共享机制的稳定运行离不开政策法规的保驾护航，在多级政府共同管理的情况下，如果没有统一精确的政策法规将无法顺利实现人才共享。长三角地区发挥统一协作优势，各级政府在出台政策上积极协调，避免了区域之间政策冲突的问题。

粤港澳大湾区作为全球湾区经济发展过程中唯一跨越不同法律基础、政治制度、监管体系等的区域经济共同体，在人才政策、科技创新等方面存在多种差异。倪外（2020）提出在差异性的政策及条件下，降低区域制度性成本，加强制度突破与创新直接决定了大湾区一体化发展的成效。搭建人才共享平台需要各地打破固定人才发展模式，共筑人才共享机制，基于此粤港澳大湾区需要在国家法律框架下制定出一套与国际接轨，适应大湾区实际情况的法规标准，有效保护共享下人才的权益与成果。

（2）政府与市场科技猎头企业的牵头作用不容忽视。孙锐（2016）认为，在市场和政府对待人才的关系层面上，人才体制改革的核心问题是处理好政府与市场的关系。政府具备强大的执行力，能精准地进行资源配置、政策帮扶等活动，而市场通过激励自由竞争、追求创新等方式进行人才机制的合理运行。结合长三角平台搭建的成功案例，其中政府

---

① 金台咨询：《界首市：融入长三角 共享人才圈》，https://baijiahao.baidu.com/s?id=1717278388278496980&wfr=spider&for=pc，2021-11-24。

② 上海市人社局：《"黄浦—姑苏"共建共享，加快推动"长三角"创新创业一体化发展》，http://rsj.sh.gov.cn/thp_17092/20220225/t0035_1405984.html，2022-02-26。

与市场科技猎头发挥的互相配合作用最为明显。

基于以上两个观点，在以打造人才高地为最终目标构建的人才共享平台不能忽视政府和市场的深刻关系，协调政府与市场的关系将对人才共享平台的健康发展起到关键作用。

（二）京津冀地区人才共享平台

1. 京津冀地区人才共享平台建设现状

京津冀地区是中国的"首都经济圈"，2020 年地区 GDP 达到了 8.6 万亿。[①] 京津冀城市群包括北京、天津两大直辖市，更囊括了河北省多个城市和河南省的安阳。京津冀地区贯彻协同发展战略，强调人才的重要地位，追求创新发展。

2011 年，京津冀三方在廊坊签署了《京津冀区域人才合作框架协议书》，同时提出六大人才共享举措。2015 年，北京、河北组织部门联合出台《关于围绕京津冀协同发展进一步推进京冀干部人才双向挂职的意见》，连续五年每年互派 100 名干部双向挂职交流;[②] 同年京津冀三方在协同发展试验示范区的"通武廊"签署了《"通武廊"区域人才合作框架协议》，以人才为突破口建立了人才工作联席会议制度。2016 年，京石签订《区域人才合作协议》，推动京石两地的人才合作向更深层发展。同年 10 月，京津冀三地人社部门签订《关于京津冀专业技术员职称资格互认协议》，标志着京津冀人才职称互认机制已初步建立，三地人社部门共同推动评审结果互认。2017 年 2 月，"通武廊"三地在北京通州签署推进通武廊战略合作发展框架协议，确定了产业、生态等八个方面务实合作内容。2017 年京津冀三地共同发布了《京津冀人才一体化发展规划（2017—2030 年）》。在人才一体化的过程中，京津冀三地不断地创新、丰富项目合作方式，同时搭建人才数据库，共享人才信息。在 2020 年，三地人才中心负责人签署了《京津冀公共人才服务协同发展合作协

[①] 北京日报：《2020 年京津冀区域经济稳步回升，地区生产总值达 8.6 万亿元》，https://ie.bjd.com.cn/5b165687a010550e5ddc0e6a/contentApp/5b16573ae4b02a9fe2d558f9/AP603ccf27e4b0063e4e6c6cdc?isshare=1&app=138a1b6a863f119a&contentType=0&isBjh=0，2021-03-01。

[②] 中国政府网：《硬核！京津冀"共享人才"》，http://www.gov.cn/xinwen/2021-02/22/content_5588229.htm，2021-02-22。

议》，标志着京津冀公共人才服务一体化进程正式迈入快车道。

2. 京津冀地区人才共享平台建设效果

"京津冀招才引智大会"是京津冀地区为推动京津冀人才协同发展，助力河北省引进高层次人才推出的人才项目。2019年第七届"京津冀招才引智大会"有184家企业参加，提供岗位7156个，设置京津专区和雄安专区，共吸引2850位各类高层次人才入会求职。大会上还创新开展了猎头引才活动。[①] 2017年，京津冀推出"通武廊"高层次人才服务绿卡，共有来自京津冀三地的29名高层次人才获得首批服务绿卡，持绿卡的高层次人才在"通武廊"三地间流动，可享受三地相应的人才政策，按标准分层级等同化互认并共享三地创新平台资源；在三地创办的企业，可由当地人才办协调相关部门优先办理相关手续、科技政策等服务；同时还可享受健康体检、休假疗养活动等等。[②] 同年，三地组织召开京津冀引智合作联席会和留学回国工作联席会，为三地外国人才的引进、留学人才回国工作制定年度合作计划，标志着京津冀在人才工作的深度合作。2022年1月，通州区举办京津冀协同发展招聘活动暨通州—北三县专场网络招聘会，涉及通州区美丽潮流职业技能学校等78家单位，新媒体运营、电器工程师等330类职位，累计提供了2856个岗位。[③]

与此同时，人才共享模式已成为京津冀地区扶贫攻坚的重要组成部分。北京、天津与河北张承保地区28个县（区）建立扶贫协作机制，近五年来，京津两市除了向受援地区累计投入财政帮扶资金62.85亿元，实施项目2356个，引导373家企业投资300.46亿元之外，还选派挂职干部和技术人才2367人。[④]

3. 京津冀地区人才共享平台启示

（1）注意地区经济发展水平。2020年，北京、天津、河北地区生产

---

① 中国政府网：《硬核！京津冀"共享人才"》，http://www.gov.cn/xinwen/2021-02/22/content_5588229.htm，2021-02-22。

② 中国政府网：《京津冀合推人才绿卡制度》，http://www.gov.cn/xinwen/2016-10/15/content_5119631.htm，2017-12-20。

③ 北京市人社局：《今年首场京津冀招聘活动提供近3000岗位》，http://rsj.beijing.gov.cn/xwsl/mtgz/202201/t20220125_2599510.html，2022-01-21。

④ 中国政府网：《硬核！京津冀"共享人才"》，http://www.gov.cn/xinwen/2021-02/22/content_5588229.htm，2021-02-22。

总值分别为 36102.6 亿元、14083.7 亿元和 36206.9 亿元，北京经济基础稳定；天津市以制造业支撑京津冀地区发展；河北省产业转型升级加快，第三产业增长稳定。不同城市地区的经济发展水平深刻地影响着人才吸引力。

粤港澳大湾区部分城市的城镇化率较低，生活基础设施等较广州、深圳等一线城市差。此外，由于高新技术企业集中坐落于一线城市，在人才的就业选择、薪资标准方面上一线城市有着巨大优势。因此，虽然二三线城市具备生活成本低、发展空间大等优势，但是大部分高层次人才在粤港澳大湾区中更偏向于选择经济发展较好的城市，部分二三线城市容易面临人才流失、人才引进困难等问题。

（2）教育水平不平衡。以 2019 年京津冀地区的 211 高校数量为例，北京有 24 所，天津有 3 所，河北仅有 1 所，三地教育水平的不平衡导致人才资源分布不均，人才培育和人才储备出现较大差距，不利于京津冀协同发展的进一步深化。

粤港澳大湾区内教育水平同样呈现较大差距，广州市内小学、初中、高中数量共计 1531 所①，不论是教学设施还是师资力量都超过大部分粤港澳大湾区城市。虽然部分高校在其他城市设立了分校区，但是二三线城市的教育水平仍然无法与一线城市相比较。未来粤港澳大湾区能否加强教育合作，推动教育资源合理分配，是实现区域城市人才后备力量协同发展的重要问题。

（3）人才共享方式与落实现状仍有待提高。学者何琪（2012）认为人才共享属于人才流动的一种形式。基于这种观点，人才共享方式与人才流动方式产生紧密联系。因此，为了充分落实人才共享需要消除人才流动的障碍。学者郭庆松（2006）则认为人才共享的方式可以根据不同角度分为宏观角度区域、中观层面的用人单位和微观个体三方面进行共享，不同角度具有不同共享方式。

从这三种维度出发，在落实人才共享方式过程中首先需要区分人才共享的具体形式，再依据实际情况制定科学准确的人才共享方式。在京

---

① 广州市教育局：《2020 学年广州市教育事业发展统计公报》，http://jyj.gz.gov.cn/gkmlpt/content/7/7850/post_7850770.html#258，2021-10-20。

津冀地区，三方政府协同出台政策，极大地降低了人才流通的成本，推动了人才共享。

基于以上分析，未来粤港澳大湾区不同城市需要在人才共享方式上应不断创新，吸引更多人才。同时对于区域内部城市发展不均、教育水平不平衡的问题，应该及时调整城市发展策略，加快城市建设，为吸引人才提供物质基础保障。

三 粤港澳大湾区现状及人才发展问题探析

（一）粤港澳大湾区发展现状

粤港澳大湾区地处我国东南沿海地区，共有 11 个城市，其中包含广州、深圳、佛山等经济、科技综合实力强劲的城市，产业结构稳定；2020 年创造经济总量超 11 万亿元，以不到全国 0.6% 的面积，创造了全国 12% 的 GDP，被誉为"中国第一湾"[1]。《2020 年全球创新指数》显示，在世界前 100 科技集群排名中，深圳—香港—广州科技集群位居全球第二[2]。但是，粤港澳大湾区与世界三大湾区在科技发明与产学研上仍有差距，且粤港澳大湾区内的区域协同未成熟，部分城市的科技创新水平较落后。大湾区内不同城市的发展越不平衡，其人才聚集效能的可持续动力面临的危机越大。目前，粤港澳大湾区与国内其他发达区域相比，对知识型人才的吸引力不理想。在 2021 全国城市人才吸引力排行榜上，大湾区内只有深圳和广州位列前十，其排名分别为第 3 和第 4。2019 年广州人才流入占比 3.9%，人才流出率 3.3%；深圳人才流入占比 4.7%，人才流出占比 4.6%；上海市人才流入占比 5.2%，人才流出占比 4.8%。深圳是粤港澳大湾区内知识密集型产业的代表城市，但是在人才流入与流出占比上均比广州市高，同时其人才流入占比不如上海。而广州由于生活成本低，虽然人才流出占比低，但是人才流入占比与上海相差大。

---

[1] 新华社：《湾区潮涌千帆竞——写在〈深化粤港澳合作 推进大湾区建设框架协议〉签署 4 周年前夕》，http://www.gov.cn/xinwen/2021-05/16/content_5606822.htm，2021-05-16。

[2] 世界知识产权组织，https://www.wipo.int/global_innovation_index/zh/2020/，2020-12-09。

(二) 粤港澳大湾区人才发展问题

1. 城市建设水平差距大，人才吸引力不均，各地人才产出质量不均

就粤港澳大湾区整体发展而言，香港、澳门、深圳以及广州因政策、经济基础、区位等因素，各方面实力远超粤港澳大湾区其他城市，虽然在经历四年的大力建设后，粤港澳大湾区各个地区的发展均有明显的进步，但是在进行城市的评价时城市差距仍然处于较大的层面上。城市的建设水平差距不均，企业入驻情况也会有明显的不同，人才的吸引力也会造成影响，中山、江门、惠州、肇庆等城市的产业升级缓慢，与缺乏人才之间形成了不良循环。更多的人才愿意到交通便利、就业灵活、薪资待遇高的一线城市如广州、深圳等工作，而如云浮、肇庆等边缘粤港澳大湾区城市对于人才的吸引力而言远远小于其他粤港澳大湾区城市。

中国千禧一代即将迎来大学毕业，新生一代员工队伍将加入互联网成长时代的新鲜血液，新生代青年自主性强，追求自我价值的实现与高水平的生活质量，对灵活性、开放性的要求高，线上活跃，结婚率与生育率低，对于人才的吸引方法不再像过去一样以各项补贴就能满足其需求。珠海作为粤港澳大湾区城市之一，素有"宜居城市"之称，但是科技贡献奖励政策、人才吸引政策已逐渐丧失对青年人群的吸引力，人才流失问题严重。究竟什么是当代科技人才、新生青年群体需要的值得深思熟虑，是否能解决当代新生代人才的痛点，帮助青年群体克服工作生活上的难点，将是未来城市能否吸引人才、留住人才的关键一环。

粤港澳大湾区大量高等教育城市聚集在广州为中心的城市集群，大量较为优质的大学生资源也同时聚集在广州，粤港澳大湾区其他城市与广州城市集群所具备的院校数量、师资水平、学术研究结果等进行对比时会形成较大的差距。类似地，香港特区、澳门特区也同样出现如此的情况。基于以上情况，各地培养的人才产出就形成了非常大的差距。而专业高职院校和普通学校所具备的师资以及培养学生的方案与高等教育院校之间本身就存在一定差距，虽然专业高职院校和普通学校培养的学生契合市场需求，但在科研能力和学术水平上不能满足粤港澳大湾区对尖端人才的需求。

2. 城市竞争激烈，缺乏政策合作基础

在《2017年广东省经济社会发展报告》中指出，在分税制改革的刺激下，珠三角各地市竞争大于合作，地方保护主义横行，导致产业同构现象明显，要素流动成本过高。长久以来，粤港澳大湾区部分城市处于互相竞争的关系中，由此引起产业同构竞争而非合作，各地的政策基本上以满足自身城市建设为主，较少与其他城市有相关的政策合作，由此引起的人才需求也高度相似。粤港澳大湾区中的佛山、东莞等城市以制造业为主要产业，在"十四五"规划中都明确表示要建成发达制造业城市，如果这些城市不对未来发展进行协调、联系和分化，仍然保持产业同构化将在未来在经济发展和人才竞争中引起不可避免的冲突和问题。

3. 人力资源服务产业发展缓慢，人才聚集效应效能差距大

国内人力资源服务产业处于起步阶段，各项基础效能仍有较大进步的空间。深圳虽然已建成国家级人力资源服务产业园，但人力资源服务产业在整个经济运行过程中发挥作用有待提升，粤港澳大湾区其他城市人力资源服务产业呈现发展参差不均的局面。国内其他发达区域的科技创新实力加速成长，经济实力强、多元化发展格局高，其建设体系相对成熟，已形成成熟的人才集聚效应。而粤港澳大湾区处于建设初期阶段，同构化问题日渐严重；地区组成复杂，包含内地与港澳地区；一国两制与三种货币并存，大湾区内群体差异和地区价值观差异等增加了协同难度，从而影响人才集聚效应效能的发挥。

四 粤港澳大湾区人才高地建设路径选择

（一）粤港澳大湾区各市跨区域共建人才共享平台

人才共享平台旨在解决各地市人才分布、人才产出水平、人才质量不平衡等问题，通过促进人才要素在大湾区城市内流通，利用创新人才发挥科技创新、理念创新等创新优势帮助各地市产业整合、转型、升级。实现不同区位的城市主营特色产业，形成产业合作的基础，进而达成加快粤港澳大湾区经济增长的最终目标。

目前，粤港澳大湾区九个内地城市均已建设至少一座市级的人力资源服务产业园，其中广州、深圳、珠海设有专门为港澳群体提供服务的分区。可以在建设人才共享平台过程中优先考虑发挥人力资源服务产业园的特点，引入人力资源服务行业帮助构建人才共享平台，提高产业园的使用率，加快广东省内、大湾区内各个地区的协同创新。

在人才共享平台的管理制度与设施的搭建上，可参考政企合作的模式，各人力资源服务产业园划分区域提供人才共享平台的线下办公区域，由政府主导牵头搭建共享平台的基础设施建设，提供相应的制度、安全保障等；由政府部门或委托专业协会对共享平台实施行政管理，由人力资源服务产业园提供业务管理和物业管理等，入住的人力资源服务产业接手人才的档案、绩效考核、培训等工作。

最后，在人才聚集效应的作用机制上，强化大湾区人力资源服务产业园的人才共享联盟，加强产业园之间的业务往来，实现资源共享，经验互通，业务配合的合作形式。增强人力资源服务产业园之间的联动与协同，在创新模式下搭建人才共享平台。

（二）促进数字化升级，打通人才的线上线下流动

大多数企业的人力资源数据规模较小，而在整个行业的层面来说，人力资源管理数据则是相当可观的。以政府和行业协会为主要组织者，制定准入规则和规章制度如信息保护制度等，保障进入平台行业、人才的信息安全，规范共享平台运转程序。部分地级市已完成或正在进行专家智库、人才资源库等的人才数据库搭建，在此基础上邀请资源库汇入共享平台，同时邀请企业加入共享平台，共享不涉及商业机密的人才数据等，将各类企业组织人力资源管理数据利用大数据技术进行汇总、结合。发挥大数据计算技术优势，为组织结构间的人才流通提供技术支持，提供科学的人才数据决策服务。作为人力资源服务产业的创新实践，共享平台的顺利运行将毋庸置疑地推动整个行业系统的发展，而在这一流程的开展下，区域之间的联系与合作加深，数字化共享服务帮助解决了一定区域屏蔽，帮助人才降低了异地城市适应的风险，提高生活质量的保障，对自我价值的实现提供了更多的可能性。

（三）建立健全人才保障法规

互联网时代，个人与网络的联系日益密切，与此同时带来的个人信

息泄露一直是被诟病的一点。在搭建人才共享平台过程中最值得注意的仍然是个人信息安全，人才共享平台就是需要将范围内尽可能多的人才的信息档案汇聚在一起提供给有需要的企业或地区。人才、企业提供信息汇入共享平台，进行大数据汇总整合，用工方或人才查询需求信息，这一整个数据交易过程中任何环节泄露信息都会造成信息安全问题。因此，政府应根据共享平台的实际运行过程提供合理有效的制度保障，对一些数据交易活动提供政策上的保护，维护共享平台数据安全，做好共享平台后部工作。

（四）打造新生代知识型人才队伍，加强新生代对大湾区的认同

满足新生代人才的需求，是构建粤港澳大湾区知识型人才共享平台的重要目的。目前大部分外地青年人才对粤港澳大湾区未能形成群体认同感，其原因集中在购房压力、生活环境适应等问题，而受中国文化的影响，青年人才对家乡的认同感较高，因此难以对工作城市产生地区认同。群体认同对群体合作的重要机制之一，若想提高大湾区青年人才的协同创新行为，提高其对大湾区的认同感是有效的途径。然而，对一个陌生的地区产生认同感需要若干年的时间与在该地区积极体验的累积。

让各地的青年人才在粤港澳大湾区人才共享平台上体验粤港澳大湾区，根据自身的需求与能力，全身心地参与到粤港澳大湾区的建设中，逐步建立起对粤港澳大湾区的认同。新生代人才既可选择在环境更加宜人、生活成本低的二线城市人力资源服务产业园的人才共享平台线上办公，也可选择跨区域的多地点办公，体验不同的城市，以项目制或固定岗位制等多种模式与企业、政府共同打造粤港澳大湾区人才高地。

五　结论

粤港澳大湾区集结华南地区多个城市，综合实力强，发展潜力大，区域内部产业经济体系在全国乃至全球都有非常大的影响力。纵观整个粤港澳大湾区，区域内部城市在经济体系、产业结构、法律法规、城市构建、教育资源、地区文化等方面存在着共性，这些共性深刻地影响着粤港澳大湾区的发展。在未来，以打造人才高地为最终目标的粤港澳大

湾区在布局规划、协作统一、产业链聚集等方面上有着独特的优势。同时，值得注意的是粤港澳大湾区虽然在多方面存在着共性，具备与全球其他城市、地区竞争的实力，但是区域内部仍然存在一些障碍影响着粤港澳大湾区的进步，如区域内部城市经济发展、人才同构化、合作型政策少等等问题。

建设粤港澳大湾区人才高地是我国基于区域一体化的重大规划和探索，在深化改革的时代进程中，一切值得探索的人才发展路径都是值得重视并进行科学实践的。搭建人才共享平台的主要目的是打破粤港澳大湾区存在的人才发展障碍问题，达到优化资源配置、追求科技创新的结果。结合目前粤港澳大湾区存在的人才发展问题，选择人才高地建设路径的过程中需要通过区域城市政府共同制定政策保障人才权益、企业创新用人方式和思路、人才积极参与来实现。在未来，建立在"一国两制"制度创新基础上的粤港澳大湾区将创新人才共享体系，以旺盛的活力树立国家级人才高地发展范式。

参考文献

[1] 倪外、周诗画、魏祉瑜：《大湾区经济一体化发展研究——基于粤港澳大湾区的解析》，《上海经济研究》2020 年第 6 期。

[2] 孙锐、黄梅：《人才优先发展战略背景下我国政府人才工作路径分析》，《中国行政管理》2016 年第 9 期。

[3] 何琪：《区域人才共享：问题与对策》，《现代管理科学》2012 年第 3 期。

[4] 郭庆松：《长三角人才共享机制：现存问题与基本对策》，东亚经营管理学会国际联盟第八届学术研讨会．东亚经营管理学会国际联盟，2006 年。

[5] 萧鸣政：《人才评价机制问题探析》，《北京大学学报》（哲学社会科学版）2009 年第 3 期。

产业与人才开发

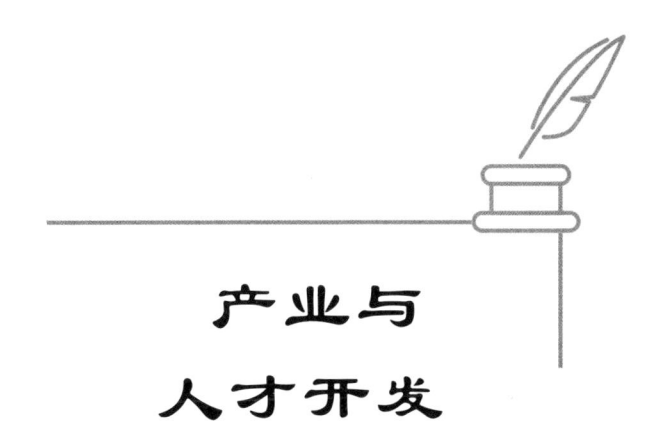

高质量发展背景下粤港澳大湾区产业结构与就业结构协调性研究

吴 凡 邓诗范

（广西大学公共管理学院）

摘要：产业结构与就业结构协调发展可以有效推动地区经济高质量发展。本文基于粤港澳大湾区2010—2020年产业与就业数据，从就业弹性系数、协调系数与产业结构偏离度测量粤港澳大湾区产业结构与就业结构的协调状况，结果表明：（1）粤港澳大湾区总体经济增长对就业具有正向拉动作用，但是三次产业具体的拉动与挤出效应存在差异，且2020年受疫情冲击劳动力挤出显著；（2）粤港澳大湾区产业结构升级与就业结构调整逐渐协调，但三次产业的就业结构调整幅度仍然滞后于产业结构调整，第一产业剩余大量劳动力，第三产业存在较大劳动力需求。基于此，本文建议优化人力资本结构、推动区域内部资源高效流动与提升科技创新驱动产业发展，从而优化产业结构与就业结构协调发展，助力粤港澳大湾区经济高质量发展。

关键词：粤港澳大湾区；产业结构；就业结构；协调性

引 言

习近平总书记提出要深化产业结构调整，以产业结构优化升级推动经济高质量发展。"配第—克拉克定理"认为在社会经济发展进程中，存在三次产业的产业结构演变规律和劳动力分布结构演变规律，该定理认为：随着经济发展和人均国民收入提高，劳动力会由较低收入的产业向较高收入的产业转移。《中华人民共和国国民经济和社会发展第十四个五年规划和2035年远景目标纲要》明确提出要高质量建设粤港澳大湾区，产业结构与就业结构协调发展对于粤港澳大湾区成为引领高质量发展的第一梯队具有重要意义。

粤港澳大湾区（以下全文简称大湾区）由珠三角九个地市和港澳两个特别行政区组成，有非常发达的第二产业与第三产业，经济发展相对活跃，吸引大量外来劳动力，提供了大量就业岗位。2021年相较于过去10年广东常住人口净增2171万，而支撑广东人口红利、未来就业的大趋势在大湾区；据广东省各高校发布的2021届毕业生就业质量年度报告发现广东每年吸纳94%的本省大学生就业，广东高校毕业生首选粤港澳大湾区就业。但是近年来由于产业结构调整升级，外加近两年疫情影响经济下行，就业问题相对突出，2022年全国新增1600万城镇劳动力，其中高校毕业生规模预计1076万人，是近几年毕业人数以及增长人数最多的一年，就业压力较大。另外2022年1—2月青年失业率15.3%，同比高出2.2个百分点，远超5.5%以内的城镇调查失业率目标。那么大湾区在高质量发展的要求下不断地进行产业结构升级与调整，与其紧密相关的就业结构变化如何呢？两者之间的变化关系是否协调呢？产业结构与就业结构的变化关系是否协调，对政府的产业升级政策、就业政策调整等具有一定的导向作用，更关乎产业结构优化升级的质量以及区域经济发展水平的高低。

一　文献回顾

库兹涅茨法则揭示了随着经济发展和产业结构演进，劳动力的就业选择会从第一产业转移到第二产业，而后进一步发展，劳动力开始转向第三产业，此时会形成"三二一"劳动力分布格局。由此可见，经济发展、产业结构变化与劳动力的就业选择紧密相关。

对国内关于产业结构与就业结构协调关系研究的文献进行梳理发现，产业结构与就业结构关系紧密，产业结构与就业结构在互动中相互影响、制约与提升，产业结构与就业结构的协调发展关系到我国经济发展的质量和速度，是实现经济增长与充分就业的国家宏观调控目标的重要保障，因此对两者协调关系研究具有重要意义。

研究方法方面主要运用相关系数、就业弹性系数、结构偏离度与灰色关联模型等对两者协调程度进行测量。景建军（2015）采用相关系数与结构偏离度研究得出我国产业结构发展水平与国际理论标准模式基本接近，但我国就业结构演变落后于国际标准模式，所以产业结构与就业结构展现出第一产业协调性最差，第二产业总体较好，第三产业协调性最好的趋势；王瑞荣（2013）采用结构偏离度测算出浙江省产业结构不断优化，就业结构也在调整，但具体三次产业之间还是存在不协调。孙雨露等（2018）通过预测模型对1991—2015年咸宁市的产业结构与就业结构协调性进行分析发现：10年内咸宁市产业结构与就业结构的失衡状况将会得到改善；孟凡杰等（2018）运用灰色关联模型分析出内蒙古就业结构调整明显滞后于产业结构变动，大概滞后7年的时间。针对产业结构与就业结构不协调的关系，提出加快农业产业升级、工业转型升级与发展现代服务业；加强人才培养，提升劳动力素质；推进城乡统一的劳动者社会保障体系建设；发挥创新对新旧动能转换的作用等建议提升产业结构与就业结构的协调性。

另外对产业结构与就业结构协调关系研究区域主要集中在经济相对发达地区与城市群，一方面由于发达地区对于产业结构的升级调整速度会比较快，措施相对完善，研究会重点关注这些地区的产业结构与就业结构的变化情况，如浙江、广东、北京与珠三角等地。另一方面由于国家发展战略对于区域或者城市群的倾向性，学者们希望借鉴这些区域的经验促进其他区域产业结构与就业结构协调发展，如俞伯阳等（2020）对京津冀协同发展战略实施以来产业结构与就业结构的互动机制进行研究；华德亚等（2019）对全国、长江经济带及其内部地区的产业结构与就业结构趋同性研究发现两个结构均发展失衡，结构相似度不断提高，地区间趋同趋势显著；刘雪娇等（2016）对西部大开发战略实施以来西三角经济区产业结构与就业结构的变动关系探究。

综上所述，前期关于产业结构与就业结构协调关系研究相对全面完整，研究方法成熟，对策建议具有针对性，为本文研究提供了借鉴，但是关于大湾区产业结构与就业结构协调关系关注较少，特别是面对产业结构升级调整，"就业结构性问题"与经济下行压力等新背景，及时对大湾区成立以来的产业结构与就业结构的协调性进行研究，能够探寻两个结构的变化情况以及两个结构发展之间存在的问题，有助于从政府角度调整产业升级政策和就业政策，也有助于促进区域经济高质量发展与协调发展。本文采集大湾区 11 个地市 2010—2020 年的数据进行分析。

二 大湾区产业结构与就业结构演变分析

本文数据源自 2010—2020 年珠三角九个地市的统计年鉴、历年《香港统计年刊》与《澳门统计年刊》。另外香港与澳门仅有各行业数据，其第一、二、三产业的归类划分依据为商务部发布的《国民经济行业分类》（GB/T 4754—2017），将相应行业产值与就业数据划分为产业，并且各行业产值数据之和等于地区总产值，各行业就业数据之和等于地区总就业数据，所以划分依据可靠。

（一）大湾区产业结构的演变规律分析

通过图 1 可以看出大湾区 2010—2020 年的产业结构都为"三二一"模式，第三产业产值占比最大。第一产业产值一直较稳定，略有增加；第二产业产值总体趋势为增长，增速相对第三产业较慢；第三产业产值稳定持续增长，与产业总产值的走势基本一致，结合第三产业产值的大小可以说明第三产业极大影响总体产值。

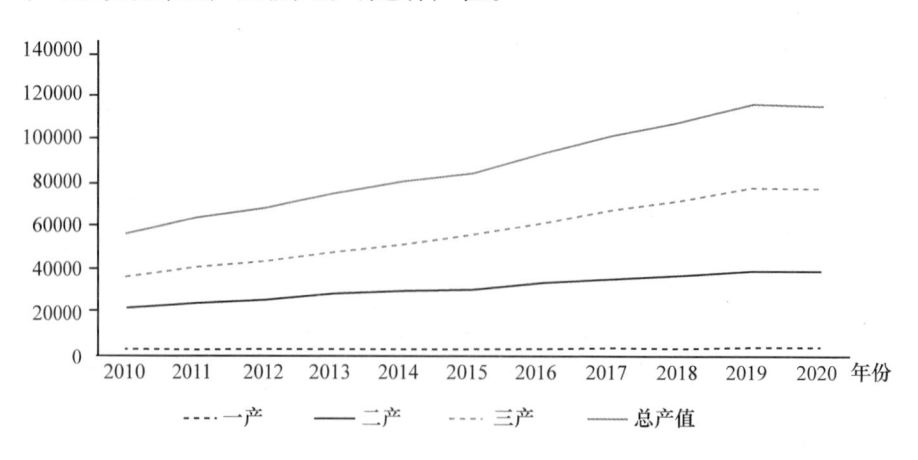

图 1 2010—2020 年大湾区生产总值

从图 2 珠三角九市的产业产值来看，三次产业产值都在增加；通过图 1 与图 2 的对比发现，大湾区与珠三角九市三次产业的产值除了大小的区别以外，可以发现大湾区第二产业与第三产业的产值从 2010 年起就拉开了差距，而珠三角九市第二产业与第三产业的产值在 2010—2012 年相差非常小，从 2012 年以后才逐步拉开差距，说明港澳第三产业非常发达，其产值对于大湾区影响较大。

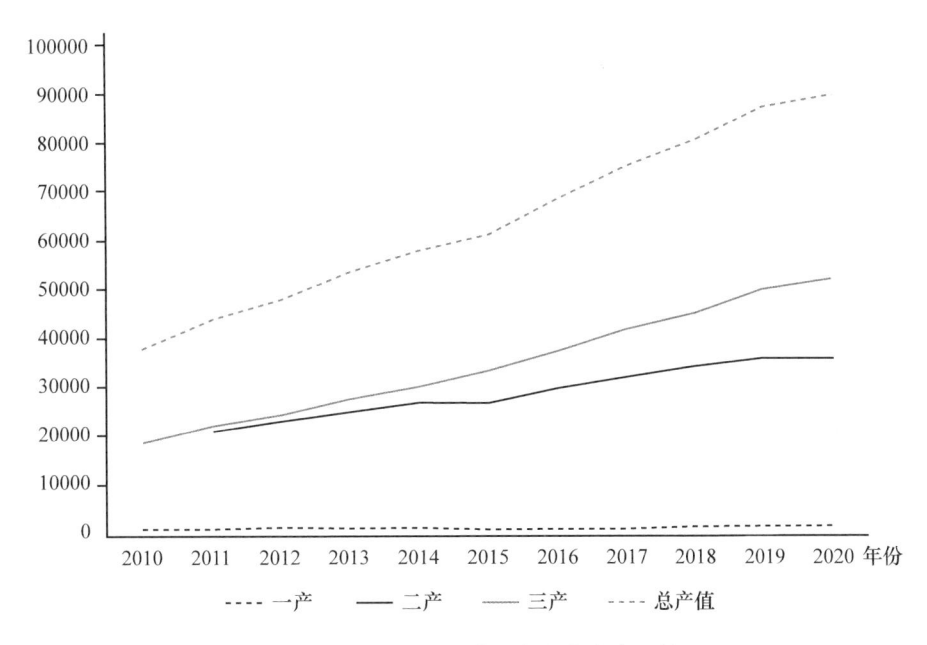

图 2 2010—2020 年珠三角九市生产总值

通过图 3 中大湾区 2010—2020 年三次产业产值占总产值的比重可以看出，大湾区的产业结构在不断地调整升级，第一产业的 GDP 占总体 GDP 的比重非常小，每年的比重都没有超过 2%，且比重逐年的以非常小的变化在降低；第二产业产值占 GDP 的比重能看出是一个明显下降的趋势，以 2014 年为时间分界线，2014 年以前下降速度缓慢，2014 年以后呈现明显的下降趋势，到 2020 年第二产业占比接近 30%；第三产业的产值占大湾区总体产值的比例从 2010 年就一直大于 60%，同样以 2014 年为界限呈现产值占比的明显性变化，第三产业的占比从 2010 年的约 60% 增长到 2020 年接近 70%。

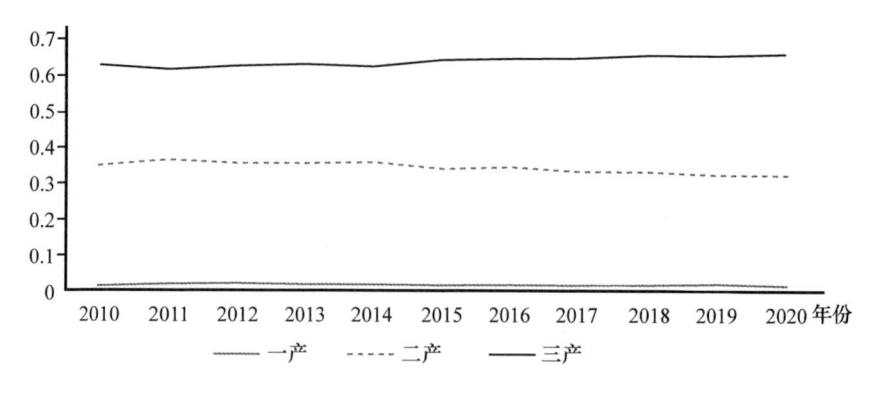

图 3　2010—2020 年大湾区三次产业产值占比

（二）大湾区就业结构的演变规律分析

通过图 4 展示的 2010—2020 年大湾区三次产业就业占比的变化趋势可知，以 2014 年为界限，2014 年以前就业结构为"二三一"模式，2014 年及其以后为"三二一"模式。大湾区第一产业的就业比重在不断的下降；第二产业就业比重呈现下降的趋势，且下降速度较快，从接近 50% 的比重下降到低于 40%，降幅约为 10 个百分点；第三产业的就业比重一直在上升，从占比 40% 多增加到接近 60%。第一产业的就业比重一直低于第二与第三产业，但是第二产业与第三产业以 2014 年为分界线，2010—2013 年第二产业的就业比重大于第三产业，2014—2020 年第三产业的就业比重大于第二产业，且差距不断拉大，结合珠三角第二、第三产业产值占比下降速度以 2014 年为界的变化来看，说明了在改革开放 30 年（2008 年）时实施的《珠三角规划纲要》中构建现代化产业体系一系列措施对珠三角产业结构调整升级逐渐凸显出了成效，从而吸纳劳动力的主导产业从 2014 年开始发生了变化。

虽然 2010—2013 年第三产业在劳动力就业人数占比低于第二产业，但是通过图 1 中 2010—2020 年产业产值变化我们可以知道 2010—2013 年第三产业的产值却大于第二产业，说明第三产业的经济效益较好，对于经济发展有重要推动作用。

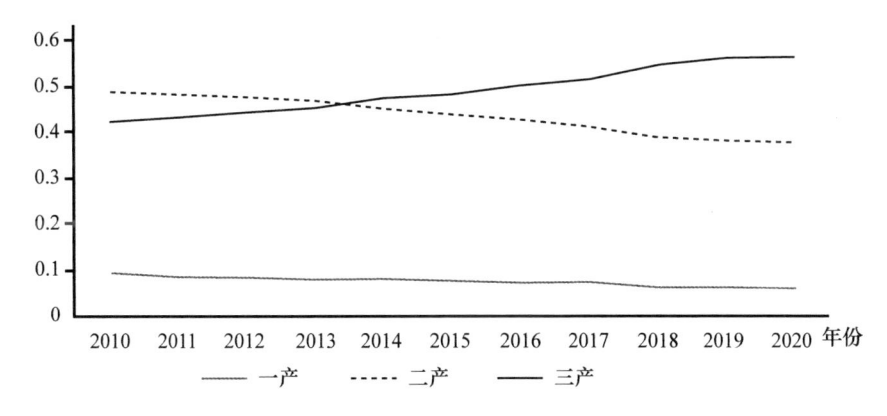

图 4 2010—2020 年大湾区三次产业就业占比

三 大湾区产业结构与就业结构协调性分析

本研究在参考前人研究基础上,采用了常用的就业弹性系数、协调系数与结构偏离度来分析产业结构与就业结构的协调性。本研究所需数据为 11 个地市(地区)产业产值、产业就业人数、产业产值增长率、产业就业增长率等数据,数据来自 2010—2020 年 11 个地市(地区)的统计年鉴(年刊)。

(一)指标选取

1. 就业弹性

就业弹性是常用的展现经济增长对劳动力吸纳能力强弱的指标,就业弹性能够体现在产业结构调整过程中三次产业的产值增长对就业的拉动作用。它是指某一产业经济增长变化率所引起的对应产业就业增长率的变化,计算公式为:

$$就业弹性 = 就业人数增长率/经济增长率 \quad (1)$$

就业弹性值以"0"为界限,其值为正且数值越大时,就业弹性越高,那么该产业对劳动力吸纳能力越强,对就业的拉动作用越大;其值为负且数值越小,那么对就业产生的"挤压效应"就越强。

2. 协调系数

协调系数是从产业结构与就业结构整体协调发展角度测算协调性,

常用来衡量一个国家或地区。公式如下：

$$H_{GL} = \frac{\sum_{i=1}^{n} G_i L_i}{\sqrt{\sum_{i=1}^{n} G_i^2 \sum_{i=1}^{n} L_i^2}} \quad (2)$$

HGL 代表协调系数，G_i 为第 i 产业的产值占总产值的比重，L_i 为第 i 产业就业人数占总就业人数的比重。$0 \leqslant HGL \leqslant 1$，协调系数越接近于 1，表明产业结构与就业结构的协调度越高、发展越均衡；协调系数越接近于 0，则表明其协调度越差、发展越不均衡。

3. 产业结构偏离度

本研究采用常用的结构偏离度指标测算大湾区三次产业结构与就业结构的协调性，公式为：

$$结构偏离度 = G_i / L_i - 1 \quad (3)$$

G_i 为第 i 产业的产值占总产值的比重，L_i 为第 i 产业就业人数占总就业人数的比重。若结构偏离度等于 0，表明产业结构与就业结构达到均衡状态；如果结构偏离度为正值，即产业比重高于就业比重，表明该产业有外部劳动力可以不断转移进来；如果结构偏离度为负值，则表示产业比重低于就业比重，会有劳动力剩余需要挤出。结构偏离度的绝对值越大，反映了产业产值比重与就业比重两者之间越不协调，也就是经济发展、产业结构演变和就业人口的转移越不协调。

（二）三次产业的就业弹性分析

通过对大湾区 2010—2020 年就业弹性系数的测算，可以得出图 5。首先从总体上看，大湾区总体就业弹性系数以及三大产业的就业弹性系数大部分年份在—0.5—1 之间；其次，大湾区的总体就业弹性系数在 2010—2019 年之间均为正值，说明大湾区三大产业的经济增长总体上对于就业增长是拉动作用，在 2018 年总体就业弹性达到最高值，可以知道是《珠三角规划纲要》的"九年大跨越"中产业结构调整措施以及 2017 年大湾区宣布成立后一系列举措对于区域内部就业起到了非常大的拉动作用；但是在 2020 年呈现总体就业弹性系数、第二、第三产业弹性系数大幅度下降并达到历史最低值，是新冠疫情很大程度影响了地区经济的发展，从而对于就业拉动作用大幅减弱呈现挤出效应，产生大量剩余劳

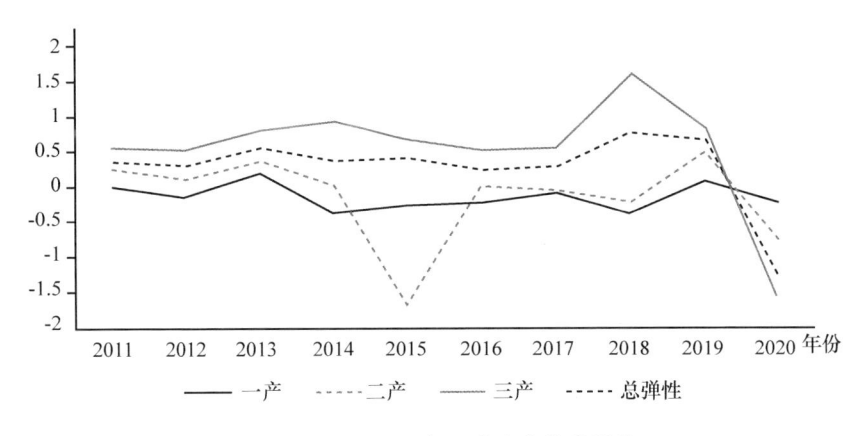

动力,而疫情对于传统第一产业相对影响较小。

图 5 2010—2020 年三次产业就业弹性

从第一产业就业弹性系数来看,近十年的时间内就业弹性变化幅度较小,仅有 2013 年值稍微地高于 0,其他年份均为负值,即大多数年份大湾区第一产业存在劳动力挤出效应,可以归结于一方面大湾区第一产业在现代农业种植以及机械化、规模化生产开展提升产值的情况下,相对会减少对劳动力的需求,从而释放出大量的劳动力,对就业增长有挤出效应;另一方面由于第一产业产值较低,并且第二三产业对于劳动力的吸纳作用,第一产业就业劳动力会存在一定的外流情况。

再看第二产业的就业弹性系数,第二产业在 2010—2014 年的产值增长对于劳动力的吸纳作用,在 2016—2019 年也是有轻微的吸纳与挤出效应,总体上这几年产业增长与就业增长处于一个相对平衡的状态。但是在 2015 年第二产业的就业弹性系数急剧降低至近十年最低值 -1.66,并且在后续恢复正常,通过政策文件分析,产业产值增长以及就业增长数据可以知道,2014、2015 年是《珠三角规划纲要》产业结构升级调整初见成效且取得重要性阶段成果的年份,这两年第二产业的产值增长速度慢,而对于第二产业大量剩余劳动就业人员由于产业结构调整升级并没有及时转移至其他产业,从而产业升级对就业增长产生很大影响,挤出效应明显。

大湾区第三产业的就业弹性系数在 2010—2019 年一直为正值,说明第三产业对于劳动力一直具有吸纳作用。就业弹性系数在 2018 年达到最高值，吸纳大量劳动力，源于大湾区宣布成立第二年，也是完成《珠三角规划纲要》"九年大跨越"目标的第二年，产业转型升级措施效果显著。综合第三产业产值占比及其产业就业占比来看，其每年产值与就业人数占比都在增长，却一直还对劳动力具有较高的吸纳作用，说明其对劳动力需求大或者说对其他产业劳动力吸纳数量少，其他产业劳动力由于本身年龄、教育素质或者知识技能原因不适应于第三产业的人才需求，造成劳动力剩余但也难以转移的现象，从而产业结构与就业结构之间存在不协调现象。

（三）协调系数分析

对整体产业结构与就业结构的协调性，我们采用协调系数测算了粤港澳大湾区 11 个地市整体协调性，结果如图 6。可以看到大湾区产业结构与就业结构从 2010 年的 0.937 左右上升到 0.988，总体上在波折趋向于 1，说明大湾区的产业结构与就业结构总体的互动协调性变得越来越好。

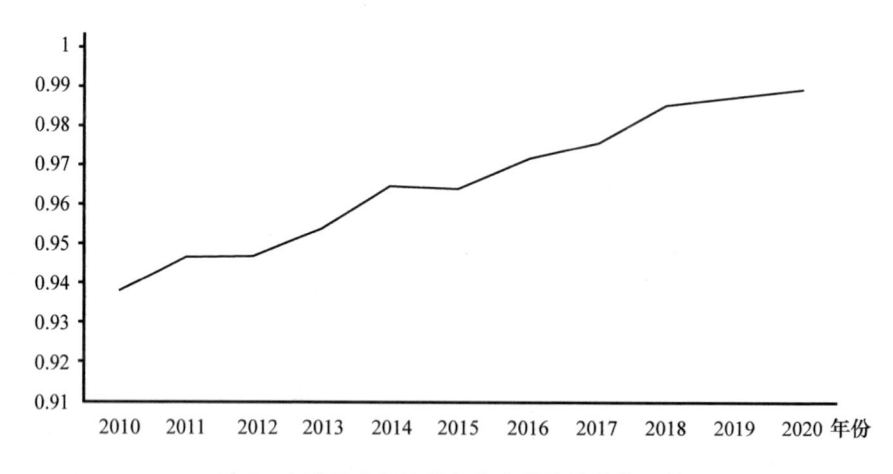

图 6　大湾区产业结构与就业结构整体协调性

（四）产业结构与就业结构的偏离度分析

对大湾区产业结构与就业结构的偏离度计算后得到图 7。可以看到第一产业的结构偏离度一直在 -0.8 左右，比第二、第三产业的结构偏离度绝对值都高，是较高的负偏离状态，表明产业结构与就业结构很不协调。回看产值与就业比重数据可以知道第一产业产值比重明显小于第一产业就业比重，虽然近些年一直在不断地调整产业结构，第一产业的结构偏离度近几年也有一定的降低，但是第一产业内部近十年还是一直存在大量剩余劳动力，这部分劳动力没有较好地调整转移到其他产业上。

第二产业的结构偏离度2010—2020年一直为负值，产值比重下降慢于就业比重下降比率，虽然排除了部分劳动力导致就业比重下降，但是随着2017年正式成立大湾区，《珠三角规划纲要》中"九年大跨越"产业结构升级措施不断实施，2018年第二产业结构偏离度突破"<-0.2"的区间进入"-0.2—0"的区间，且在不断地趋于0，说明产业结构调整措施成效显著，产业结构调整升级的同时就业结构也有一定的调整且取得了明显的效果，从数据来看两个结构在不断地趋于协调发展，两者协调性表现较好。

第三产业的结构偏离度一直为正值，近十年间在不断地下降趋于0表明第三产业的产业结构与就业结构虽然存在不协调，但是协调性在慢慢变好；结构偏离度系数一直大于0可以说明第三产业一直缺乏劳动力，有不断吸纳劳动力的需求，也体现出第三产业的产值比重高于就业比重，就业结构调整没有及时与产业结构匹配，从而有一定的失调。与第二产业原因相同，2018年结构偏离度降幅较大，结构偏离度系数进入"0—0.2"区间，政策实施效果显著，产业结构与就业结构在趋于协调。

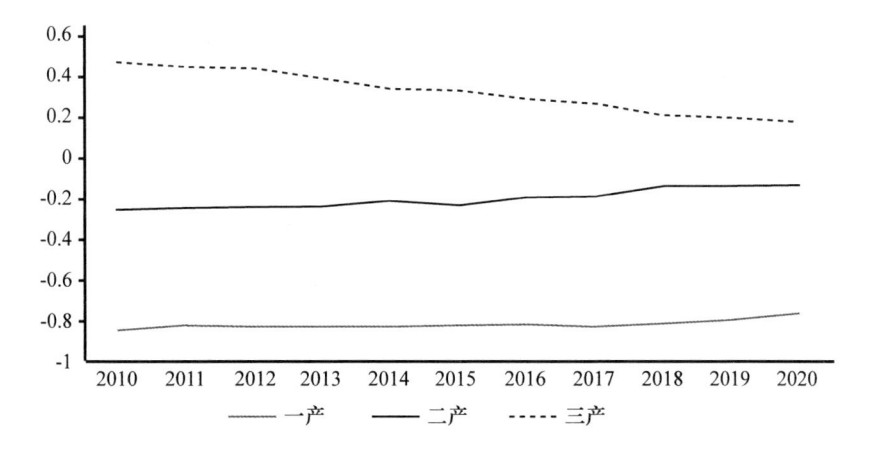

图7 2010—2020年大湾区三次产业结构偏离度

四 结论与建议

(一) 结论

大湾区产业结构与就业结构密切关联,(1) 通过对大湾区在 2010—2020 年产业结构、就业结构演变规律梳理可以知道,大湾区产业结构一直为"三二一"模式,就业结构以 2013 年为界,分别为"二三一"与"三二一"模式,说明 2013 年及其以前就业结构调整落后于产业结构调整的变化,后续逐步调整为"三二一"模式。(2) 通过就业弹性系数可以看出,大湾区总体经济较发达,对于劳动力一直是吸纳状态,但是产业间劳动力分布不平衡,第一产业剩余劳动力较多,而第三产业则需要更多劳动力;另外面对疫情,三次产业受到非常大影响从而大量劳动力被挤出剩余。(3) 通过协调系数与产业结构偏离度测算结果看出,政府产业结构升级调整措施都有了明显的效果,大湾区三次产业结构与就业结构都在升级调整中逐步缩小偏离度,两个结构在慢慢地往协调方向发展,但是具体产业的产业结构与就业结构之间还是存在不协调的表现。大湾区作为第二与第三产业非常发达的地区,其产业结构与就业结构的协调发展,产业结构升级调整的过程与现状对于其他地区有着重要的借鉴意义。

(二) 促进大湾区产业结构与就业结构协调发展的建议

1. 优化人力资本结构,提升劳动力素质

大湾区中第一、第二产业存在大量剩余劳动力,但是第三产业还是有大量劳动力就业的需要,两者之间供需转移不平衡的主要原因是一产与二产的剩余劳动力与三产所需要的劳动力素质与技能不匹配,特别是大湾区中港澳两个地区三产非常发达,劳动力需求素质也相对较高,从而珠三角九市与港澳之间的劳动力流动也有一定困难。要解决这个矛盾促进产业结构与就业结构的协调发展,需要从劳动力这一主体入手,提升劳动力主体的素质与技能水平。

一方面是要提升各类居民对于教育的认知与重视程度,积极主动参加职业教育与高等教育;政府要优化教育资源配置,加大对教育相对落

后地区的支持力度，珠三角九个地市截至 2020 年共有中等职业教育学校 215 所，其中广州市有 77 所，而中山只有 7 所，两极差距较大；要提升剩余劳动力数量多与劳动力素质相对较低地区的教育投入；也可以构建教育联盟或者引进教育"帮扶"，与珠三角发达城市或者港澳地区建立教育联盟、点对点教育"帮扶"合作能利用好教育资源，从而有效从教育方面提升劳动力的素质。另一方面是政府要积极组织与推广技能培训工作，重视技能培训工作，提升劳动力参与培训的意识，丰富与更新技能培训内容；不仅要加大社会培训，由于企业内部具有丰富的实践操作能力，更要发挥企业这一主体培训的作用，政府要激励企业对劳动力进行培训，这样能更好地适应劳动力市场的需要。

2. 统筹区域发展，推动大湾区内部资源高效流动

大湾区由 11 个地市（地区）组成，11 个地市（地区）中港澳第三产业非常发达，港澳作为与国际对接较早的城市，其具有非常优秀的教育资源，非常发达的金融业以及技术创新能力，也吸引了很多的优秀人才。在建设国际大湾区与全国统一大市场的背景下，大湾区内应该提高区域协调能力，充分统筹与利用好自己的区域优势，打破流动壁垒，促进各种资源要素在地市（地区）间有效流动发挥作用，不仅利用好教育资源，也利用好资金、人才、技术等优势助推整个区域的产业结构升级调整，促使经济更高质量发展。此外，还可以建立区域间统一劳动力市场进行劳动力资源的有效流动，提高劳动力就业率。

3. 政府加强宏观调控，利用科技创新驱动企业发展

产业结构的优化升级必然会对劳动力就业数量与所需求劳动力素质产生影响，特别是大湾区的产业吸引了较多外来劳动力就业，那么对劳动力的就业情况、收入情况以及地区经济发展也会产生影响，所以为了使产业结构变动对就业结构变动影响缩小，政府应加强宏观调控，提前做好相应预案与产业变动监测，应根据产业结构升级方向及时调整相应人才培养方向，做好后续人才储备，根据市场需求与发展方向，调整人才的培养计划与目标等；另外也需要向社会与市场释放产业与就业调整方向信息，利用市场主体调整劳动力的就业方向。另一方面科技是第一生产力，应积极采用科技创新提升产业竞争力，利用科技创新驱动企业发展，不仅能创造更多的就业岗位与产值，也能减少突发事件对产业与

经济带来的影响。

参考文献

［1］科林·克拉克：《经济进步的条件》，商务印书馆1957年版。

［2］《广东常住人口1.26亿，10年增2171万人，人口总量和10年人口增量均居全国首位》，《南方日报》2021年5月12日。

［3］曾湘泉：《中国就业市场的新变化：机遇、挑战及对策》，《中国经济报告》2020年第3期。

［4］库兹涅茨：《各国的经济增长》，常勋译，商务印书馆1999年版。

［5］周荣蓉：《产业结构与就业结构互动关系的实证分析》，《统计与决策》2016年第10期。

［6］景跃军、张昫：《我国劳动力就业结构与产业结构相关性及协调性分析》，《人口学刊》2015年第5期。

［7］王瑞荣：《浙江省产业结构演进与就业结构变迁实证分析》，《商业经济研究》2015年第3期。

［8］景建军：《中国产业结构与就业结构的协调性研究》，《经济问题》2016年第1期。

［9］孙雨露、李正升、曹洪华、娄阳：《产业结构与就业结构协调性测度及预测》，《商业经济研究》2018年第4期。

［10］孟凡杰、郭晓春、张博：《产业结构演进中就业结构调整的滞后性研究——基于内蒙古数据的灰色绝对关联度模型分析》，《数学的实践与认知》2018年第19期。

［11］张美玲、赵旭强、潘晔：《产业结构与就业结构协调发展研究》，《经济问题》2015年第3期。

［12］夏建红、矫卫红：《产业与就业结构演变路径及耦合效应分析：以山东省为例》，《经济问题》2018年第10期。

［13］王月婷：《浙江省产业结构与就业结构协调性及影响因素实证研究》，《现代管理科学》2021年第3期。

［14］李燕京、王斌会：《广东省产业结构与就业结构发展进程及协调性研究——基于新结构经济学视角》，《商业经济研究》2015年第4期。

［15］俞伯阳、丛屹：《京津冀协同发展视阈下产业结构与就业结构互动机制研究》，《当代经济管理》2020年第5期。

［16］华德亚、汤龙：《产业结构与就业结构协调性及地区趋同研究》，《统计与

决策》2019 年第 9 期。

［17］刘雪娇、蒋梅英、李文佳：《西三角经济区产业结构与就业结构互动关系研究》，《资源开发与市场》2016 年第 2 期。

［18］段禄峰：《我国产业结构偏离度研究》，《统计与决策》2016 年第 6 期。

粤港澳大湾区人才战略赋能产业升级

孙利虎　李　洋　暴慧星
（山西财经大学工商管理学院）

摘要：随着粤港澳大湾区的制造、科技、创新等领域逐步推进，如何利用人才战略的制定、引进、开发以促进粤港澳持续稳定发展，对推动粤港澳大湾区核心竞争力起着至关重要的作用。大湾区发展是一个复杂又持续的过程，离不开优秀人才对产业的贡献，综合实力的竞争归根结底就是人力资源的竞争，根据湾区发展特点，因地制宜地确定人才战略，更好地引进、选拔、培养高层次优秀人才，能够调动各类人才的积极性，让创新源泉充分涌流，提高湾区的科技创新力和综合实力。本文根据粤港澳大湾区创新驱动的发展现状，探究在此背景下人才战略与开发存在的问题，并从人才开发、吸引、选拔、激励四个方面对粤港澳大湾区创新驱动发展中的人才战略与开发提出建议，赋能大湾区产业升级，进而提升综合竞争力。

关键词：粤港澳大湾区；人才战略；产业升级；资源配置

引　言

2016年，国务院发布的《关于深化泛珠三角区域合作的指导意见》启动了建设粤港澳大湾区的国家战略，随后在国家"十三五"规划中明确提出了"粤港澳大湾区"的概念。到目前为止，已正式纳入国家顶层设计。2017年，中共十九大报告再次明确提出"要建设粤港澳大湾区，全面推进内地与香港、澳门合作"。2019年，《粤港澳大湾区发展规划纲要》提出，与香港、澳门共同打造珠江三角洲城市群，成为可与旧金山、纽约湾区等媲美的世界级大湾区。

风起南海，潮涌珠江。我国粤港澳大湾区建设，是习近平总书记立足全局和长远,谋划推动的重大国家战略。目前,"创新驱动发展"战略已催生了诸如纽约湾区、旧金山湾区等多个有代表性的国际性湾区,它们已成为全球经济发展的核心增长极和创新策源地。据相关数据显示,海湾地带及其直接的经济腹地贡献了全世界约60%的经济总量。由此可见,国家或区域间的竞争,实际上是以湾区为龙头的"创新区域"间的竞争。如今,我国粤港澳大湾区已经拥有成为国际一流湾区的基础实力,但其创新发展水平仍然是一个短板,存在一定的差距。创新能力已成为粤港澳大湾区进一步提升全球竞争力和影响力的关键因素。

济济多士,乃成大业;创新之道,唯在得人。人才是推动创新的重要动力源,不断构建并完善具有国际竞争力的人才政策和人才制度体系,集聚、培育各类人才,是粤港澳大湾区未来发展的关键所在。本文基于粤港澳大湾区的创新发展现状,探究其人才战略与开发所存在的问题,并从人才开发、吸引、选拔、激励四个方面对其提出建议,赋能大湾区产业升级,进而提升综合竞争力。

一 粤港澳大湾区的发展现状

粤港澳大湾区目前已成为旧金山湾区、纽约湾区和东京湾区之外的世界第四大湾区,占全国面积不到0.6%的粤港澳湾区,占全国GDP的12%,是真正的"中国第一湾"。

(一)科技创新能力不断提高

为加快打造全球科技创新高地和新兴产业重要策源地,一批高水平创新载体建成,大湾区综合性国家科学中心先行启动区获批建设,东莞散裂中子源等高端平台加快集聚,南沙科学城明珠科学园加快构建。广东已设立10个省级实验室,与香港、澳门合作共建20个联合实验室,近200名院士和40多名香港、澳门科学家积极到这里学习与工作。此外,佛山博智林机器人谷组建了机器人与智能产品、基础技术等研究院,累计吸引与开发研究人才4000余名,并于2020年共递交专利有效申请2898项。

（二）城市间互融互通持续提速

粤港澳将现代交通体系建设作为基础工程，旨在促进粤港澳大湾区互联互通。大湾区高铁里程超过1200公里，港珠澳大桥、广深港高铁等标志性项目已建成通车。从香港到珠海、澳门只需30分钟，从香港到广州只需1小时，基本形成"一小时生活圈"。粤港澳大湾区机场群与港口群的协同作用不断增强。香港机场、白云机场三期和深圳机场三条跑道的扩建步伐加快。

（三）合作平台建设有序推进

前海深港现代服务业合作区在投资便利化、贸易便利化、金融开放和创新方面处于领先地位，推出了610项制度创新成果；南沙粤港澳综合合作示范区以与香港、澳门在科技创新、特色金融、公共服务等方面的合作为重点，已在香港、澳门落户3870家企业；横琴是粤澳深度合作区。创新粤澳合作发展横琴模式，探索建立共商共建共管共享的体制机制，大力发展高新技术、品牌产业、现代金融、商业、消费等重点产业。

二 粤港澳大湾区的创新能力情况

《粤港澳大湾区协同创新与发展报告（2021）》于2022年发布，重点关注发明专利、PCT专利、专利引用频率和同族专利四大专利指标，以纽约、旧金山和东京湾区为基准，分析粤港澳大湾区科技创新现状和综合实力，进一步指出其优势和劣势。

（一）粤港澳大湾区发明专利公开量和增长率均居世界首位

发明专利是衡量一个国家或地区创新能力的重要指标。据数据显示，2016年至2020年，粤港澳湾区披露的发明专利数量达到149.84万件，远远超过其他三个湾区，复合年增长率为17.23%。2020年，粤港澳湾区发明专利数量约36.59万件，是东京湾区的2.39倍，是旧金山湾区的5.73倍，是纽约湾区的7.85倍（见图1）。

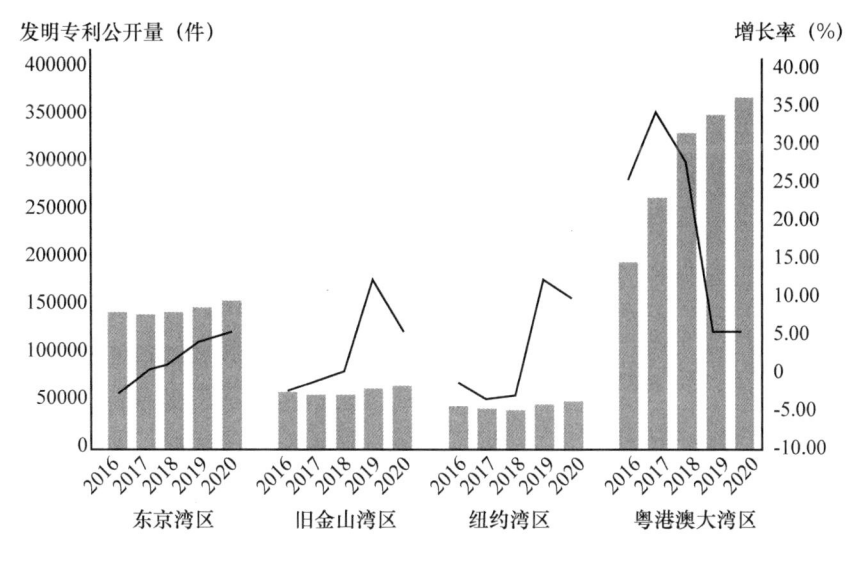

图 1 四大湾区发明专利公开量及增长率

（二）粤港澳大湾区 PCT 专利年复合增长率超 15% 居四大湾区之首

区域的 PCT 专利公开量可以反映一个区域的创新实力及区域内企业或机构参与国际竞争的程度。粤港澳大湾区近五年 PCT 专利公开总量约 12.20 万件，仅次于东京湾区，是纽约湾区和旧金山湾区的 2.88 倍和 3.40 倍。粤港澳大湾区 PCT 专利公开量一直保持正增长，2016—2018 年增幅较大，自 2019 年以来增速虽有所放缓，但年复合增长率仍居四大湾区之首。

（三）粤港澳大湾区同族专利持续增长领先世界三大湾区

同族专利可以用来判断专利的市场覆盖率。近五年，粤港澳大湾区同族专利公开量 2480651 件，领先于其他三大湾区。尤为关键的是，粤港澳大湾区同族专利近五年一直保持增长态势，其中 2016—2018 年每年增长率超过 20%（如图 3）。

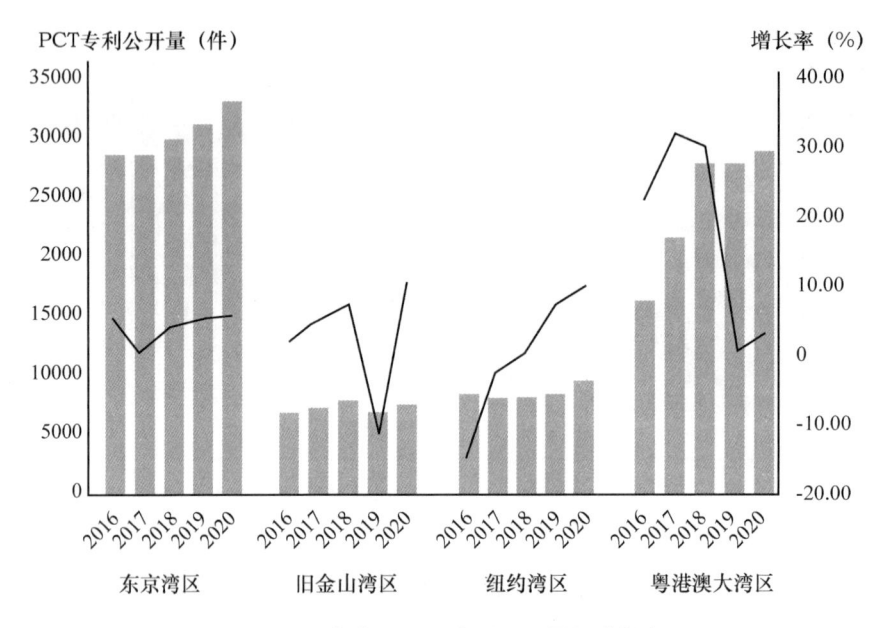

图 2 四大湾区 PCT 专利公开量及增长率

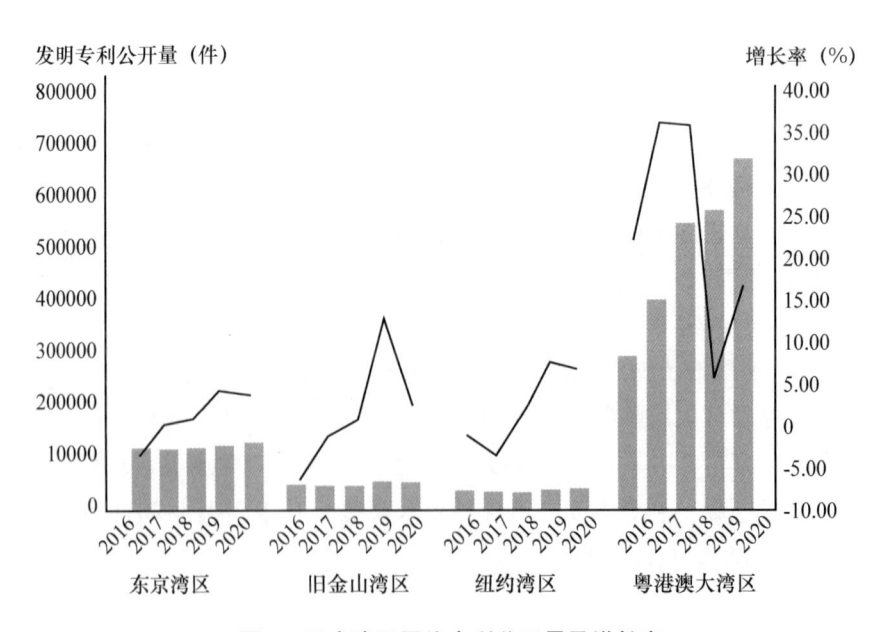

图 3 四大湾区同族专利公开量及增长率

(四) 粤港澳大湾区发明专利影响力仍有较大提升空间

就发明专利的影响而言，旧金山湾区的比例最高，为 3.03，其次是纽约湾区，为 1.77，粤港澳湾区为 1.04，东京湾区为 0.95。粤港澳大湾区的比例较上期（2015—2019）增加了 0.29，但与旧金山湾区和纽约湾区相比，仍有改进空间（见图 4）。

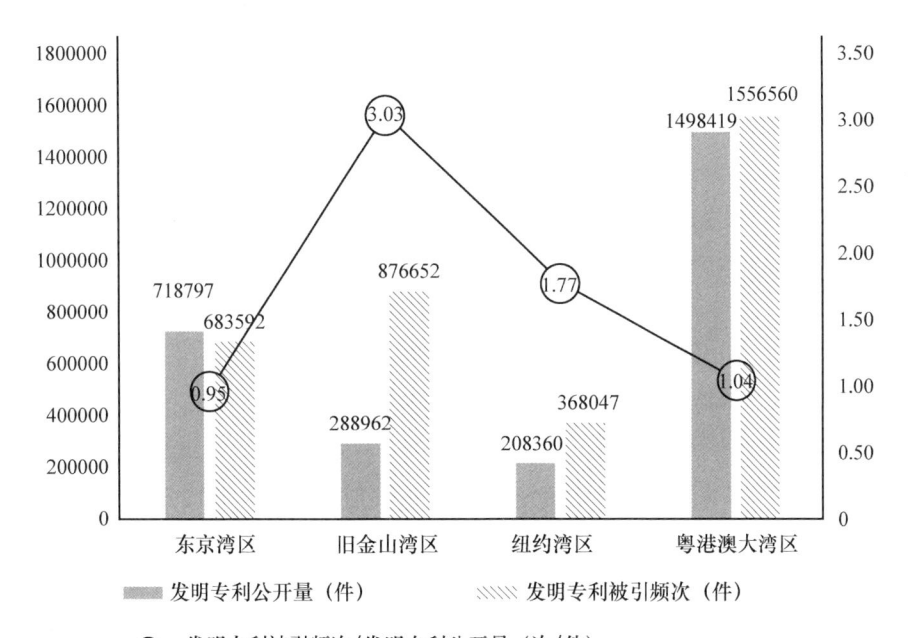

图 4 四大湾区发明专利被引频次与发明专利公开量对比

就 PCT 专利影响力来说，粤港澳大湾区比值为 0.42，东京湾区比值为 0.92，旧金山湾区和纽约湾区比值分别为 1.53 和 1.34。粤港澳大湾区 PCT 专利公开量逐年增加，但专利影响力与旧金山湾区和纽约湾区差距较大（见图 5）。

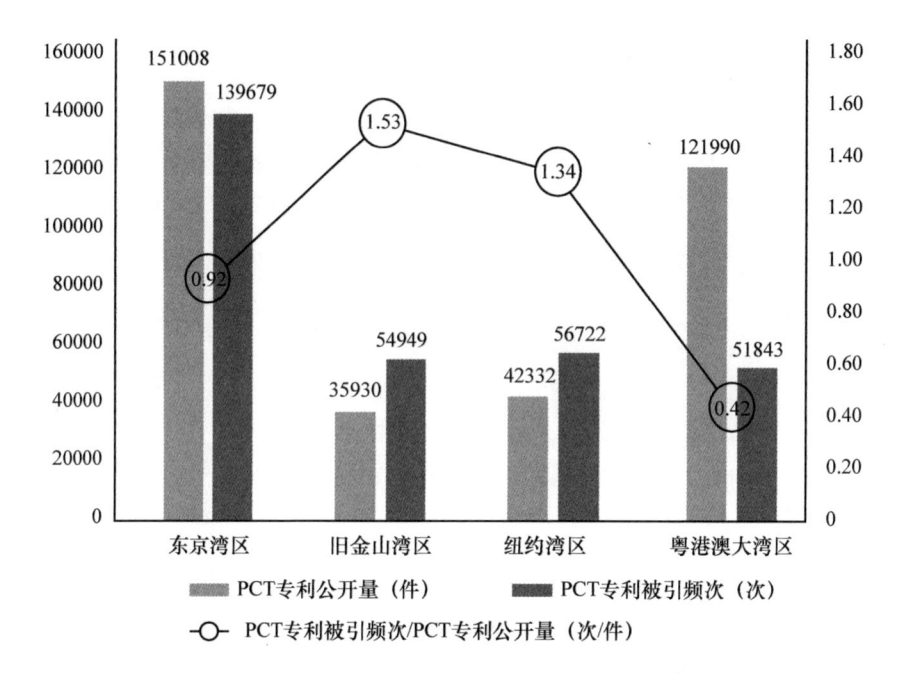

图5 四大湾区PCT专利被引频次与PCT专利公开量对比

三 粤港澳大湾区发展中的人才现状

(一) 大湾区人才发展现状

在老龄化逐步趋严的当下,以年轻人为代表的社会生产力量则成为未来城市发展的主心骨,截止至2020年全国15—59岁人口比例为63.35%,而广东该年龄段结构占比达68.80%;大湾区9市整体的人口年龄结构则显示出优越的劳动力优势。东莞市15—59岁人口占81.41%,居全省首位;此外,深圳、中山、珠海等城市占比超过70%。该年龄段的人口绝大部分是劳动力人口,是生产建设的主力军,正如"深圳速度"的背后由深圳平均32.5岁的人口力量所支撑,高占比的年轻力量是大湾区未来发展的强大优势。

人才是第一资源。广东深入实施人才强省"五大工程",全省研发人员超过110万人,在粤外国人才占全国约1/5,"深圳—香港—广州"科技集群蝉联全球第二位,大湾区高水平人才高地建设颇见成效。全省建成了"1+12+N"港澳青年创新创业孵化基地体系，累计孵化港澳项目超过2300个、吸纳港澳青年就业达3400余人，为创新人才提供沃土。

大湾区作为中国开放程度和国际化程度最高的地区之一，其广阔发展前景也吸引大量海内外优秀人才融入发展、扎根落户。国际会计师事务所毕马威中国日前发表的一份《2022年香港高管人员薪酬展望》报告显示，在毕马威研究大湾区机遇的4年内，香港特区专业人才愿意移居大湾区内地城市的比例正逐年递升，2019年为52%，到2022年已增至72%。

随着粤港澳大湾区建设不断推进，职业资格认可、标准衔接范围持续拓展，律师、医生、建筑师、工程师等越来越多专业领域的执业壁垒被打破，香港特区专业人才在大湾区内地城市获得更多职业发展机会。截至目前，已有3000多名来自香港特区和澳门特区的专业人士在内地取得注册和执业资格，涉及医生、教师和导游等八个领域。

（二）大湾区现有人才政策

城市若需适当调整人口吸纳中的人才占比，首当其冲就是人才引进政策。目前粤港澳大湾区各城市政府部门都在制定各类政策吸引优质的科技人才流入。如《广州市引进人才入户管理办法》在年龄、学历、职称、技能、岗位等方面放宽了入户条件，以吸引更多优质人才；深圳市首创人才入户"秒批"制度，并进一步把"秒批"范围拓宽到在职人才引进、留学回国人员引进、博士后入户及其配偶子女随迁；佛山市深化本地人才举荐制度，充分调动社会力量参与人才引进；深圳推出"鹏程人才计划"和"鹏程孔雀计划"；珠海、中山构建"英才计划"；东莞市出台"十百千万百万"人才工程，制定了六大人才计划，全方位打造人才队伍。

四 粤港澳大湾区创新驱动发展中人才开发存在的问题

（一）新经济、新业态领域高层次人才规模偏小

随着产业结构的调整升级和现代信息技术的冲击，新经济、新业态

不断涌现，逐渐成为经济高质量发展的支撑力量。新的经济形式和新的业态需要新型的懂市场、会管理、善经营的复合型高端人才做支撑，但湾区新兴产业、新经济领域人才数量偏少，质量也不高，与产业发展需求相比差距较大。真正有影响力、号召力的产业领军人物还不多，与新兴产业、新经济发展的巨大潜力和未来发展相比，高层次人才规模偏小，人才后备力量也相对比较薄弱。

（二）海外高层次人才吸引力度不足，人才跨境流动存在堵点

目前大湾区引进海外高层次人才工作主要依靠政府力量和渠道，柔性引才、市场合作引才较少，民间组织引才渠道尚未得到充分发挥和利用，通过以"侨"为"桥"搭建国际创新合作平台还很少见，引进海外高层次人才力度不足，数量仍然较少，结构与需求也不相匹配。海外人才最为集中的广州、深圳两市人才集聚水平离国际前沿城市仍有明显差距，广东其他地区相对缺乏吸引海外高层次人才的资源。同时，人才跨境流动仍存在堵点。由于来华商务签证一般最长期限不超过1年，对长期在湾区工作的海外专家、境外教学科研人员、高层次外籍员工等增加了多次申请签证的成本。缺乏对接国际的知识产权服务平台，难以为海外人才在科技成果的孵化、评估及交易等方面提供高水平服务。体制内单位用人自主权较为有限，高校、科研院所、医院、国有企业等体制内单位缺少专门人才引进岗位，一定程度制约了海外高层次人才引进。

（三）人才认定体系机制不够成熟

港澳人才认定体系机制还不够成熟。为加大高层次人才引进力度，并为高层次人才工作、生活提供便利，湾区各地相继开展了外籍和港澳台高层次人才的认定工作，通过优化重大人才工程项目、推动粤港澳人才合作示范区建设等措施，柔性引进港澳高端人才。同时，比如在"珠江人才计划"中新增高层次人才认证项目，对符合条件的港澳人才可直接认定，并给予适当资助，通过建立高层次人才"绿色通道"，为港澳人才认定及面向港澳深入开展引才引智工作创造了条件。但是，现行文件政策在实施过程中还不够灵活，人才认定的标准有待进一步开放，在充分发挥市场导向作用和用人单位主体作用方面不够突出。同时，缺乏

针对港澳地区高层次人才认证的专门性文件，从而不利于港澳人才的针对性管理及作用发挥。

（四）人才发展保障长效激励机制尚需完善

粤港澳大湾区是在"一国两制"背景下的新实践，湾区合作的难点在于体制机制障碍，内部要素流通不通畅，要素联动机制尚待简化。由于粤港澳三地在教育、医疗、住房、保险等社会保障性服务制度上存在差异，通关便利化程度不高，人才的自由流动受到阻碍。目前，湾区出台了一系列人才扶持政策，吸引港澳青年来此创新创业，但留住人才的配套政策和长效机制以及外部环境还不够完善，影响人才脱颖而出、发挥作用的体制机制障碍仍然存在，人才竞争比较优势尚不明显，人才资源开发投入也相对不足。因此，如何打破制度壁垒，畅通要素流通通道，通过建立长效机制为人才发展提供全方位服务是一个亟待解决的问题。

五 粤港澳大湾区创新驱动发展中的人才战略与开发的对策建议

（一）加大国际化人才培养力度

国际化人才的培养，一方面要依靠引进，另一方面也要依靠本土的教育培养。利用国家优质资源支持建设一批国家实验室和新型研发机构，启动国际大科学计划，为人才提供国际一流创新平台；以高标准的国际化办学定位，开办与湾区现代化经济体系和开放型经济格局高度匹配的专业设置，为学生打通国际化、多元化的成才之路；充分发挥"广州—深圳—香港—澳门"科技创新走廊优势，破除体制机制障碍，大力推动粤港澳三地高校、科研机构合作进行科研攻关、共同培育创新人才，形成国际化人才培养基地，为湾区输送国际化人才。

（二）实施更加开放的国际化人才政策

粤港澳大湾区应在高层次人才认定、服务保障、培养资助等方案落地的基础上，进一步破解其发展中的体制机制障碍，实施更加开放的国际化人才政策。一是探索行业职业资格互认制度，开放对港澳专业服务人才的从业限制,探索建立国际职业资格认证中心,打破专业性高端人才流动壁垒,实现湾区内人员自由流动。二是探索粤港澳跨境公共服务与社会保障人才无缝对接,确保粤港澳居民在社会保障、子女教育、医疗服务、养老等方面享受与当地居民同等的待遇。三是探索建立"人才飞地"。通过允许人才自由出入境简化通关手续,实现通关便利化、自由化、无纸化,对适用政策的高层次人才实行"刷脸"通关,加快人员流动,产生人才集聚效应,提升广州对国际人才吸引力。

(三) 建立人才认定机制,实现人才共认

建立港澳人才认定机制,实现人才共认。港澳地区在吸引国际人才方面比广东省具有明显优势,聚集了大批国际人才。社会已经形成比较成熟完善的人才认定体系。因此,广东省可以针对港澳地区特点,出台港澳人才认定标准,为引进港澳人才提供依据。例如,对港澳地区获律师、医生、会计师资格的专业人士或者在港澳地区获得一定专业和学历的学生可直接认定为港澳人才。有了认定标准,就能对港澳人才进行针对性管理,提供就业、生活、通行等便利服务。

(四) 完善人才发展保障激励机制

建立人才创业创新激励机制。引导国际化人才在 IAB(即新一代信息技术、人工智能、生物科技)、NEM(即新材料、新能源)等重点领域和关键技术的研究,提高人才创业创新金融扶持力度,完善企业融资风险补偿资金和中小微企业融资担保制度,提高融资便利程度。

建立人才引进服务机制。一个城市不但要加大力度吸引人才,更要想办法留住人才。要以进一步完善人才签证、永久居留、税收政策、社会保障等方面相关政策法规和制度建设为重点,最大限度破除人才流入刚性约束,以便利化为目标,采用更加"柔性"的方式为人才引进提供切实可行的政策保障。要切实落实人才引进后的事后跟进和服务保障,积极主动了解人才的现实需求及急需解决的问题,尤其是在家属安置、子女入学、看病就医、社会保障等关系到人才生活的方方面面问题,要积极持续跟进服务,解决引进人才的后顾之忧,让引进人才有城市归属感和职业成就感,解决引进人才"留得住"的问题。

六 总结

踏上新征程，铺展新华章。栽下梧桐树，引来金凤凰。随着粤港澳大湾区创新驱动发展战略的推进以及人才战略与开发策略的完善，一定会有越来越多高水平人才踊跃投身这片发展的沃土、创新的热土、民生的乐土，在这里实现人生理想。

在粤港澳大湾区这片昂扬奋进的热土上，党中央的战略擘画正在转化成高质量发展的战略优势，"一国两制"正在焕发出更加强大的生命力。

参考文献

[1] 习近平：《深入实施新时代人才强国战略 加快建设世界重要人才中心》，《大众日报》2021年9月28日。

[2] 陈少燕、谢庆波：《粤港澳大湾区抢人大战，引来更要留住》，《人力资源》2019年第9期。

[3] 《一座城市的核心竞争力是什么——2020中国城市人才生态指数报告发布》，《中国青年报》2020年9月20日。

[4] 张燕：《"粤港澳大湾区"，即将崛起的世界级城市群》，《中国经济周刊》2017年第11期。

[5] 《对标世界三大著名湾区，粤港澳大湾区成全球新的经济增长极》，《证券时报》2018年3月29日。

[6] 陈新光：《中国经济难中趋稳，稳中有进》，《中国日报》2019年7月22日。

[7] 阎豫桂：《粤港澳大湾区打造世界一流创新人才高地的思考》，《宏观经济管理》2019年第9期。

[8] 梁淑贞、陈昭：《粤港澳大湾区科技创新人才资源的需求预测研究》，《当代经济》2020年第10期。

[9] 徐迪威、张颖、卢琰：《科技资源支撑粤港澳大湾区创新发展的研究》，《科技管理研究》2019年第18期。

[10] 刘增辉、雷娟：《引领粤港澳大湾区高质量发展的创新要素分析》，《中国高新科技》2021年第5期。

［11］王磊、何思学：《世界三大湾区人才发展对粤港澳大湾区人才战略高地建设的启示》，《人才资源开发》2019年第9期。

［12］毛艳华：《粤港澳大湾区协调发展的体制机制创新研究》，《南方经济》2018年第12期。

［13］沈子奕、郝睿、周墨：《粤港澳大湾区与旧金山及东京湾区发展特征的比较研究》，《国际经济合作》2019年第2期。

［14］刘毅、王云、李宏：《世界级湾区产业发展对粤港澳大湾区建设的启示》，《中国科学院院刊》2020年第3期。

战略人力资源管理研究的演化路径、知识图谱及研究展望

刘元昊[*] 宋俊谕[**] 袁淑玉[***]

摘要： 本研究对战略人力资源管理的学术研究进行了系统回顾。通过使用名为 CiteSpace 的可视化工具，本文分析了 205 篇关于战略人力资源管理研究的文章，以及来自 Web of Science 数据库的 11002 条相关参考文献。我们在平台研究中发现了最具影响力的出版物、作者、期刊、机构和国家。此外，我们还探索了被引参考文献、被引作者和被引期刊的结构，以进一步了解平台研究的理论基础。此外，通过 CiteSpace 的共现分析和演化分析，探索了战略人力资源管理研究的演化过程，预测了未来的发展趋势。

关键词： 战略人力资源管理；知识图谱；文献计量

一 引言

战略人力资源管理（Strategic Human Resources Management，SHRM）产生于 20 世纪 80 年代中后期，是人力资源管理领域的一个重要研究方向，已经取得了令人瞩目的发展。特别是 20 世纪 90 年代以来，组织环境的不确定性、复杂性使得人们越来越重视实施组织变革和战略人力资源管理以获取竞争优势。相对于传统人力资源管理，战略人力资源管理

---

[*] 刘元昊，山东理工大学管理学院。
[**] 宋俊谕，石河子大学经济与管理学院。
[***] 袁淑玉，石河子大学经济与管理学院。

定位于在支持企业的战略中人力资源管理的作用和职能。

战略人力资源管理的理念，首先由美国人提出，但在20世纪80年代以前，日本的企业实际上扮演着战略人力资源管理先驱实践者的角色。日本人力资源管理实践的精髓在于其人本主义理念，在这一理念的指导下，日本企业将其管理中心集中在对"人的管理"之上，实行了一系列充分体现人本助力思想的人力资源管理制度，例如终身雇佣制、年功序列制、教育培训制和保障制等。这些制度的战略基础是：能力、品质、技能、教育程度、完成工作的适应性和岗位工作绩效等。但在20世纪80年代后，日本人力资源管理的弊端不断显现，该地区企业在落实方面缺乏对战略人力资源管理的充分界定、使用和激励。由此可见，战略人力资源管理对企业的管理实践具有重要意义。

同时，在学术研究方面，以Devanna（1984）发表的《人力资源管理：一个战略观》为标志，20世纪80年代后，人力资源管理活动与组织战略的外部契合性、人力资源管理活动自身的系统性与内部契合性以及人力资源的战略性等一些重要理论问题开始成为学者们关注的焦点，战略人力资源管理理论研究与管理实践逐步兴起。相对于传统人力资源管理，战略人力资源管理定位于在支持企业的战略中人力资源管理的作用和职能。学术理论界一般采用Wright和Mcmahan（2011）的定义，即为企业能够实现目标所进行和所采取的一系列有计划、具有战略性意义的人力资源部署和管理行为。

之后，伴随战略管理理论的兴盛发展，战略人力资源管理也随之形成了行为基础与资源基础两种研究范式，前者强调了人力资源管理的战略性，后者突出了人力资源的战略性。目前，战略人力资源管理理论研究呈现出一种整合趋势，整合的主题是试图解决人力资源管理内部契合与外部契合的融合以及人力资源管理战略性与人力资源战略性的统一。

在现代社会，人力资源是组织中最有能动性的资源，如何吸引到优秀的人才，如何使企业或组织中现有的人力资源发挥更大的效用，支持组织战略目标的实现，是每一个领导者都必须认真考虑的问题。由此，战略人力资源管理是企业战略和人力资源的灵魂，以此确保理念和规划在人力资源管理工作中得以实现。

但是近期，对战略人力资源管理研究的现状存在批评性意见，该意

见指出战略人力资源管理越来越脱离人力资源管理实践,而非追求更严格的理论和更先进的方法

（Kaufman,2015）。战略人力资源管理的研究道路是否像批评者所说的那样狭隘？这些研究采用了哪些理论观点？未来关于战略人力资源管理的研究如何应对一些批评,并对各国不同的环境做出相应的反应？本文的研究旨在明晰并解决这些问题,从整合视角对其理论研究进行回顾和梳理,同时对战略人力资源管理的研究现状、研究热点和研究趋势等问题进行系统分析,明确该方向目前的研究主题以及面临的主要问题,对未来的研究取向进行展望,从而推进这一领域的纵深研究。

二 基于文献计量的研究范式

（一）方法介绍

文献计量学是指用数学和统计学的方法,定量地分析一切知识载体的交叉科学。它是集数学、统计学、文献学为一体,注重量化的综合性知识体系。其计量对象主要是：文献量（各种出版物,尤以期刊论文和引文居多）、作者数（个人集体或团体）、词汇数（各种文献标识,其中以叙词居多）。文献计量分析则是一种回顾和描述已发表论文的定量方法,有助于研究人员对某研究领域进行评估。同时,通过文献计量的可视化可以便捷地获取战略人力资源管理的研究现状和趋势。

（二）文献来源

一般来说,WOS 数据库中期刊的发文数量能够较为真实地反映出学术界对某一特定领域的学术关注度。本文为研究战略人力资源管理的发展历程,以"Strategic Human Resource Management"为主题,在 WOS （Web of Science）核心数据库中检索了 Strategic Management Journal （SMJ）、Organization Science（OS）、Journal Of Management Studies （JMS）、Journal Of Applied Psychology（JAP）、Academy Of Management Journal（AMJ）、Academy Of Management Review（AMR）、Journal Of International Business Studies（JIBS）和 Personnel Psychology（PP）共 8 个管理学国际顶级期刊,同时,通过对论文题目和摘要的浏览,剔除掉交叉

188 产业与人才开发

重复的论文和新闻报道、会议通知、期刊征稿以及其他不符合要求的文章，最后共搜索到205篇文献，其基本分布情况如图2-1，图2-2所示。

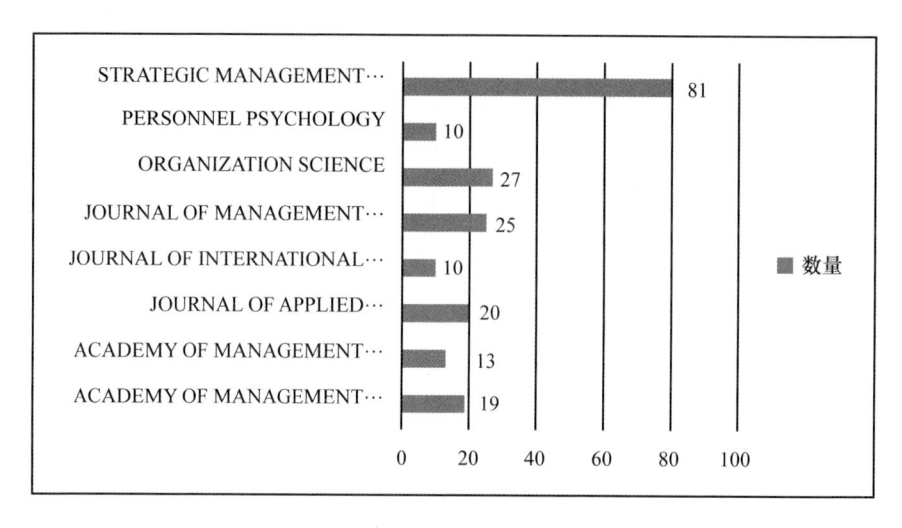

图2-1 样本文献的期刊分布状况

期刊	数量
STRATEGIC MANAGEMENT…	81
PERSONNEL PSYCHOLOGY	10
ORGANIZATION SCIENCE	27
JOURNAL OF MANAGEMENT…	25
JOURNAL OF INTERNATIONAL…	10
JOURNAL OF APPLIED…	20
ACADEMY OF MANAGEMENT…	13
ACADEMY OF MANAGEMENT…	19

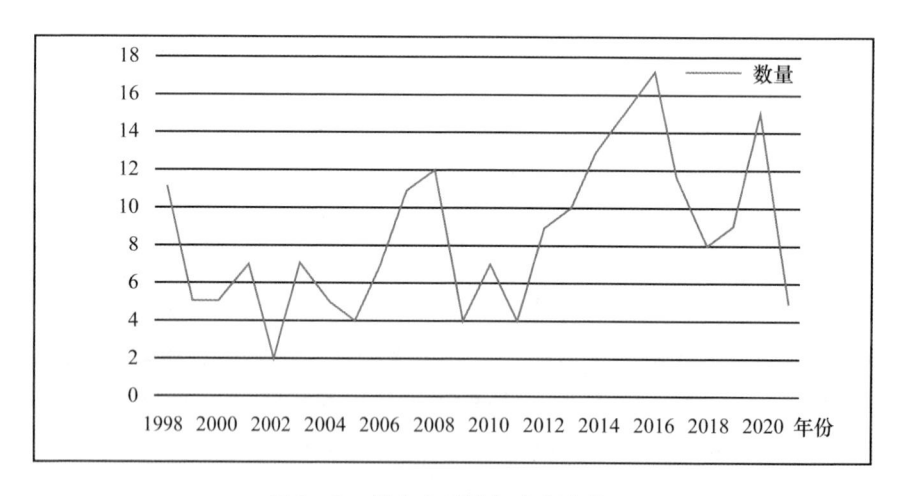

图2-2 样本文献的年度分布状况

其中，SMJ的刊文数量多达81篇，其他期刊的刊文数量较少。从图2中可以看出，所选文献在数量上呈现出一种波浪式变化，按照时间顺序梳理，2011—2016年是战略人力资源管理的快速爆发期，且2013—2017年8本所选期刊刊登的论文数量较多，近几年对战略人力资源管理的刊文则逐渐减少。

但考虑到所选期刊的覆盖面小，重新拣选条件对WOS总数据库进行分析后，发现近年来战略人力资源管理涉及战略管理和劳资关系、经济学、心理学及组织行为学方面均有所交叉，且仍处在发展阶段。

（三）研究工具

本文采用的主要研究工具是开源的文献可视化软件CiteSpace，版本为CiteSpace5.8.R3（64-bit）。该软件是一款基于JAVA语言在文献数据、科学计量学和信息可视化背景下以合理分析大量科学文献的数据处理软件。在使用这一工具进行文献分析时，本文对相关参数作了如下设置，未列出的其他参数均为默认值。

表2-1　　　　　　　　　　相关参数设置

Node Types	Time slicing	Term source	Selection Criteria	Pruning
Terms	From 1998 to 2022 Per Slice：1	Author Keywords、Keywords Plus	Top N：50 Top N%：10%	Pathfinder Pruning the merged network
Author	From 1998 to 2022 Per Slice：1	Author Keywords、Keywords Plus	Top N：50 Top N%：10%	
Institution	From 1998 to 2022 Per Slice：1	Author Keywords、Keywords Plus	Top N：50 Top N%：10%	

三　研究结果

利用CiteSpace生成的科学文献知识图谱可以获取战略人力资源管理这一特定领域的作者及所属机构和国家、参考文献、主题词的关系，对此进行可视化后，能够更清晰明了地为未来战略人力资源管理的学术资源引进、加强学术合作和交流、可持续地进行战略人力资源管理方法和模式研究、为未来研究的发展思路和趋势等提供参考。

（一）作者、机构及国家映射分析

利用 CiteSpace 生成的科研合作知识图谱可以了解某一特定领域的核心作者和多数机构以及作者和机构之间的关系。明晰这些问题可以为学术资源引进和加强学术交流和合作提供参考。

本文分别进行作者、机构和国家映射分析获得的结果分别如图 3-1、3-2 和 3-3 所示，如图所示，可见 David PLepak 和 Clint Chadwick 两名作者在全部作者中的影响力最高，中心性最强，且 David PLepak 与其他作者的关联性更强，已经形成了较为集中的集群，这也反映了该作者在战略人力资源的研究方面贡献颇丰。

美国康奈尔大学是在本文的研究中排名第一的研究机构（发表论文 16 篇），其次是罗格斯州立大学和英国国际商学院，分别发表论文 17 篇和 13 篇。通过机构和国家的分析可以明显得出，对于战略人力资源管理的研究，美国（151 篇）具有很大的影响力，同时也是研究频次最多的

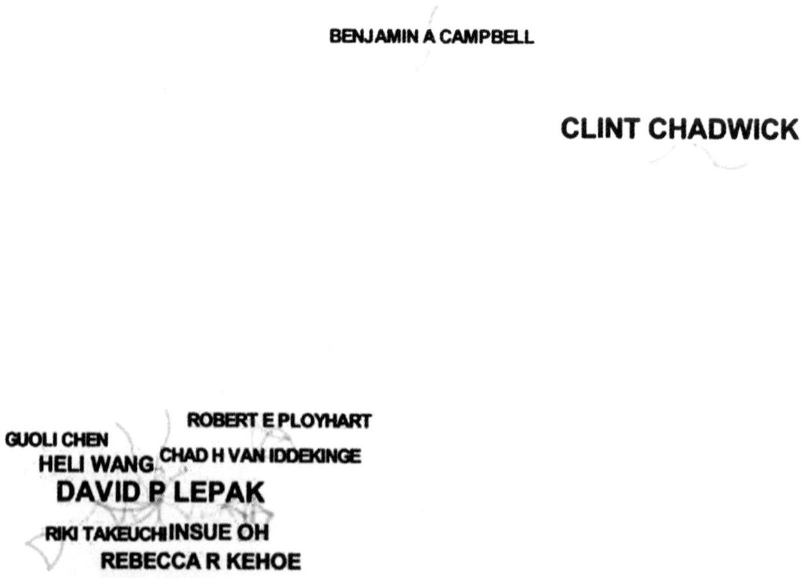

图 3-1　作者映射分析

图 3-2　机构映射分析

图 3-3　国家映射分析

192　产业与人才开发

国家，其次是法国（15 篇）和中国（13 篇）。在中国，研究机构中最具影响力的是香港大学科学与工程学院。

（二）引文分析

为了清晰深入地了解战略人力资源管理领域被引参考文献的结构，根据以往的文献计量分析研究，本文对参考文献进行分析。本研究获得了一组 12002 篇被引用的参考文献，用于对被引参考文献进行共被引分析。

最常被引用的参考文献是 Campbell BA（2012），HUSELID MA（1995），Jiang KF（2012），被引次数较高。本文在进行频次分析的基础上，通过 Allinone 聚类分析生成 12 个簇，如图 3-4 所示。每个颜色代

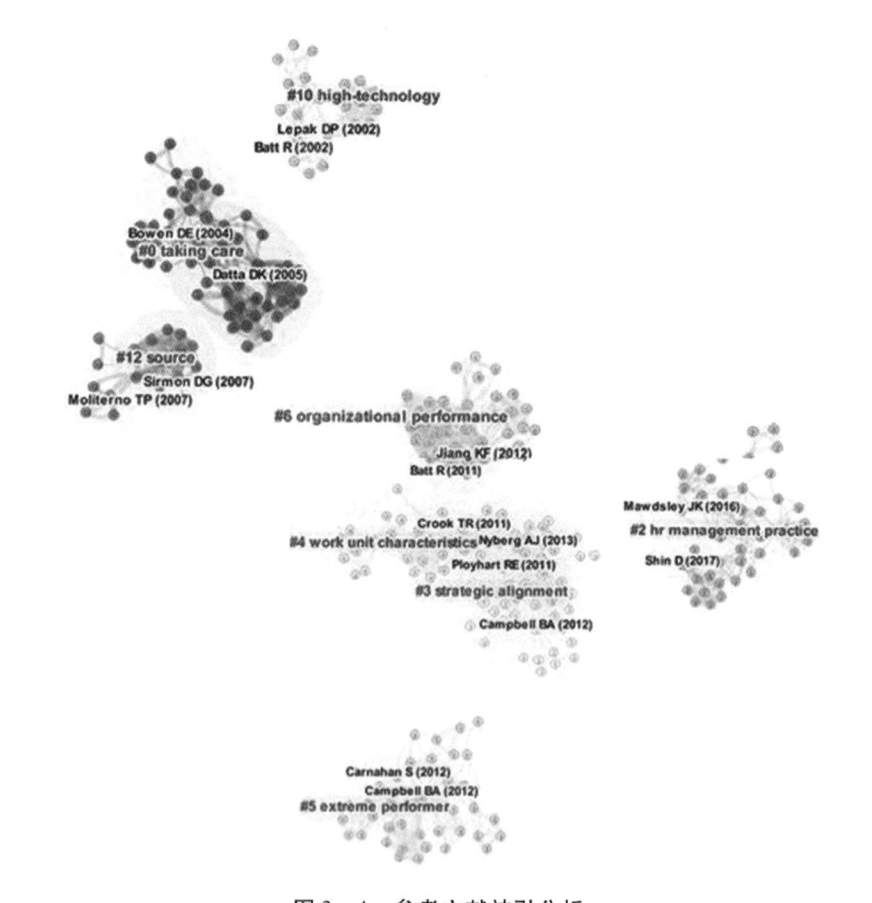

图 3-4　参考文献被引分析

表一个簇，一个簇代表一个集群。通过集群，可以发现排名前三的集群是关心照顾（Taking Care）集群、人力资源管理实践集群和战略调整集群。关系照顾集群涉及员工和客户关系、组织管理等内容，是战略人力资源管理较为基础的研究根基。人力资源管理实践集群主要涉及公司绩效、人力资本等内容，与实践应用息息相关。战略调整集群涉及调整、战略管理问题，也是战略人力资源管理领域发展较为充分，与战略管理关联紧密的内容。

（三）主题词共现分析

通过对获取文章中的主题词（terms）进行分析，可以获取战略人力资源管理研究领域的主要研究内容和主题，从而进一步挖掘热点话题和潜在话题。本文还列出了频率超过 10 次的主题词，频率越高，该主题词在战略人力资源管理的研究领域就更受欢迎，从图 3-5 和表 3-1 可以看出人力资源管理、竞争优势、公司业绩、人力资本、基于资源的理论、创新等主题词既是中心节点，也是词频较高的节点。

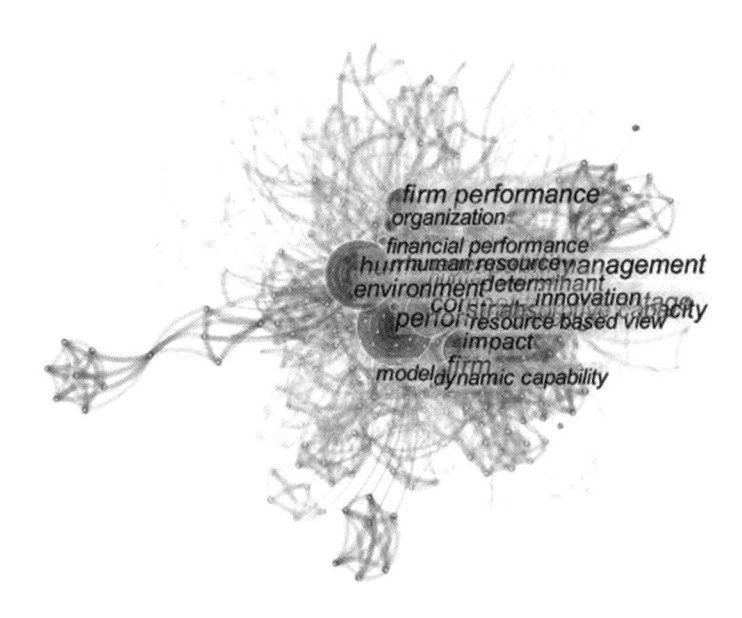

图 3-5 主题词共现分析

表 3-1　　　　　　　　　　　主题词分析结果

主题词	频次	Burst	主题词	频次	Burst
Performance	58		Absorptive Capacity	15	
Human Resource Management	52		System	14	4.23
Competitive Advantage	48		Productivity	13	
Firm Performance	32	3.79	Dynamic Capability	13	
Impact	29		Determinant	13	
Knowledge	27		Model	12	
Firm	26		Environment	12	
Human Capital	25	4.1	Resource Based View	11	
Management	24		Compensation	11	
Strategy	20		Strategic Human Resource Management	10	
Capability	17				
Organization	16				

表 3-2　　　　　　　　　　　主题词聚类情况

	集群名称	所含主题
1	Related Diversification	Human Capital, Resource-Based Approach, Complementary Assets, General Training, Business Model Innovation ǀ Research And Development, Knowledge, Management Research, Information Asymmetry, Industry
2	Everyday Effort	Compensation, Financial Performance, Organization, Personnel Practice, Top Management ǀ Model, Goal Orientation, Learning Orientation, Openness, Dimension
3	Upper-Echelon Executive	Human Capital, Upper Echelon Executive, Generalist Vs, Chief Financial Officer, Top Management Team ǀ View, Productivity, Impact, Management Practice, Firm Performance
4	Knowledge Communication	Organizational Culture, Strategic Human Resource Management, Organizational Performance, Intangible Organizational Elements ǀ Impact, Productivity, System, Work, Industrial Relation
5	Work-Life Program	Strategic Human Resource Management, Work-Life Programs, Firm Productivity, Resource-Based Approach, Firm Capabilities ǀ Employee Misconduct, Corporate Social Responsibility, Human Resource Management, Organizational Values, Employee Cheating

续表

	集群名称	所含主题
6	Countercultural Business Practice	Organizational Identity, Organizational Climate, Collective Commitment, Collective Regulatory Focus, Response Surface Analysis ∣ Cross-Border Acquisitions, Resource Efficiency, Resource Acquisition, Resource-Based View, Firm Productivity
7	Human-Capital Deployment Development	System, Productivity, Impact, Work, Industrial Relation ∣ Resource-Based View, To-Work Transition, Transaction Costs, View, Strategic Behavior
8	Dynamic Managerial Capabilities	Human Capital, Resource-Based Approach, Complementary Assets, General Training, Hierarchical Linear Modeling ∣ Resource Management, Dynamic Managerial Capabilities, Contingency Theory, Asset Orchestration, Resource Deployment
9	Employee Self-Selection	Decision Making, Resource Dependence, Social Psychology, Strategic Human Resource Management, Routinization Propensity ∣ Behavioral Strategy, Csrl Limits, Behavioral Failures, Strategic Opportunities, Cognitive Control Capabilities
10	CEOs Age	Multi-Business Firms, Resource-Based Theory, Resource Redeployment, Corporate Strategy, Demand Opportunities ∣ Employee Rights, Private Firms, Creditor Rights, Slack Resources
11	Strategic Human Resource Management	Strategic Human Resource Management, Temporal Issues; Organizational Performance, Employees Perceptions, HR Practices ∣ Strategic HRM, Multilevel Perspective, Narrative Review, Mediating Mechanisms, Temporal Issues
12	Recontextualization Perspective	Performance, Strategic Alliance, Firm, Behavior, Human Resource ∣ Firm Performance, Organizational Routines, Strategic Human Resource Management, Resource Orchestration, Structural Equations Model
13	Many Cook	Diversity; Organizational Context, Decision, Management, Sensemaking ∣ Group Effectiveness, Individual Status, Individual Performance, Diversity, Organizational Context

为更清晰地获得关键词之间的联系，本文通过 CiteSpace 对关键词进行了聚类分析，具体聚类情况如表 3-2 和图 3-6 所示。对关键词的聚类得到了 13 个集群，分别为相关多元化、日常努力、上级主管、知识交流、工作和生活的计划、反文化的商业惯例、人力资本开发部署等。

其中，对排名前五的集群进行分析：相关多元化集群中包含模式创新、研发、资源基础观等，与该集群最相关的引用是"薪酬战略：商业

图 3-6　主题词聚类分析

战略会影响高科技公司的薪酬吗？"日常努力集群包含战略选择、高层管理、人员绩效、补偿等，与该集群最相关的引用是"战略作为生活经验和战略家每天为塑造战略方向所做的努力"；上级主管集群包含外围社会资本、首席财务官等，与该集群最相关的引用是"高层执行人力资本和薪酬：通才与专家技能"；知识交流集群，包含无形的组织要素影响等，与集群最相关的引用是"知识、沟通和组织能力"。工作—生活计划集群包含客户关系管理、企业社会责任等。

从前五大集群中可以看出战略人力资源管理涉及企业的多个层面，而非仅仅是人力资源管理和开发方面的研究，由此可见战略人力资源管理中更重要的是"战略"，但研究的切入面小，学者们向下研究的同时，未对相关的战略理论等进行补充。而人力资本开发、动态管理、员工需求等因素研究较少且关联松散而成为外围集群。

（四）演变分析

为更全面地揭示战略人力资源管理的发展过程，本文使用 CiteSpace 中对主题分析和主题聚类分析，使用时区视图和时间切片功能进行了演变分析，但由于本文选取的文献数量较少，所以更关注各个主题出现的相对研究时间。如图 3-7 所示，资源基础观点、动态能力、吸收能力、公司管理、人力资本、创新人力资源管理者、知识绩效、影响模型、竞争优势、企业绩效、战略决定能力、人力资源管理等都是在研究前期出现的研究内容，表明学者们会更注重通过战略人力资源管理在提升企业竞争优势，提高企业绩效水平等实用研究。这也与战略人力资源管理的发展相符。

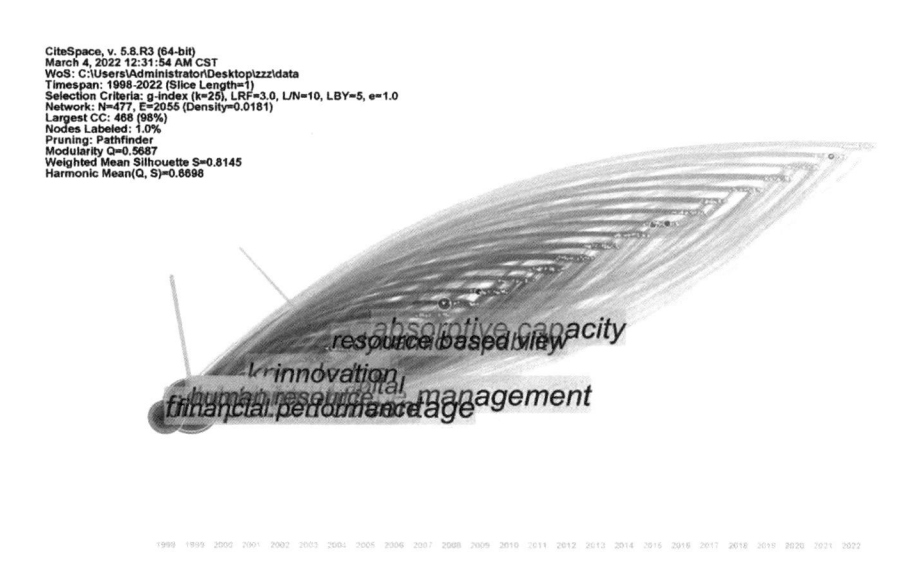

图 3-7　主题演变分析的时区图

与前期研究的集中不相同的是，随着战略人力资源管理的不断发展，其研究内容不断细化，例如董事长薪酬、社会交换理论、员工行为绩效、经营战略、多元化、员工流动、员工激励等，由此也可以得出，学术界的研究者一直在为扩充战略人力资源管理的发展贡献力量，且更加注重实践效果和战略的落实，这也是战略人力资源管理的发展趋向。

为更全面地对各个主题进行分析，在图 3-6 的基础上采用时间切片得到不同集群中战略人力资源管理研究主题的演变和发展情况，具体如图 3-8 所示。

由此确定，因为这些主题具有丰富的研究基础，企业绩效、人力资

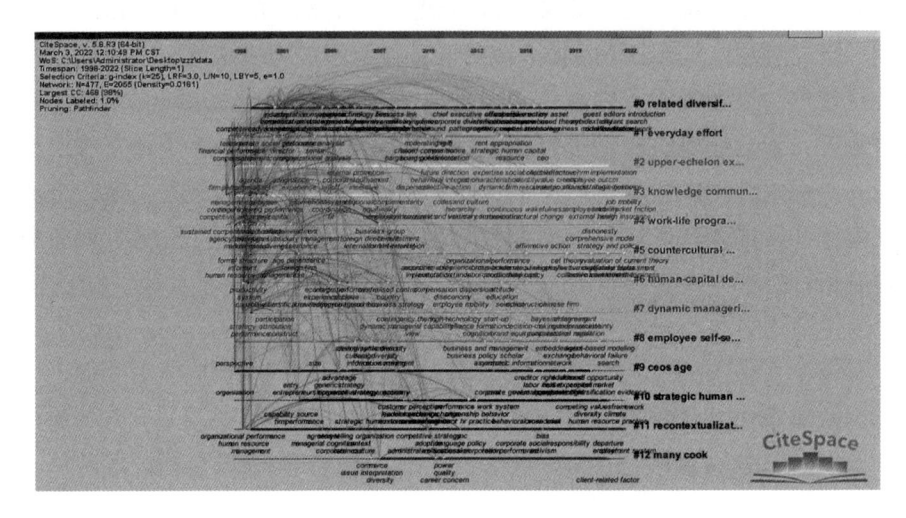

图3-8 主题聚类演变分析的时间切片图

本、高层管理、商业模式创新等组织或战略层面的研究仍然将占据未来研究的主流地位。同时，随着资源规划、组织多样性、战略联盟等研究新话题的涌现，可能会催生新的集群研究领域。

除此之外，在方法研究层面，响应面分析、层次线性模型、结构方程模型等均在战略人力资源管理的研究方面得到了应用。未来可以在此基础上对方法和模型进行改进，使方法和模型更切合实践应用。

四 战略人力资源管理的展望

通过上述分析发现，只有深入管理实践才能发现战略人力资源管理领域，乃至战略管理、组织行为等领域的真问题，挖掘实际问题的本质，设计合适的研究方法和范式，提炼出反映真实情况的、具有社会影响力的概念。

（一）把握实证，力求突破性应用实践

人力资源的心理学化和实证主义趋势似乎正在加速，正如Beer（2017）所介绍的："为什么学术界，学者们并没有提出相关的科学理论

和实践，尤其是人力资源管理？"战略人力资源管理的深入且长久的案例研究越来越稀缺，也就是实证主义和演绎研究模式与理论研究之间持续性分歧的体现。

对于一项高品质、可持续的研究领域而言，创造一个不断扩大的前因、中介和解决范式的战略人力资源管理的知识系统，可能不足以解决更广泛的、本土化的社会问题。对研究者来说，实地考察对识别真正的问题至关重要，例如组织面临的问题、企业内外部的复杂问题、人力资源解决方案以及可以从中吸取什么教训。正如 Delery 和 Roumpi（2017）的研究："人力资源管理实践不仅可以通过提高员工的能力、提供动机和机会，也可以通过塑造供应方和需求方的流动限制，有助于公司的可持续竞争优势"。由此，本文也呼吁该领域的研究人员将战略人力资源管理与广泛的社会问题联系起来，为未来的战略人力资源管理的研究进程助力。例如，在现有的组织行为热点上，探究人力资源管理如何能够为能源转型和绿色经济做出贡献。

（二）深入情景，立足差异化经济体系

对战略人力资源管理的研究离不开社会背景和外部因素，占据高层次的社会化经济视角，可以获取多元化战略。在其他的一些国家，不同的组织、企业情景等均存在差异，理解不同情景下人力资源管理的角色对研究实有裨益。Moore 等（2017）的研究提供了一个很好的例子，其针对残疾人对就业机会不断增长的需求，提供了福利向工作机会转变的经验证据，为与残疾人就业相关的社会政策提供建议，以谋求人力资源管理多元化战略的不断完善。

（三）加强联系，勇担企业中社会责任

战略人力资源管理领域是需要综合内外部各种因素以及多个利益相关者的需求，这也意味着人力资源管理还需要解决企业社会责任问题，因为企业绩效不仅包括其重要的经济指标，还包括其伦理立场和声誉等社会绩效。尤其是近些年，企业开始重视违规信息的披露，越来越多的企业家认为企业社会责任也可以是人力资源管理实践的一个组成部分。

同样，未来的研究可能会捕捉组织如何构建其具有社会责任感的人

力资源管理实践的故事和叙述,并向利益相关者阐明其以人力(资源)为导向的企业价值观。相比之下,以员工福利为导向的人力资源管理研究在过去几年里获得了越来越多的关注(Hoque 等,2018)。Guest(2017)强烈呼吁进行更多的员工幸福感人力资源管理研究,而不是人力资源管理层面企业绩效的研究。

最后,未来的研究可以进一步探索人力资源管理实践如何有助于提高组织的敏捷性和持续性。在这方面,Dubois(2012)从"全系统生态方法"为组织可持续性提供了一个全面的人力资源管理模型。简而言之,将人力资源管理研究嵌入早期问题符合 Beer(2017)对学术研究"更相关、更可行、更道德"的呼吁。

五 结论

战略人力资源管理的发展是近些年持续被完善的研究领域,但其研究的现状较为混乱。本文通过文献计量分析研究,揭示了战略人力资源管理的演变情况。本文还预测了未来的潜在趋势和热门话题,指出要深入管理实践才能发现战略人力资源管理领域,乃至战略管理、组织行为等领域的真问题,挖掘实际问题的本质,设计合适的研究方法和范式,提炼出反映真实情况的、具有社会影响力的研究成果。

(一)贡献

本文结合 CiteSpace 对战略人力资源管理进行文献计量分析。与文献综述相比,清楚且全面地展示了战略人力资源管理的演变和发展趋势。

(二)局限

通过文献计量分析,本文有助于描述一个完整的战略人力资源管理的研究框架,为未来的学者提供研究参考。但是由于本文只选取了 8 个期刊进行分析,未能涵盖所有数据库,同时,本文只选用了两类出版物(论文和综述),未来的研究可以将数据收集扩展到其他类型的出版物(例如会议论文等),这可能会在平台研究领域提供更多的见解和不同的发现。最后,虽然使用专业软件进行文献计量分析是客观的,但对其结果的解释会具有主观性，即使是同样的内容，不同的研究者也会有不同的认知和解读，希望通过专家的参与能够克服仅一名研究人员的主观解释。

参考文献

［1］寇跃、贾志永、白云、王义华：《整合视角的战略人力资源管理研究述评》，《管理评论》2014 年第 12 期。

［2］万希：《战略人力资源管理发展历程分析》，《中南财经政法大学学报》2011 年第 4 期。

［3］张紫藤、李进生、陈万思、赵曙明：《中国战略人力资源管理研究的困境及突破——基于文献计量的批判性反思》，《经济管理》2021 年第 12 期。

［4］Beer, M. (2017). Developing strategic human resource theory and making a difference: An action science perspective. Human Resource Management Review. https://doi.org/10.1016/j.hrmr, 2017.11.005

［5］Budd, J. (2020). The psychologisation of employment relations, alternative models of the employment relationship, and the OB turn. Human Resource Management Journal, 30 (1), 73 – 83.

［6］Delery, J. E., &Roumpi, D. (2017). Strategic human resource management, human capital and competitive advantage: Is the field going in circles? Human Resource Management Journal, 27 (1), 1 – 21.

［7］Dubois, C. L. Z., & Dubois, D. A. (2012). Strategic HRM as social design for environmental sustainability in organization. Human Resource Management, 51 (6), 799 – 826.

［8］Farndale, E., McDonnell, A., Scholarios, D., & Wilkinson, A. (2020a). Human Resource Management Journal: A look to the past, present, and future of the journal and HRM scholarship. Hum Resource Management Journal, 30 (1), 1 – 20.

［9］Farndale, E., McDonnell, A., Scholarios, D., & Wilkinson, A. (2020b). The psychologisation conversation: An introduction. Hum Resource Management Journal, 30 (1), 32 – 33.

［10］Guest, D. (2017). Human resource management and employee well-being: Towards a new analytic framework. Human Resource Management Journal, 27 (1), 22 – 38.

［11］Harley, B. (2019). Confronting the crisis of confidence in management studies: Why senior scholars need to stop setting a bad example. Academy of Management

Learning and Education, 18 (2), 286 - 297.

[12] Heneman, H. G., &Milanowski, A. T. (2011). Assessing human resource-practices alignment: A case study. Human Resource Management, 50 (1), 45 - 64.

[13] Hoque, K., Wass, V., Bacon, N., & Jones, M. (2018). Are high-performance work practices (HPWPs) enabling or disabling? Exploring the relationship between selected HPWPs and work-related disability disadvantage. Human Resource Management, 57 (2), 499 - 513.

[14] Jamali, D. R., El Dirani, A. M., & Harwood, I. A. (2015). Exploring human resource management roles in corporate social responsibility: The CSR-HRM co-creation model. Business Ethics: A European Review, 24 (2), 125 - 143.

[15] Kaufman, B. E. (2015a). Evolution of strategic HRM as seen through two founding books: A 30th anniversary perspective on development of the field. Human Resource Management, 54 (3), 389 - 407.

[16] Kaufman, B. E. (2015b). The RBV theory foundation of strategic HRM: Critical flaws, problems for research and practice, and an alternative economics paradigm. Human Resource Management Journal, 25 (4), 516 - 540.

[17] Morris, J., Wilkinson, B., & Gamble, J. (2009). Strategic international human resource management or the 'bottom line'? The cases of electronics and garments commodity chains in China. International Journal of Human Resource Management, 20 (2), 348 - 371.

[18] Troth, A., & Guest, D. (2020). The case for psychology in HRM. Human Resource Management Journal, 30 (1), 34 - 48.

[19] Wright, P. M., & McMahan, G. C. (2011). Exploring human capital: Putting "human" back into strategic human resource management. Human Resource Management Journal, 21 (2), 93 - 104.

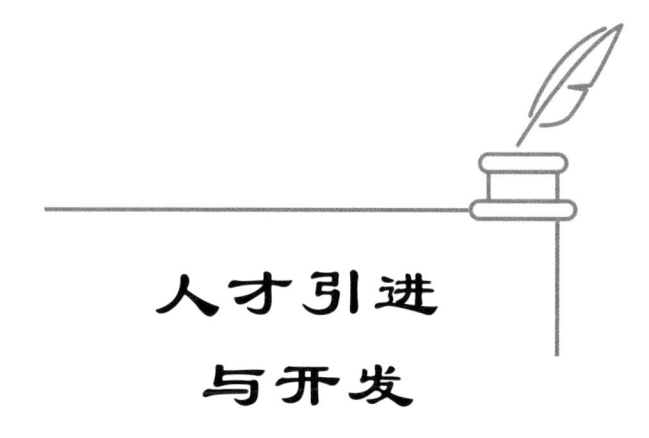

人才引进与开发

澳门特区人才引进新政探析

鄞益奋[*]

（澳门理工大学）

摘要：澳门特别行政区 2021 年底出台了新的人才引进制度，充分注重澳门人才引进与产业发展的匹配性，特别突出澳门人才引进的目的在于引领和带动澳门经济适度多元；新人才引进制度坚持分类引进、分类评审的原则，对不同的人才类别适用不同的引进条件和评审项目；新人才引进制度关注到"引进人、留住人和用好人"的一体化；新人才引进制度强调引进外来人和培养本地人的同步进行。

关键词：人才引进；分类引进；人才培养

作为微型经济体的澳门特区，土地和人才是最为稀缺的资源。回归以来，澳门原有的人才引进政策较为粗糙，人才评审机制不够公开透明。为进一步适应新时代竞争日趋激烈的人才争夺大战，澳门特区政府在 2021 年底出台了《人才引进制度》咨询文本，订定人才引进的引进类型、评审项目和评审机制，细化未来澳门不同引进人才类型的目的、对象、评分要求、限额、每年审批次数、获雇主聘用、是否取得澳门居民以及家庭成员是否受惠等方面的方向，勾画出未来人才引进新政的基本框架。

2021 年《人才引进制度》咨询文本关于澳门特区人才引进制度的讨论，是近十年来澳门特区政府再次将人才引进制度提上特区政府的政策议程。早在 2012 年澳门特区政府推出人口政策咨询文本之际，就试图将

---

[*] 澳门理工大学人文及社会科学学院副教授，博士生导师。

完善人才居留制度、优化引进人才机制作为人口政策的主要内容。然而，在咨询过程中，由于社会不少声音认为引进外来人才会争夺本地人的就业机会、阻碍本地人向上流动，导致澳门特区政府的人才政策重点移至培养澳门本地人才与吸引海外澳门人才回流的措施，引进外来人才的政策被逐步淡化。以澳门特区政府2014年设立"人才发展委员会"为例，"人才发展委员会"的主要职责是制定人才培养的长远发展策略，建设鼓励人才留澳和回澳的机制以及推动协调与人才培养相关的工作，对应的是"人才发展委员会"下设的"规划评估专责小组""人才培养计划专责小组""鼓励人才回澳专责小组"等三个常设的专责小组。

从社会各界关于此次《人才引进制度》的咨询文本来看，社会关于人才引进制度的意见基本上是正面的，认同澳门在新的历史发展阶段需要大力引进人才，实现"人才建澳"战略，提升澳门竞争力，更好融入国家发展大局。澳门街坊总会联合会就认为，以澳门现时的人才发展状况，难以支撑未来社会和经济的发展，有必要完善人才引进制度，以填补本澳人才缺口，促进社会可持续发展。澳门中华总商会认同特区政府为配合澳门经济和社会发展的实际需要，制定不同类型的人才引进计划。澳门妇联总会也认为制订完善人才引进措施有其必要性和急切性，有助于澳门更好融入国家发展大局，亦是"二五"时期澳门朝高质量发展的重要因素。

总体而言，此次《人才引进制度》的讨论充分注重澳门人才引进与产业发展的匹配性，特别突出澳门人才引进的目的在于引领和带动澳门经济适度多元；坚持分类引进、分类评审的原则，对不同的人才类别适用不同的引进条件和评审项目；关注到"引进人、留住人和用好人"的一体化；强调引进外来人和培养本地人的同步进行。

一　人才引进是实现澳门经济适度多元的重要依托

作为微型经济体的澳门，人才引进对澳门经济适度多元发展有着十分重要的意义。"澳门本地市场狭小、产业结构单一，要在推进具有澳门特色的'一国两制'新实践中获得更大发展、承担更大使命，更好融入国家发展大局，发挥人才作为第一资源的保障作用和促进作用尤为重要。特别是澳门参与粤港澳大湾区建设、实现经济适度多元发展,如果没有与之相适应的足够人才资源支撑,将无以为继"①。

多年来,澳门竭尽全力推动经济适度多元,效果却不尽如人意。人才短缺是制约澳门发展诸如高新技术、文化创业、现代金融等新兴产业的主要原因之一。因此,澳门要进一步推动经济适度多元,一定要着手补齐人才短缺的短板。数据表明,2021年第二季度,澳门本地居民就业人口中具高等教育程度人口比例为41.86%,已达亚洲发达地区水平。然而,在粤港澳大湾区建设如火如荼的发展中,澳门人才短缺的情况非但没有得到缓解,反而在人才集聚力强劲的广州、深圳、香港等城市面前,暴露出澳门人才政策的保守性和滞后性。

回顾澳门过去几年的努力,澳门主要是致力于通过人才培养和人才回流来着力解决澳门人才短缺的掣肘。然而,单独依靠人才培养和人才回流,并不能很好地解决澳门的人才短缺问题。说到底,人才培养和人才回流的战略,只是将人才的选择范围局限在澳门本地人才,在相当程度上制约和限制着澳门发展的人才基础。只有综合运用人才培养、人才回流和人才引进,才能全方位地解决澳门的人才短缺问题,从而为实现澳门经济适度多元提供良好的人才支撑。

此次澳门人才引进政策的目标和使命是非常清晰和明确的,就是实现澳门经济的适度多元,引入有利于澳门大健康产业、现代金融产业、高新科技产业及文化体育产业发展的人才。人才引进政策目标的明确化,有助于达成人才引进与产业发展的匹配化,杜绝盲目引入人才,也防止人才的高消费和人才浪费。为更好实现人才引进制度与澳门产业多元的契合性,澳门人才引进政策设定两个配套制度。一是配额制度。在"优秀人才计划"及"高级专业人才计划"中,澳门特区将采取定额、定向、定点的方式,根据引进人才的贡献和社会的实际需求,厘定引进额度上限。二是有雇主为前提。对于"高级专业人才计划",澳门特区政府的立场是其申请须先获得本地雇主聘请,薪酬须达到一定的水平。这两个配套机制的设定,在一定程度上保障了澳门的人才引进与澳门本地产业的发展需求相一致,确保人才引进以本地产业、企业的实际要求为

---

① 王万里:《澳门参与粤港澳大湾区建设的人才保障问题》,《科技导报》2019年第23期。

根据，最终达成政府、企业和社会在人才引进上的共同发力，避免人才引进成为门面工程，发挥人才集聚的虹吸效应，切实推动澳门的经济适度和产业发展进程。

二 分类引进，分类评审

缺乏明确需要引进人才的种类及条件，是澳门现有人才引进制度的突出弊端。对于人才引进，澳门现行法规缺乏明确的审核标准。澳门现行的法规中，并没有订明人才引进的审核标准，也没有说明人才引进审核的具体项目。欲前往澳门居留的专业人才，难以衡量自己是否合乎标准。在这个过程中，行政当局具有较大的自由裁量权。对于人才而言，没有明确的计分标准，给他们带来较大的不确定性[①]。

回归以来，澳门外来人才资源主要是以从事酒店、中小企业的技术工人为主，真正技术、管理类的专才数目相对较少，主要是大学教授、政府顾问、企业管理层等。在某种程度上讲，在过去相当长一段时间内，澳门外来人才与外雇的区别不明显。澳门外来人才的管理属于外地劳工管理的范畴，在澳门出入境事务大楼，经常可以看到大学教授和外地保姆共同排队办理居留许可签注的情况。对此，此次澳门人才引进新政的最大亮点，在于将引进人才的种类明确分为三类，并规定不同类别的人才适用不同的条件、评审项目和评审机制。

首先是高端人才。高端人才是"具备超凡才能或技术，并拥有公认杰出成就的人士"。引入高端人才的目的是提高澳门国际知名度、促进国际交流、培养及带教本地人才、提升澳门人口素质及竞争力。高端人才的引入条件最为宽松，没有要求先获得本地雇主聘请，也没有设定限额，不用计分。在澳门居民身份的续期条件中，不需要在澳门通常居住。

其次是优秀人才。优秀人才是指"在某一专业或某行业中表现卓越的领军人物"。与高端人才一样，优秀人才没有必要先获得本地雇主聘请，在其澳门居民身份的续期条件中，也不需要在澳门通常居住。但与

[①] 陈志峰、梁俊杰：《澳门专业人才引进：历史、现状与改进》，《港澳研究》2017年第2期。

高端人才不一样的是，优秀人才需要设定限额，需要进行评分。

最后是高级专业人才。高级专业人才是"因应澳门经济和社会现况以及中长期的发展计划，补足本地可持续发展所需、紧缺且具经验的专业人才"。对高级专业人才的引进条件与现有的澳门人才移民制度相似，需要先获得本地雇主聘请，薪酬须达到一定的水平；同时，高级专业人才设有限额，在其澳门居民身份的续期条件中，需要在澳门通常居住。

可见，澳门的人才引进新政，事实上是扩展和细分出两种更为高层次的人才引进，即"高端人才"和"优秀人才"的人才引进。这两种类型的人才引进，渗透了人才共享的理念。对于高端及优秀人才，澳门的人才新政将允许其以跨境的、移动的方式服务澳门，不须获得本地雇主聘请，也不需要在澳门通常居住，其澳门居民身份首次批给的年限是3年，适用的是特别居留许可，而不是一般居留许可。

三 引进、留住与用好人才的结合

从近些年国内各大城市出台的人才引进政策看，多数政策着眼于为降低落户门槛、给予住房购房补贴、提供创业扶持等内容，涉及子女教育、医疗卫生、社会保障等方面的内容较少，人文关怀不足。事实上，虽然城市落户、房屋补贴等物质性因素起着招揽人才的显性作用，但隐性的精神支持和保障在留下人才方面起着关键性作用。换言之，物质资金保障虽然是吸引人才的重要因素，但实际上精神层次上的支持和保障同样也不可或缺，许多人才十分看重未来的发展前景与提升空间。

国内外人才管理和人才政策的经验表明，人才引进需要植根于完整的人才政策体系上，形成人才引进、人才培养、人才管理和人才评价的系统配套，避免人才引进与人才管理、培养等环节的断裂和失衡，显示人才引进、留住和用好的一体化，即人才的"引得进、留得住、用得好"。因此，在涉及人才引进制度的同时，要做好人才留住和人才发展的问题，要用良好的公共服务、涉及教育环境、医疗卫生、社会保障、文化融合等方面的条件来留住人才，并实现人才利用效益的最大化。

有鉴于此，澳门人才引进新政的实施方案专门提到了"澳门生活优势和便利措施"。除了薪酬待遇较高的优势外，澳门引进人才和留住人才的核心优势在于"一国两制"的制度优势。澳门是实行低税制的地区，实行低税率和简单税制政策，澳门的职业税和所得补充税上限为12%，不设投资财产方面的资产增值税。澳门治安良好，包括预期寿命、教育等在内的人文发展指数在2019年为0.922p，处于极高水平。为进一步加大人才吸引人才留住的力度，澳门特区政府将进一步鼓励设立不同类型的学校为人才子女就学提供更多选择，同时也将通过提供便利及支持措施，使人才更好地融入本地生活，安心在澳门发展。

四 引进外来人才和促进本地人才培养的同步进行

长期以来，澳门社会在引进人才的立场和态度非常明确，就是希望特区政府制定在输入本地发展急需人才的同时，也能确保澳门人的就业及向上流动。由此，人才引进的标准和程序最受社会的关注。一旦人才引进标准和程序不够严谨和透明，就可能缺乏足够的社会监督，进而可能衍生外地人抢走本地人饭碗的问题，出现"招来女婿气走儿"的怪象，与人才引进致力于促进澳门经济适度多元的目标背道而驰。

对此，此次的人才引进新政十分注重人才评审标准和程序的规范化。《人才引进制度》的咨询文本清楚列明了包括年龄、学历、专业资格/行业认证、工作经验、个人成就、语言能力、家庭背景以及创业/发展/投资计划等在内的评审项目，并设立了由治安警察局负责初步审查，到人才引进审核及建议委员会的，再到行政长官做出的最后决定的"三部曲"评审机制及流程，以确保人才引进工作的严谨性和透明性。

除了规范人才引进的评审程序之外，防止外来人才与本地人力资源竞争和冲突的最大保障在于，在引进外来人才的同时要同步做好本地人才的培养工作。也就是说，澳门在引进人才的同时，要扎实做好本地人力资源的培训和开发的工作，达成引进外来人才和培养本地人才的相互促进。"由于专业人才的培养需要一个时期，为解决目前的发展瓶颈，政府应在准确、客观分析和评估的基础上，尽快确定和落实输入专才的计划。引入的专才，一方面能解决澳门发展的急需和短缺，一方面通过政策导向，使企业利用引入专才，承担起优化、培训本地人才的功能"[①]。

同步做好引进外来人才和培养本地人才，是澳门广大社会团体对于此次人才引进新政最为集中的意见，即在建构和优化澳门人才引进制度的同时，澳门特区政府要同步探讨和推出有关培育和重用本地人才的具体政策和计划。对此，特区政府再次表达了重视本地人才培养的立场。人才发展委员会有关负责人明确指出，澳门特区政府一直相当重视对本地人才的培养，已有相关部门合作研究将来设定特定产业奖学金，与高校合作推出新兴产业相关课程等，同时鼓励产业推出培训课程，以提升本地人才培养。

由此可见，此次澳门的人才引进新政，虽然在《人才引进制度》的咨询文本没有提到外来人才引进和本地人才培养的同步化，但重视本地人才的培养和发展一直是澳门特区政府一贯的政策立场，这一政策立场将贯穿和渗透澳门新的人才引进政策。因此，在引进外来人才的同时，全面扶持本地人才的发展，将始终是澳门人才引进政策的基本准则。不难预测，未来澳门人才政策的格局，将呈现"人才引进、人才回流和人才培训"三管齐下的发展格局。

五 结论

人才引进新政显示了澳门特区政府解决人才短缺问题的决心，也体现了政府直面棘手公共政策问题的魄力，为解决澳门人才短缺的问题提供了更多元、更直接的方式。在未来澳门人才引进工作的推进中，需要不断细化科学合理的评核流程和评分标准，持续优化"人才引进"和"人才留住"的制度建设，深度落实引进外来人才与培养本地人才的同步化，才能真正形成具备澳门特色的人才竞争和人才发展策略，发挥好人才引进制度在促进澳门经济适度多元的良好作用。

---

① 张驰、梁维特：《澳门人才短缺与人才需求趋势》，《国际人才交流》2008年第10期。

对澳门《人才引进制度》的思考与展望

——兼谈人才流动中的"信息茧房"效应

宋 潋

（中国政法大学）

摘要：人才引进政策的开展一方面要合乎经济理性，另一方面也要考虑到人才作为个体的复杂性。澳门特区政府于2021年进行了《人才引进制度》文本的意见征求，这一制度对既有的澳门人才引进政策作出了极大的革新，在宣告旧的人才引进政策废止的同时，也为澳门更好地融入大湾区建设揭开了美好的篇章。但既有的人才引进政策往往在开出优厚条件以吸引人才的同时，陷入政策同质化困境。本文试图从政治学中的"信息茧房"概念出发洞悉人才的行动选择，据此为澳门的人才引进政策提供一些初步的建议，认为当下的人才政策不光要做足制度建构，还要在宣传上倾注更多的努力。

关键词：粤港澳大湾区建设；人才引进政策；信息不对称性；信息茧房

《粤港澳大湾区发展规划纲要》指出，要促进澳门经济适度多元发展，支持澳门发展租赁等特色金融业务。《纲要》指出的方向对于澳门的经济调整与转型发展尤具意义。澳门的大部分社会资源都要依赖于博彩业，商务会展、休闲度假、娱乐购物都是如此。[①] 这种博彩业的蓬勃一方面发挥着社会大动脉的功能，吸纳着澳门社会的各种要素资源，但

---

① 王万里等：《大湾区建设与澳门机遇》，社会科学文献出版社2020年版，第172页。

另一方面也挤占了其他产业的发展空间。

随着以知识为基础的"知识经济"的迅速崛起，各国乃至各个地区的政府都愈加认识到，人力资源对一地区经济和社会发展的重要性。在这种情况下，产业发展与产业结构调整虽然离不开资本的倾注与政策的倾斜，但是更离不开专业人才对特定产业的促进作用。在轮番的人才争夺战中，澳门姗姗来迟，于2021年开始进行人才引进政策方面的革新，推出专门的《人才引进制度》咨询文本。本文从四个角度来讨论这一举措，在第一部分讨论《人才引进制度》的基本内容；第二部分讨论《人才引进制度》的重大战略意义；第三部分则借鉴哈佛大学法学院的凯斯·桑斯坦教授的"信息茧房"概念，来审视这种人才引进政策的局限性；第四部分则试图为这种局限性提供对策。

一 《人才引进制度》简介

（一）制度背景

二十世纪初期，澳门特别行政区在开放赌权后，迎来博彩旅游业飞速发展的黄金岁月，此后数年的各项行政方针和教育政策的设定都对博彩旅游业略有侧重。但伴随新冠疫情席卷全球的恶性后果一同展现的是，澳门经济结构单一且轻量化的问题暴露。特定专业人才缺失的问题也与经济转型的问题一同显现。彼时保护本地劳动力市场的话语早已不再强势，时至今日，政府施政报告的话锋也已转变，不断强调优化人才政策、引进外来人才的重要性。在这种社会背景下，响应习近平总书记关于人才工作的重要指示批示精神，推进国家《国民经济和社会发展第十四个五年规划和2035年远景目标纲要》、《横琴粤澳深度合作区建设总体方案》中经济适度多元发展的重要目标，澳门特区政府推出《人才引进制度》咨询文本。当然，这一人才引进政策的重大变更并非旦夕之间的仓促决定，而是早有体制逻辑的铺陈。2012年，澳门特别行政区政府推出人口政策咨询文本，提出优化引进人才机制问题。

（二）基本内容

澳门人才发展委员会在《人才引进制度》的咨询文本中建议针对四

大新产业及支持社会可持续发展引进三类不同层次人才的专项计划，旨在汇聚引领及带动澳门经济适度多元发展、可持续发展的领军人物和高级专业人才，优化本地的人力资源结构，提升整体人口素质及竞争力；借助他们的技术、经验及市场网络，改善澳门有限的资源禀赋和市场容量，带动和支持本地产业和行业发展，增强经济活力、鼓励创新精神、优化创业环境，提高澳门的城市形象与国际知名度。

在这部即将出台的《人才引进制度》中，澳门特别行政区政府积极构建新的人才政策，谋求人才资源匮乏的突破口，综合审视现有人才引进机制和相关法律法规、提升制度的清晰度和透明度、简化审批程序、明确引进人才种类、考虑人才的配套需要。这些重大变动具体表现在以下三个方面：（1）在产业方面，《人才引进制度》侧重于大健康产业、高新科技、现代金融、文化体育四个方面。这些都是澳门亟须发展的新兴产业，也正对应着澳门立志发展适度多元经济的决心。（2）在引进类型上，《人才引进制度》将人才分为高端人才计划、优秀人才计划、高级专业人才计划。其中高端人才是指具备超凡才能或技术，并拥有公认杰出成就的人士，对这类人才的引进不设上限；优秀人才是指某一专业行业中表现卓越的领军人物，具有能带动产业发展的专业经验；高级专业人才则指具有较高学历、专门技能或丰富专业经验的、可支持新产业发展的紧缺人才。（3）在审核程序和审核标准上，《人才引进制度》均做出明晰规定，采取流程化、多部门参与式的考核。这一程序被划分为四个步骤，包括由治安警察局开展的初步审查，由人才发展委员会的专家评审小组进行的初步评分和资格建议，由拟设立的人才引进审核及建议委员会进行的审议，以及最终由行政长官根据前述的审议结果作出的决定。

二 人才引进制度的意义

（一）革新人才引进制度，为澳门发展提供人才"引擎"

这次的《人才引进制度》是一次对既有人才引进制度的大变动。在过去十年间，围绕本土培养人才和澳人回流计划的讨论和措施不少，但成效不大，一方面因为本土高等教育已经深为博彩旅游业所塑造，难以实现快速转向，另一方面，高等教育的人才培养是一个缓慢的过程，从学制上来看，培养一个硕士水平的人才至少需要5—7年，这些时间成本都是本土培养人才政策所要考虑的必要成本。另外，澳人回流计划一直在稳步推行，但由于澳门人口基数本身并不大，加之个人生活惯性和专业发展的选择考虑，该计划在实践中一直难以发挥较大成效。人力资源的供给主要有两个方面：第一个方面是内生，也就是培养本地人才，为自身所用；第二个方面是外来，通过向外引进人才。在这种情况下，适时地转向人才引进既是明智之举，也是澳门特别行政区政府的无奈选择。

以往的人才引进制度分为两部分，技术移民和投资移民。到了2005年，原有的第14/95/M号法令已经无法满足特区经济发展的需求，于是特区政府颁布了第3/2005号行政法规《核准投资者、管理人员及具特别资格技术人员居留制度》，对投资移民的规定作出了变动。这些人才引进政策的变动使得澳门的移民数量在2007—2008年达到高峰，一直到近些年再次归于沉寂。这一点可以从澳门贸易投资促进局公布的官方数据中得出，申请居留的个案数量连年走低，而获准的个案数则从原先的三位数一降再降。近两年的统计数据显示，获批个案都仅有1个。[①] 这些数据基本宣告了旧制度事实上的终结。除此之外，这些法律规定缺乏明确的审核标准，这就使得行政当局有很大的自由裁量空间；缺乏明确的就业引导方向，而只是模糊地设定了投资和专业技术人员两大类；最后，没有配套的人才规定，而只是单方面地开放了居留申请，而事实上人才流动会涉及税务减免、子女教育、房屋等议题，如果没有配套措施的跟进，那么人才引进也将流于制度形式，而难以对经济环境起到实质性效果。

（二）有助于克服挤出效应，追求经济多元化发展

随着旅游业在疫情时代的衰颓，博彩业断崖式减速将澳门GDP带入下行轨道，其他产业都不足以挽救澳门颓势。从外部环境来看，在"一带一路"的背景下，相关项目的开发和建设涉及多个领域，对资金及相

[①] 参见澳门贸易投资促进局公布的"投资居留"项下的统计资料，https://www.ipim.gov.mo/zh-hans/services/investment-residency/news/statistics/，最后访问时间2022年5月10日。

关金融服务需求巨大。从内部条件来看，澳门人均GDP在中国常见居首位，极大的社会财富积累暗示着澳门发展金融行业的巨大潜力。另外，澳门具有开放的制度环境，具有独立的法律和货币政策，没有外汇管制，税制简单、税负轻，客观上提供了一定的金融业发展基础和环境。但产业结构的调整离不开知识与创新，澳门的地区创新发展也离不开相应领域人才的引进和培养。澳门特色金融业的发展一方面严重受制于澳门人力资源方面的紧缺和不足，另一方面也向澳门特区政府提出了人才政策方面的需求与挑战。

博彩业的"挤出效应"体现在人才和资产两个方面。其中，我们可以用澳门高等教育主修科目的数据来审视一下澳门本地高校在人才培养上的专业侧重[1]。澳门特区政府教育及青年发展局将统计数据按照"教育、人文及艺术、社会科学、商务管理及法律、理学、信息与通信技术、建筑及工程、健康及社会福利、服务行业"这九个大类进行划分，在近五个学年的数据中，与博彩旅游业密切相关的"商务管理及法律、服务行业"这两个大类在近五年的数字统计中都能占到50%以上的数额，足见这个人才群体的庞大，也侧面反映出博彩旅游业对于澳门高等教育的"挤出效应"。在吸引资金方面，根据澳门统计暨普查局官网公布的数据，投向博彩业的外来直接投资额较大。仅2020年，博彩业吸引的外来投资就高达1267.7亿澳门元，占外来直接投资总额的42.2%。与此存在明显差异的是，银行业获得的外来投资仅为748.5亿澳门元，占外来直接投资总额的24.9%，虽然较往年有所增长，但仍然不比博彩业的数据来得漂亮。[2] 由此可见，澳门规模庞大的博彩业在资金方面严重积压了其他产业的发展空间。而通过引进特定领域的人才来推动本地经济的适度多元化，有助于更快更有效地克服博彩业对澳门社会带来的挤出效应。

---

[1] 参见澳门特别行政区政府教育及青年发展局发布的2021年的教育统计数据概览，https://www.dsedj.gov.mo/~webdsej/www/statisti/2020/index.html?timeis=Wed%20May%2018%2016:53:04%20GMT+08:00%202022&&，最后访问时间2022年5月10日。

[2] 参见澳门统计暨普查局公布的2020年直接投资统计，https://www.dsec.gov.mo/getAttachment/e8e15cb3-3eae-4ce9-a343-f0766ee638fd/C_EID_PUB_2020_Y.aspx，最后访问时间2022年5月10日。

三 人才流动的信息茧房效应

(一) 人才引进政策的同质化现象

在知识经济时代，人才已经是经济发展的不可或缺的重要要素之一。在罗斯维尔的研究基础上，我们可以把人才政策体系中包含的基本政策工具分为三类，分别是需求型、供给型以及环境型。[①] 供给型政策工具表示政府采用多种手段对高层次人才的供给进行支持，包括教育培训、人才信息支持、基础设施建设、资金投入和公共服务这五个方面的措施。[②] 环境型包括人才引进目标规划、金融支持产业发展、给予人才税收优惠、策略性激励措施和配套法规来提供良好政策环境。需求型政策包括公共技术采购来扶持产业发展、服务外包来进行人才借用、贸易管制来进行特定产业的保护、海外机构管理来推动国际交流。

澳门的人才引进政策在制度化方面迈出了很大一步，对提供居留权的条件和流程都作出了细化规定，这本身是一种强有力的需求型政策手段，通过提升自身对人才的待遇条件来增大潜在目标人群，从而增加高层次人才的供给。但是我们如果把视野从澳门特别行政区放大到整个中国，就会发现各个城市之间的"抢人大战"早就在数年前悄然打响，甚至上海、广州这样的一线城市也在这个过程中放下身段，慷慨地开出各项对人才的优惠政策。

这就使得大家的人才引进政策出现同质化问题。在内地的"抢人大战"中，各个城市的人才引进政策往往是"拼资金""拼优惠力度"，这就很大程度会造成一种政策同质化现象。[③] 在商品流通领域，同质化本来是指，同一大类中不同品牌的商品在性能、外观甚至营销手段上相互模仿，以至逐渐趋同的现象。而引才政策的同质化是政策创新传播扩散的产物。政策传播是"一项创新通过某种渠道随着时间的流逝在一个社

---

① 参见 [美] 威廉·罗斯维尔《高校继任规划——如何建设卓越人才梯队》，李家强、陈致中译，江苏人民出版社 2013 年版。
② 参见宁甜甜、张再生《基于政策工具视角的我国人才政策分析》，《科技进步与对策》2012 年第 13 期。
③ 参见吴帅《海外人才引进机制与政策研究》，中国社会科学出版社 2014 年版。

会系统的成员之间被交流的过程"①。这种政策传播的途径大体有两种，分别是地方模仿中央政府和地方政府间的相互效仿。目前国内各地的引才政策的同质化体现在两个方面，一是引才目标重叠，地区差异不大，作为一种稀缺经济资源的高端人才自然为各个地方所需要；二是引才手段单一，通过开列出奖励性政策以求能够激励人才的就业行为选择，缺乏创新和区域特色。② 在这种竞争白热化且同质化的阶段，如何使得自身的引才政策变得更强势又有效，就是各个城市都亟待回应的一个问题。在下文的表述中，笔者将从信息的角度切入去回应这个问题。

（二）人才流动中的信息茧房效应

1. "信息茧房"的概念界定

信息茧房概念是由美国哈佛大学法学院教授凯斯·R·桑斯坦在其著作《信息乌托邦：众人如何生产知识》中首次提出的，他的本意是在政治哲学的领域中研究"群体极化"现象，也即在一个自由共享的互联网信息空间中，为什么人们没有通过交流与分享达成共识，而是走向极端。指的是公众在信息获取时，很大程度上只关注自己的喜好或使自己愉悦的领域，长此以往就会将自己束缚于像蚕茧一般的"茧房"当中。在互联网时代，伴随着海量信息的增加，信息传播中的受众只接收自己选择、喜欢的信息，习惯性地被自己的兴趣所引导，从而将自己的生活桎梏于像蚕茧一般的"茧房"中。我们建立起自己的信息茧房（information cocoons），从而"只听我们选择的东西和愉悦我们的东西的通讯领域"③。

2. 人才流动与信息茧房

借此可以得出结论，我们用我们选择的和愉悦我们的信息建立了自己的信息基础或数据库（database），再基于此去做出判断并行动。通俗来表述就是，个人的行为选择很大程度上受到个人喜好和习惯因素的影

---

① ［美］保罗·萨巴蒂尔：《政策过程理论》，彭宗超等译，生活·读书·新知三联书店 2004 年版，第 228 页。
② 参见吴帅《海外人才引进机制与政策研究》，中国社会科学出版社 2014 年版。
③ ［美］凯斯·R. 桑斯坦：《信息乌托邦——众人如何生产知识》，毕竞悦译，法律出版社 2008 年版。

响，并通过行动获取同类型知识，然后不断同质化地扩充我们的信息基础，继而很难做出突破性的决定。所有的人才政策都假定了一个扁平化的人才市场，只要列出优厚的条件，比如提供经济补贴、提供居留权（甚至是国内语境下的"户口"），就仿佛令自身充满吸引力，似乎因而可以保证招揽所需人才。

从个人的行动选择的视角上来看，在职业选择这个话题上，人才的流动，包括我们做出的职业决定不是一个纯粹的经济因素考虑的过程，很多时候也会有家庭、社会、文化、生活环境因素的影响。就业信息在社会中是分散的，也向每一个人开放。借助"信息茧房"这个概念，我们发现还有"信息因素"在发挥着潜在的影响。那些潜在的可能受到政策吸引的人才并不单单是一个依经济因素的落差而选择就业地点的理性经济人，他们同样会有他们的认识上的偏差乃至是"茧房"。抢人大战的政策同质化中，澳门开出的人才政策，其中独特的是居留权的提供，是独特的城市文化，但这些都被刻板印象遮盖了，其旅游、宜居、投资的形象反倒没有"赌博"形象深入人心。

3. 信息茧房与信息不对称性

虽然都根植于就业的信息要素，但信息茧房与信息不对称性所指称的并非同样的内容。信息不对称（asymmetric information）是指交易中的个人拥有的信息不同。在社会政治、经济等活动中，一些成员拥有其他成员无法拥有的信息，由此造成信息的不对称。运用到人才流动的情景中，信息不对称与信息茧房的概念有以下三个方面的不同：

（1）视角不同。信息不对称概念是以一种中立第三人的立场去观察就业信息的供方与需方所掌握的信息对应量，而信息茧房概念是从就业信息的需方角度去审视自身择业行动的选择。在人才引进的活动中，信息不对称往往是指引才政策与相关消息没有为特定的需方所获知，而信息茧房所涵盖的内容要超出这一点，不仅指需方没有获知特定的引才信息，更指需方即便在获得了特定的引才信息之后也不会做出相应的选择。

（2）学科不同。信息不对称概念来自信息经济学，更多是停留在经济学的层面进行成本—收益分析。而信息茧房概念是由政治现象提炼出来的政治心理学研究。所以，信息茧房是心理学意义上的，而信息不对称是经济学意义上的。虽然信息茧房是一种政治心理学讨论中会用到的词汇，但其实对人类心理特征的刻画，"茧房"这个概念非常合适。我们作的决定往往是基于自己熟悉的信息而得出的，而非一种平淡的经济考虑。

（3）回应手段不同。信息不对称性强调，只要弥合了不对称性就可以有效解决信息传递过程中可能造成的问题，也即"让需方知道供方的信息"，而后就能进行一种公平的交易，比如说用人单位不会因为信息差而克扣薪酬，劳动者也不会因为信息差而自降身价。但是信息茧房所对应的其实是"让人才了解"，进行产生选择的倾向。如此看来，信息茧房比信息不对称性更丰富。《论语》有云，知之者不如好之者，好之者不如乐之者。信息不对称性是"知之者"层面，即让应当知道者知道相关信息，而信息茧房所针对的是后两个层面，知之者之所以不选择去"好之"和"乐之"，是因为他习惯待在自己用熟悉的信息所编织成的"茧房"之中。

（三）新加坡的引才政策

信息是决策的基础，高级人才也并非面面俱到的多面手，能够掌握多方面的信息为己所用。所以人才流动过程中，或者说人才引进的政策对象，其选不选择受到人才引进政策的影响，并非一个单向的经济影响，毋宁说在这个过程中，信息也起到了很多关键的作用。而与信息密切相关的就是"宣传"。做好引才宣传才是打破"信息茧房"的关键。对此，笔者认为新加坡在这方面的措施值得借鉴。

首先，新加坡政府建立了遍布全球人才资源丰富地区的专门性揽才机构，开展全球引才活动。[①] 新加坡人力部和经济发展局是负责人才引进的全面协调和管理部门。为引进国际人才，经济发展局和人力部共同成立了"联系新加坡"（Visit Singapore）。通过以上分支机构，"联系新加坡"有效地进行海外宣传和招聘联络工作，在世界范围内建立潜在人才数据库，并保持持续的跟踪和关注。此外，为引进新加坡发展需要的全球精英，"联系新加坡"及分支还建立了专门的引才网站，针对不同目标受众的特征进行了内容划分和定制，提供人才招聘会、各行业的最

[①] 参见孙业亮、殷倩《新加坡怎样引进高端人才》，《中国人才》2019年第5期。

新资讯。此外还有"新加坡公民之旅"项目和针对顶级高校的人才引进政策，把对人才的吸纳方式由"被动的等人来"变成"主动的引进来"。

新加坡当局的做法便可被解读为是一种打破"信息茧房"的努力，把自己招才引才的形象树立出来。通过"新加坡公民之旅"项目，新加坡吸引了一大批有显著成就的人才。当前新加坡常住人口共计 400 万人左右，其中约 25% 为外籍人员。据权威数据了解，目前服务于新加坡跨国集团的外籍人才总量达 8 万余名，外籍专业技术人员在信息与通信专业技术人才队伍中所占比重高达 30%，高校教师与教授约 40% 来自其他国家。[①]

四 "信息茧房"视角下的人才引进对策

面对行为选择中的"信息茧房"，尤其是人才的行为选择，政府自然不能随意躺平，也不能随大流推出一下看似"艰难"的举措来进行自我感动式的等待，而是要正确地认识"信息茧房"现象，然后做出相应的举措作为回应。本文拟从三个角度提供四个对策来对当下澳门的人才引进政策作出一点相应的建议。第一个角度是，认识到"信息茧房"效应的存在，然后做好辅助性引才政策，补充一种柔性引才措施。第二个角度是，认识到"信息茧房"效应的存在，然后积极寻找方案打破信息茧房，积极地开展引才政策的定向宣传。这又进一步分为做好政策宣传和打造好本土环境两部分。第三个角度则是，持续稳定地推进本土教育发展，毕竟澳门本土人才是最有可能留在澳门本地发展的潜在人才群体。

（一）辅助引才政策，进行柔性补充

可以初步搭建一种基于项目的柔性引进机制。即便人才引进暂遇瓶颈，并不意味着特定产业的发展就要陷入停滞。"天下人才尽入吾彀中"的愿望在政策同质化的情境中难以得到完全实现。因此，要寻找"为我

---

① 参见马晓东《新加坡人才管理经验对淮安市的启示和对策研究》，《时代经贸》2018 年第 28 期。

所有"和"为我所用"的制衡点，有效维持两者的平衡，尽量通过有限的成本创造出更大化的收益。借力开发柔性人才，既能够使得紧缺人才的空缺得到有效补充，使澳门新兴产业的创新力与综合实力得以提升，同时用人且无需养人，免除了人才引进之后的其他忧虑，从而促成真正意义上的人力资源共享局面。可选择某一项目或某一课题进行世界范围的公开招标，通过"合同制"人才引进模式对外吸引全球最具影响力的专家，双方就特定的产业项目展开短期或中期合作。

（二）做足引才宣传，做好本土环境营造

1. 做好人才引进政策的宣传，积极打破行为选择中的信息茧房。可以考虑引入国际猎头的参与，发挥猎头机构在海外顶尖人才引进中的作用，与海外猎头公司强强联合，依靠全球最先进的人才引进模式，借助猎头公司的海外人才来源渠道，实现高精尖人才、新兴产业以及重点行业的无缝衔接。另外，政策执行的是否有效，关键在于目标群体对政策的认同感与关注度。可以创新对高端人才的宣传方式，比如积极开办"高端人才论坛暨招聘会"，借助互联网等新兴媒介积极进行人才引进方面的宣传。借鉴德国、日本等国家通过与基金会合作、举办国际会议等方式，吸引高端人才来澳访学交流，借此对其进行人才引进政策宣传。践行"走出去引才"的策略，加大与国际化的智库、咨询公司等机构合作，主动和海外机构建立联系，更好地发现海外人才资源，提高引才的针对性，强化引才质量和效能。

2. 做好本土环境建设，打造浓厚的引才氛围。打铁还需自身硬，没有梧桐树就引不来金凤凰。营造重视人才、尊重知识、尊重真理的社会氛围，让人才理念上升为社会共识，使各类人才在澳门有归属感、荣誉感和成就感，不断深化国民与社会各界对知识的认识、理解，强化对人才的尊重。创造良好的创新环境，没有良好的创新环境就不能吸引人才、留住人才。依靠"政府主导＋企业主体＋社会化运作"的运行模式，使行业群应有的意义与价值得到最大化体现，增加对人才的吸引力。[①] 最

[①] 参见张颖、解贺嘉、刘筱敏《我国省级引才政策的计量分析——以"十二五"以来的省级引才政策为研究样本》，《科技促进发展》2018年第10期。

后，要提供优质的生活环境，人才的生活环境不仅与人才开发工作息息相关，且与人才能否留住存在密切关联。政府可以从住房、教育、医疗等方面给予人才适当的优待，全面推进人才公寓建设，将住房货币补贴政策落实到位。同时也可以发展人才交流组织，以包括座谈会在内的多样化形式来促成人才的聚集与沟通，为人才提供一个可供交流的平台，以此丰富他们在澳门的生活体验。

(三) 针对性地发展本地教育，鼓励澳门人才建澳兴澳

在就业选择上最有可能留在澳门发展，并且在居留政策上无所顾忌的其实就是澳门的本土人才。从澳门回归至今，澳门已经建设发展了多达十余所现代化高校，以澳门大学为人才培养的核心阵地，以其他各公立、私立高校相继迸发的蓬勃之势，可以持续长效地为本土的经济适度多元化提供人才保障。对此，特区政府可以定期开展新兴产业人才需求调研，测算相关人才缺口数额，在此基础上有针对性地鼓励、引导本地高校学生修读金融学、文化产业管理、会展管理和中医药方面的课程，并提高修读金融学、中医药课程的博士生比例，以便为澳门特区新兴产业发展培育所需的高层次专业人才，做好本地人才培养。

五 结语

人才引进政策的开展一方面要合乎经济理性，另一方面也要考虑到人才作为一个个体的复杂性。美国宾夕法尼亚大学华顿商学院卡佩里教授（Cappelli）说，不要把人才当成一个水库，而应该把人才当成一条河流来管理；不要期待它不流动，而应该设法管理它的流速和流向。通过"信息茧房"效应，我们才能更清晰地洞悉这条河流的未来流向，也才能对之做出相适应的政策选择。站在多元化发展节点的澳门特区政府，除了革新自身人才引进制度之外，还可以在柔性引才、做好宣传、打造本土环境、发展本土教育这四个方面多花心思，如此才能为粤港澳大湾区的协同建设与发展贡献更多的澳门声音。

参考文献

著作

[1]［美］保罗·萨巴蒂尔:《政策过程理论》,生活·读书·新知三联书店2004年版。

[2]［美］凯斯·R. 桑斯坦:《信息乌托邦——众人如何生产知识》,毕竞悦译,法律出版社2008年版。

[3]［美］舒尔茨:《论人力资本投资》,吴珠华等译,北京经济学院出版社1990年版。

[4]［美］威廉·罗斯维尔:《高校继任规划——如何建设卓越人才梯队》,李家强、陈致中译,江苏人民出版社2013年版。

[5] 牛冲槐、张永红:《区域人才聚集效应研究》,知识产权出版社2013年版。

[6] 吴帅:《海外人才引进机制与政策研究》,中国社会科学出版社2014年版。

[7] 王万里等:《大湾区建设与澳门机遇》,社会科学文献出版社2020年版。

期刊论文

[1] 陈志峰、梁俊杰:《澳门专业人才引进:历史、现状与改进》,《港澳研究》2017年第2期。

[2] 何绍清:《新加坡人才战略实践对粤港澳大湾区人才发展的启示》,《中共合肥市委党校学报》2020年第1期。

[3] 李岚睿、朱振东:《粤港澳大湾区背景下澳门高端服务业升级研究》,《亚太经济》2020年第3期。

[4] 马晓东:《新加坡人才管理经验对淮安市的启示和对策研究》,《时代经贸》2018年第28期。

[5] 宁甜甜、张再生:《基于政策工具视角的我国人才政策分析》,《科技进步与对策》2012年第13期。

[6] 孙业亮、殷倩:《新加坡怎样引进高端人才》,《中国人才》2019年第5期。

[7] 王万里:《澳门参与粤港澳大湾区建设的人才保障问题》,《科技导报》2019年第23期。

[8] 谢宝剑、胡洁怡:《港澳青年在粤港澳大湾区发展研究》,《青年探索》2019年第1期。

[9] 许新:《粤港澳大湾区建设的国际参照与对策思考》,《珠江论丛》2018年第4辑。

[10] 曾凯华:《欧盟人才流动政策对粤港澳大湾区发展的启示》,《科学管理研

究》2018 年第 3 期。

［11］张颖、解贺嘉、刘筱敏：《我国省级引才政策的计量分析——以"十二五"以来的省级引才政策为研究样本》，《科技促进发展》2018 年第 10 期。

乡村振兴背景下人才政策感知对乡镇医疗机构人才队伍建设影响机制研究
——以四川省 DZ 县 SH 镇为例

于 姝 甘活羽

（大连工业大学）

摘要： 乡镇基层医疗机构作为乡村一体化的主导力量，是提升乡村医疗水平的关键，也是乡村振兴战略的重要部分，各地在乡镇卫生院人才队伍建设方面也是不遗余力地推出了各项政策，同时随着乡村振兴战略的稳步推进，人们对乡镇基层医疗机构的人才水平也提出了更高的要求和更多的期待，然而基层医疗机构的从业者对于人才政策感知能力也会对乡镇医疗机构人才队伍建设方面产生十分重要的影响。本文以四川省 DZ 县 SH 镇作为案例，首先通过官方资料、电话访问等方式收集当地相应的人才政策并进行政策分类，同时为探讨不同的人才政策感知对四川省 DZ 县 SH 镇基层医院人才队伍建设的作用，笔者对案例中的基层医疗从业者进行线上访谈，然后运用扎根理论对访谈数据进行质性分析后得出相应的结论。本研究可以作为案例为各地在发展乡村基层医疗机构人才振兴方面提供一定的启示。

关键词： 政策感知；扎根理论；人才队伍建设；乡村振兴；农村医疗

引 言

随着乡村振兴战略的稳步推进，政府发布了一系列目的为进一步加强乡村医疗人才队伍建设的政策，政策的实施和执行在一定程度上缓解了长期困扰乡村医疗队伍建设人才留存不足的问题，使乡村医疗人才产生了强烈的成就感与收获感，对优化乡村医疗人才队伍发挥了积极的作用。但是，由于受内外因素的影响，乡村医疗队伍建设政策的制定和执行仍然存在着一些待以解决的问题。据《2019年我国卫生健康事业发展统计公报》显示，乡村医生和卫生员数量总数跌破85万，降到84.2万，与2018年相比减少了6.5万，减少人数创近5年来新高。乡村医疗人才作为乡村振兴人才政策的重要参与者和执行者，是乡村振兴的重要健康力量，乡村医疗人才数量的减少势必会对我国乡村振兴战略的推进造成影响，那从人才政策方面他们有着怎样的政策感知？如何利用医疗人才对乡村振兴人才政策的感知，提出政策的优化路径，使政策效果最大化来帮助乡村医疗人才队伍建设呢？据此，我们对四川省DZ县SH镇医疗人才对当地乡村振兴的人才政策感知进行了调研，通过对其开展结构化访谈，获取了一手的访谈资料，为后续结论的得出提供相应的数据支持。

一　文献综述

首先扎根理论研究方法作为质性研究最重要的研究方法之一，由美国芝加哥大学的Barney Glaser和哥伦比亚大学的Anselm Strauss于1967年首先提出，它的提出是为了回答在社会研究中，如何能系统性地获得与分析资料以发现理论，所以其核心要旨是"从经验资料的基础上建立理论"。政府为发现、培养、教育、考核、选拔、使用人才和指导影响人才活动所规定并付诸实施的准则和措施被称为人才政策，在相关的政策发布后，相关利益群体对该项政策的主观感受和心理认知，称之为政策感知。

在国内关于政策感知对乡村人才队伍建设的研究中，刘毅玮，张云晶，封文波（2020）认为乡村教师对政策的感知与态度是评价政策制定与执行的试金石，加强政策感知有利于乡村教师整体素质的提高，林雯彤等（2021）分析出政策感知对大学生返乡旅游创业意愿具有显著的促进作用，倪渊、张健（2021）通过构建政策感知—工作价值取向—创新投入的多元多重中介效应模型发现激励政策感知能够激发人才使命取向，有利于提升人才创新活力。在对乡村人才队伍建设的影响因素研究中，周敏（2021）认为人才培养、使用、激励及评价机制的不完善会对当地的乡村人才队伍建设产生负面影响。涂孟梅（2020）认为传统人才观的衰落、公共服务体系的不完善、地方性人才政策的配套性较差都会给当地的乡村人才队伍建设带来一定的问题。提出传统医学价值观在现代市场经济的冲击下有一定衰落，乡村医生身份定位模糊、福利待遇不足、保障不健全等是影响乡村卫生人才队伍建设与发展的因素。

综合分析上述文献与研究，各学者已经从多角度、深层次地对乡村人才队伍的建设展开了研究，得出政策因素的不完善会给当地的人才建设带来一定的阻碍，并且部分学者从政策感知视角对乡村人才队伍的建设提供了相应的改善建议，研究得到的这些成果不仅可以为乡村人才队伍建设提供相关参考，而且对完善乡村人才队伍建设的政策制度提供信息支持和决策参考，但当前我国关于乡村人才政策感知及乡村人才队伍建设方面的研究多集中于乡村教师及返乡大学生、村干部等人群，对于乡村医疗人才的研究较少，同时研究方法也多采用问卷调查，较少使用扎根理论这类的质性分析方法，对此本文将运用扎根理论的质性研究方法对乡镇医疗机构人才队伍建设进行进一步的分析。

二 研究方法与数据收集

（一）研究方法

本文主要采用的研究方法是深度访谈法与扎根理论的质性分析法。扎根理论主要运用在研究者研究之前是没有理论假设的，然后通过收集相应的资料例如：访谈、新闻报道等，进行归纳总结并进一步提炼出相关理论。

（二）DZ 县 SH 镇卫生院现状

SH 镇中心卫生院位于 DZ 县的北大门，距离县城 22 公里，是集医疗、预防保健为一体的综合性"一级甲等"医院，为新型农村合作医疗、城镇职工医疗保险定点医疗机构，承担着 SH 及周边 4 个乡镇 10 余万人口的预防保健、公共卫生、健康教育、基本医疗及急救任务。全院现有在职职工 79 人，医院占地面积 7319.31 平方米，建筑面积 4076.83 平方米，现有医疗病床 54 张，服务半径约 15 公里，日均门诊人次 110 人，日均住院完人次 84 人。

(三) 数据收集

扎根理论研究最重要的就是精准可靠的数据资料,为保证本研究数据的可信度,在本次研究中首先收集当地乡镇医院的人才政策,并对其进行分类研究,在此基础上对当地乡镇医院的医护人员进行深度访谈最终形成访谈资料,然后运用扎根理论对访谈数据进行质性分析并得出相应的结论,具体人员构成见表1。同时本次研究采用的访谈方式为开放式的结构化访谈,这样的访谈方式可以对被访者的情况进行逐步的了解,同时考虑到文化水平及社会接触面的不同,本次访谈采用的都是较易理解的语句,从而有利于相关访谈资料的获取。本次总共访谈6人,选取三种不同类型的医护员工进行访谈,最终收集到的质性分析材料总共2.7万字左右。

表1　　　　　　　　　　访谈人员结构表

访谈人数	6人
人员结构	毕业五年内新入院医生2人 参与过人才援助计划的医生2人 具备20年以上工作经验的医生2人

(四) 访谈问题设计

本次研究在选取对象方面选择在DZ县SH镇卫生院工作的医务人员以及进行人才援助政策的医生等,采取一对一的访谈方式,访问时间为一个小时左右。访问的问题大致如下:

(1) 您从事医生这一职业多久了呢,是通过什么渠道进入该卫生院工作的呢?

(2) 您有了解过你们医院的人才政策吗?

(3) 您认为现有的基层医院人才政策执行效果如何?

(4) 请问您有参加过你们医院举办的相关培训活动吗,感受如何呢有没有实际的帮助呢?

(5) 请问您认为上级部门的人才援助计划对于医院的人才建设有什么影响吗?

（6）请问您认为现存的人才激励政策有实质性的作用吗？

（7）请问您认为你们医院的人才引进政策对你们医院人才建设产生了什么影响吗？

（8）您有了解过你们医院的人才现状吗？

（9）请问你们医院是否存在人才流失现象呢，如果存在大概原因有哪些呢？

（10）那请问有哪些原因让您不愿意留在基层医院工作呢？

（11）又有哪些原因让您愿意留在基层医院工作呢？

（12）您对促进基层医院人才队伍建设有哪些建议？

三　扎根理论的研究过程

收集到相关数据资料后，本文利用 Nvivo12.0 Plus 软件对数据资料进行质性分析，并将分析结果形成理论框架。

（一）开放式编码

开放式编码是扎根理论质性分析的第一个步骤，该阶段需要对所收集的数据资料进行打散并进行逐字逐句的理解分类，将原始语句形成节点并提炼成初始概念，然后在此基础上分析出开放式编码。乡镇卫生院人才政策是本次开放式编码所依据的核心，为保证访谈者的本意不被曲解，所以受访者原始语句基本上是本次开放式编码的信息，并将其中相似的概念进行提取总结，获得本次开放式编码的结论。首先对初始概念进行相应的提取总结，并对重合的概念进行删除与合并，再将一些与访谈无关的语气词删除后，最终获得 17 个开放式编码与 124 个初始概念，具体编码结果见表 2：

表 2　　　　　　　　　　开放式编码表（部分）

开放式编码	初始概念
A1 个人价值体现	个人能力提升有限
A2 个人职业发展	但偏远地区由于个人技能提升有限等原因导致人才流失严重

续表

开放式编码	初始概念
A3 工作强度与压力	放手让基层工作人员去干，基层太辛苦了，有些工作不要全部放到基层人员身上
A4 工作环境	因为毕竟在基层医院，各方面设施条件那些很有些欠缺
A5 交通便利	一个是交通城市嘛，肯定交通各方面上班，而且方便呀
A6 生活环境	居住环境那些各方面的好些
A7 薪酬待遇	毕竟我们基层医院嘛，不是靠财政完全拨款，只能他财政只拨一部分款，然后绝大部分就是要靠自己挣，所以说这块呢，相对来说就是基层医院的薪水待遇就没得县级好
A8 人才发展现状感知	我们医院就是像那种副高的应该也有十几个，正高有两个，就是那些本科生也是绝大部分是大专、本科生那些，工作都是非常敬业的，也是到上级去经过正规进修培训学习过的一些医生
A9 人才政策宣传力度感知	但据我不完全了解，我们医院好像暂时没有三支一扶及定性医学生培养政策，其他的不太清楚
A10 人才政策执行力度感知	你光是口号或者是怎么怎么样，没得实质性奖励的，肯定哪个都觉得没事
	我们医院的人才政策在执行过程中出现的一些问题，就有个别医生再去培训那一块儿的时候，因为他想抓业务啊，有可能就是在县级培训的时候出现过，有时候一个月当中啊，有那么几天要回来上班，因为下面也有业务要抓，所以说存在，就是两边跑嘛，就可能就不是完全尽心地在上级学习（培训政策效果较差）
A11 人才政策合理性感知	这上面的拨款要都难，要落到实处，我们现在是比较吃惊，反正跟周围都是同级别的医院都不一样，同级别的收入都有差别
	你光是口号或者是怎么怎么样，没得实质性奖励，肯定哪个都觉得没事
A12 人才政策规划性感知	一般情况都是差什么岗位，都招聘什么岗位，或者临时招聘人员来，本来随时都在进的进出的出，因为差什么岗位都补进来
A13 人才激励政策内容感知	激励人才，激励就是多劳多得嘛，说简单点就是多看病嘛，多抓收入嘛，反正你看得多，肯定奖金那里要高点点嘛
	我们毕竟是基层医院，在那块儿激励政策及奖励政策不是那么明显反正（激励政策不明显）

续表

开放式编码	初始概念
A14 人才培训政策内容感知	参加过培训的，效果方面还是学到了一些相关的临床技能与经验（培训效果有一定作用）
	全科医师培训，就是要求中西那些医生到县级市级去进行那个全科医师培训，还有就是那些技能进修那些，骨干培训那些（到上级培训））
A15 人才援助政策内容感知	鼓励医疗卫生机构的专业技术人员到基层转化成果，其业绩可作为晋职晋级的重要依据
	鼓励医师到基层、边远地区、医疗资源稀缺地区和其他有需求的医疗机构多点执业
A16 人才招聘政策内容感知	2016年8月看到人力资源社保局网站发布的乡镇卫生院公开招聘工作人员的简章，通过笔试加结构化面试的方式考入乡镇卫生院
	从医二十几年，刚开始是那个我们主管局，我们主管局通过组织部那个卫生系统自己招聘的
A17 人才引进政策内容感知	人才引进政策让医院的人才种类更丰富，科室建设更加齐全
共17个开放式编码	…… 共124个初始概念

（二）主轴编码

通过开放式编码后得出了14个范畴，而主轴式编码是在开放式编码得到的概念范畴化基础上对其进一步分析和归纳，发现范畴间的关系，将相互独立的范畴进行联结，并提取主范畴的过程。通过分析后得出个人精神需求、个人物质需求、人才政策因素、人才制度因素的4个主范畴，具体见表3：

表3 主轴编码表

主轴式编码	开放式编码	主范畴内涵
个人精神需求	个人价值体现	人的精神需求在工作中是相当重要的因素，如果一个人的精神需求能得到很好的满足，也会对他自身的工作起到一定的激励作用带来一定的成就感，维持工作的稳定性
	个人职业发展	
	工作强度与压力	

续表

主轴式编码	开放式编码	主范畴内涵
个人物质需求	工作环境	是真实存在且也是人类较为基本的生活需求，工作生活环境、薪酬福利与交通位置都是影响人们选择工作的重要因素，也对人才的稳定与发展有着重要的作用
	交通便利	
	生活环境	
	薪酬待遇	
人才政策影响感知	人才发展现状感知	人才政策会对政策所要针对的人群和地区产生非常重要的影响，其政策实施对象对于政策的了解程度决定着政策的实施效果，也会改变当地的人才现状及评价
	人才政策宣传力度感知	
	人才政策执行力度感知	
	人才政策合理性感知	
	人才政策规划性感知	
人才政策内容感知	人才激励政策内容感知	人才政策是当地人才队伍建设的根本驱动力，人才政策包括人才激励、培训、援助、招聘与引进等，公平且合理的人才政策有利于人才队伍的建设
	人才培训政策内容感知	
	人才援助政策内容感知	
	人才招聘政策内容感知	
	人才引进政策内容感知	

（三）选择式编码

选择式编码是扎根理论质性分析的第三个步骤，也是建立在主轴式编码的基础上进行的，这一步骤需要对主轴式编码进行进一步的提炼并发掘其核心的范畴，并以完整的逻辑结构完成一个理论框架。本文通过将开放式编码和主轴式编码进行比较并思考后，将个人精神需求与个人物质需求归结于物质与精神性供给这一核心范畴、而人才政策因素、人才制度因素归结于制度与政策性保障的核心范畴，这两个核心范畴对乡镇医疗机构人才队伍建设有着直接与间接的影响，且这两个核心范畴处于本次扎根理论分析的核心位置，能与其他主轴范畴产生联系，起到联系与总领的作用，如图1所示，该理论模型目的是在通过实践收集数据的基础上，明确乡镇医疗机构人才队伍建设的影响机制，为乡镇医疗机构人才队伍建设提供实施路径，并为解决乡镇医疗机构人才队伍建设面临的问题提供帮助。

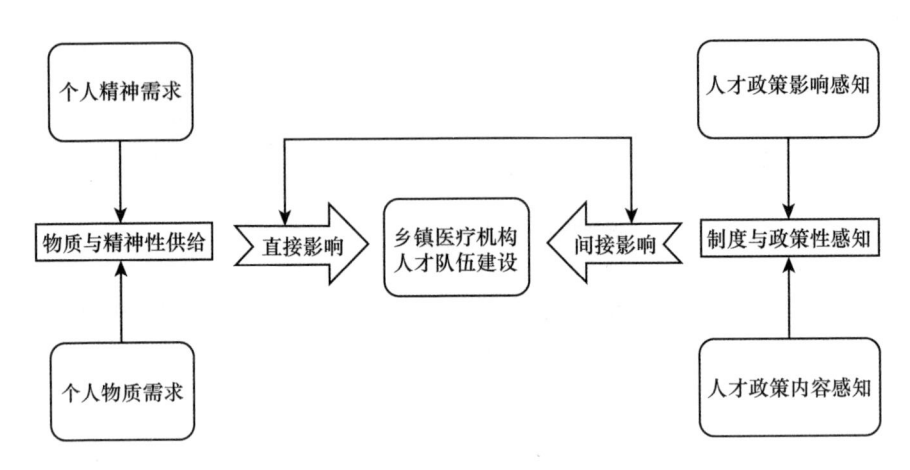

图1 乡镇医疗机构人才队伍建设因素理论框架

（四）理论饱和度检验

扎根理论的饱和是指对所收集资料进行质性分析之后，没有再产生新的概念或范畴。本文对访谈者提前预留1/5的访谈资料进行检验，没有再发现新的范畴和概念。因此，可以认为本文所构建的乡镇医疗机构人才队伍建设因素在理论上已经达到饱和。

四 乡镇医疗机构人才队伍建设因素分析

通过扎根理论的质性分析研究表明，乡镇医疗机构人才队伍建设受到物质与精神性供给、制度与政策性保障这两方面因素的影响。这两个核心因素不仅会对乡镇医疗机构产生直接与间接的影响，同时这两者之间也有相互的联系，本部分会对其进行详细的分析。

（一）个人物质需求

个人物质需求包含工作环境、交通区位、生活环境、薪酬待遇这四项，这些因素都是真实存在的，也是乡镇医疗人才生存的必要需求。良好物质条件会对优秀的人才产生强烈的吸引力，而乡镇基层医院一般在远离城市的城郊或农村地区，与城市中的医疗机构相比在地理位置上并不占有优势，也不乏存在一些地理偏僻、基础设施不好导致工作环境恶劣的基层卫生院，同时由于基层医疗机构财政拨款的不足，在薪酬待遇方面也较差，这些条件为卫生人才在基层工作和生活带来了不便，更有甚者是影响了人才的安全问题，当人才工作生活得不到满足时，人才难流入常流出成为一种常态。

（二）个人精神需求

个人精神需求是影响乡镇医疗机构人才的主观需求，乡镇医疗机构人才情感影响因素主要可归结于个人价值实现、个人职业发展、工作强度与压力等方面。人的生产积极性与其自身精神需求是否满足紧紧相关，使人的内心得到满足，也会对他自身的工作起到一定的激励作用，带来一定的成就感与归属感，维持工作的稳定性，与物质激励相比，精神激励更能激发人才的活力，产生的工作积极性也会更加持久。

（三）人才政策影响感知

人才政策是推动乡镇医疗机构人才队伍建设必不可少的手段，也是政府控制人才流动、保持人才稳定性的重要工具。从目前已经实施的政策来看，为推动乡镇医疗机构人才队伍建设，政府制定了如全科医生培训、引导高校毕业生扎根基层、医师多点执业注册、鼓励医疗卫生机构的专业技术人员到基层转化成果，其业绩可作为晋职晋级的重要依据等政策。这些人才政策的制定与实施对基层医疗机构人才队伍建设起到了一定程度的帮助，但是从实际的实施情况来看，这些人才政策并没有有效地推动乡镇医疗机构人才队伍建设，最主要的原因是现存的人才政策不足以满足乡镇医疗机构人才的需求，政策的渗透性不强，造成乡镇医疗机构人才对其感知不足。

（四）人才政策内容感知

人才政策是乡镇医疗机构人才队伍建设的前提和根本动力，而人才政策包括各种成文的与人才相关的法律、法规、政策、规则、合同等，这些政策，通过有效监督具有明显的强制性和外部约束力。在乡镇医疗机构人才队伍建设的过程中，政策发挥着基础性作用，在现有的基层社会下，乡镇医疗机构人才队伍建设中的引进、培养、使用以及和评价利益相关者的经济、法律、文化等制度基本形成，然而，基于政策环境要求的制度体系尚未建立，政策推行的力度也不够，导致人才政策实施效果不好。

五 完善乡镇医疗机构人才队伍建设的对策建议

影响乡镇医疗机构人才队伍建设的原因是多方面的，但根本原因在于乡镇医疗机构人才发展所需的条件得不到保障和满足，乡镇医疗机构人才在基层发展受到阻力，通过本文前面的分析得知主要是对物质与精神性供给、政策与制度性供给两个方面进行研究，其中制度与政策性因素具有直接的影响。因此，推动乡镇医疗机构人才队伍建设应从制度激励、资源分配、强化思想三个方面来解决。

（一）提高政策的宣传与执行力度并完善制度保障

在实现乡镇医疗机构人才队伍建设过程中，制度与政策性因素应当注重以下两个方面：一是政策宣传方式与力度，增强政策信息的简洁性与扩散性，助力人才政策执行。首先，对人才政策的宣传方式进行优化，将相关的人才政策语言转换为大众更容易理解的语言，促进政策语言平民化，以简洁易懂的方式向大众传达人才政策要点信息；其次，提高政策的执行力度，建立人才政策及时反应机制，整理相应的政策反应渠道，以便上级部门根据政策的执行状况进行调整，定期回访了解政策答疑、整改效果；二是完善引入人才的机制。吸引、选择符合基层医疗卫生需求的人员到基层医疗卫生工作，"引人才"之后，政府和相关部门要制定出更加合理、有效的引入人才的机制和政策。

（二）强化基层人才服务观念并增强精神建设

强化乡镇医疗机构人才服务基层、立足于基层踏实认真的理念是促进乡镇医疗机构人才队伍建设的当务之急。工作成就感是激励人才努力工作的动力之一，通过扎根理论的分析可知部分人才在基层医疗机构工作时会觉得自身的价值并没有发挥，工作成就感未得到满足，对此情形当地政府应当发挥新闻媒体的舆论导向作用，对乡镇医疗机构人才的先进事迹、优秀典型人物等进行宣传，营造有利于乡镇医疗机构人才面向基层服务的社会舆论氛围，加强精神文化的传播，提升个人的工作成就感。

（三）加大财政投入力度并提高基层人才待遇

基层人才的薪酬待遇是推动乡镇医疗机构人才队伍建设的主要因素。要为乡镇医疗机构人才提供更好的薪酬水平和岗位津贴，使这些乡镇医疗机构在引进人才后留住人才。通过加大对乡镇医疗机构人才的经济投入，提高卫生机构财政转移支付水平，提高乡镇医疗机构人才经济收入水平和相关福利待遇，缩小与同行业人才的收入差距，提高乡镇医疗机构人才的幸福感和收获感。

参考文献

［1］陈力：《我国人才流动宏观调控机制研究》，中国人事出版社2011年版。

［2］刘毅玮、张云晶、封文波：《乡村教师队伍建设中的困境与突破——基于乡村教师对政策感知与态度的调查》，《中国教育学刊》2020年第6期。

［3］林雯彤、叶嘉琪、吴耿清、陈旻旻、李水玲：《"互联网＋乡村振兴"对大学生返乡旅游创业意愿的影响分析——基于粤东地区乡村的调查》，《乡村科技》2021年10月。

［4］胡健、武飚：《贵州省民族地区村医队伍现状及对策分析》，《中国卫生事业管理》2012年第9期。

［5］胡叶：《基层卫生人才现状分析与发展研究》，《人力资源管理》2013年第5期。

［6］黄涛、邵文武：《经济区域间人才流动机制研究》，《企业经济》2007年第9期。

［7］黄振中、范水平：《利用医院信息系统实现临床医师的绩效评价》，《医院管理论坛》2003年第6期。

［8］荆丽梅、刘坤、周徐红、孙晓明、王俐、黄瑶、瞿天慧、娄继权、范金成：《上海市浦东新区卫生人才激励机制改革实施效果研究》，《中国全科医学》2017年第19期。

［9］李连君、龚小琦、曾妙珍、谢光明、扶玲：《新医改背景下公立医院卫生人才的流动现状与对策》，《海南医学》2020年第16期。

［10］倪渊、张健：《科技人才激励政策感知、工作价值观与创新投入》，《科学学研究》2021年第4期。

［11］周敏：《巫溪县农业科技人才队伍建设的现状与对策研究》，硕士学位论文，西南大学，2021年。

［12］涂孟梅：《乡村振兴战略下乡村人才队伍建设研究——以四川省A县为例》，硕士学位论文，西华师范大学，2020年。

人才流动与开发

粤港澳大湾区人才流动问题与对策研究

任文硕[*] 单士甫[**]

(中国人事科学研究院；山东建筑大学)

摘要：人才合理且有效流动是在广东、香港和澳门建立国际创新中心的重要一步。但在广东、香港和澳门等区域，很难控制"思想溢出"，缺乏合适的合作政策框架是阻碍粤港澳地区的经济和社会发展的关键。为了改变这一现象，本文提出开放性政策，畅通港澳居民来内地就业、推动港澳居民来粤就业创业政策协同、加强服务配套，完善公共服务体系，夯实就业平台和优化环境，为今后大湾区发展提供人才基础。

关键词：粤港澳大湾区；人才流动

一 前言

有效的人才流动能够保证一个地区的快速发展，而目前广东的人才集聚能力略低于北京和上海，同时随着在2017年下半年爆发的"抢人"大战，其他各大城市也在致力于打造良好的人才发展环境加速对人才的争夺。这导致广东已经形成的以风投中心、创新和产业孵化基地的人才高地优势也受到影响。

目前由于户籍政策、税收制度和教育资源的差距影响了大湾区的有效人才流动。尤其是香港特别行政区的人才，长期以来发挥的作用比较一般。香港特区本地的人才供给和需求方向表现出不平衡性，由于香港

---

[*] 任文硕，中国人事科学研究院。
[**] 单士甫，山东建筑大学。

特区有丰富的高校资源，并且在人才培养和储备方面较为成熟，因此香港有比较充足的人才供给。在需求端由于香港特区市场规模过小且香港特区主要以金融服务业为主，因此人才在市场的选择空间较小，很难在香港特区本地找到专业对口的工作。如果能够破除香港和广东的人才流动障碍，实现人才互补，一方面，大湾区人力不足的问题能够解决，同时也能实现人才的合理利用。欢雀 & 沃德公司利用人力外包、猎头聘用以及 HRSAAS 管理系统内的全面人事管理，促进了大湾区人才交换和大湾区人才最佳分配，从而促进了大湾区经济的更有效发展。过去，中国内地对香港和澳门人才的吸引力有限，是因为许多诸如制度之类因素没有契合。例如有相当数量的香港特区人才在内地工作，但是由于政策的原因不能购买社保，这就出现了不公平的就业现象。现在这种不公平的障碍正在不断消除，尤其是 2018 年之后，居住在广东的香港和澳门人才达到相应的条件后可以在广东落户，参加社保和医保，以及子女可以入园上学等，随着优惠政策的出台和落实，这对香港和澳门的专有人才甚至是国际人才有很强的吸引作用。

二 大湾区人才流动的研究综述

张克昕、李敏（2018）认为不管是在发达城市还是在不发达城市都有不良的生态系统，通过对人才生态系统指标体系的构建和评价，得出不良的生态系统对阻碍人才集聚有关键作用。

何玮等（2018）和王坤（2017）对比国内外高校联盟人才培养来分析创新人才对地区经济发展的作用并指出粤港澳高校联盟的发展路径。该文认为，粤港澳高校联盟为助力社会经济发展应充分实现各地优势互补，为湾区提供优质人才。

郭丽芳等（2011）认为，人才的集聚效应会对经济发展起到一定的促进作用，而该效应的产生必须由科技型人才在集聚到一定规模后产生。白俊红等（2015）研究表明区域创新绩效的提升可以通过创新要素在区域间的流动产生，例如研发人员和研发资本的动态流动产生知识溢出效应，从而产生空间溢出效应。王钺等（2017）研究发现，研发人员和研发资本等创新要素在区域间的流动会提高当地的全要素生产率。吕海萍

(2019)研究发现创新人才的流动产生的溢出效应对创新结果的影响不同，其中对区域创新绩效的影响最大，对创新资金的影响最小。杨敏、安增军（2015）提出科技人才的流动是伴随产业转移形成的，在此背景下会产生相应的技术溢出。白俊红等（2017）认为研发人员和资本等创新要素的流动会产生流动后的溢出效应，该效应会正向影响经济的增长。陈书洁等（2017）将视角扩大到国际人才流动，认为国际人才流动能够促进科技创新，是国家科技进步的动力之源。邵汉华等（2018）利用面板数据通过实证的方法验证了人员流动能够促进区域协同创新。李涛等（2019）利用城市数据得出创新要素的流动对城市创新结果有正向的显著作用。

三 大湾区人才的流动现状

（一）湾区与外部人才流动现状

智联招聘通过在2019年1月至3月在平台上采集的关于大湾区11个城市在供给端和需求端的数据，对人才在流动、供需和环境等三个方面进行了全方位的解析。其目的是向社会提供大湾区人才的全面信息，为企业和求职者提供新的发展机会。

分析显示，湾区主要流入地主要来自全国各地，而东部沿海地区最多，排名第一位的省份为北京，排名第二位的省份为湖南省，排名第三位的省份是广东省的其他地区。流出地方面，北京并非人才流出的首选，排在第一位的是江苏，排在第二位的省份为浙江，排在最后的省份为湖南。

具体分析来源地的人才特征，来自发达地区的人才呈现出年轻化、高学历和高收入特点，例如北京、上海等地流入的人才学历多为研究生学历，年龄集中在26至30周岁之间，其中北京来源地的人才中，本科及以上的人才占比为67%，有超过27%的人才月薪在一万五以上，国外的人才中，超过80%为本科学历，超过36%的人才月薪在一万五以上。来自广东内部、广西和江西的人才无论是学历还是收入都低于北京和上海地区的人才，呈现出低学历和低收入的特点。其中广东内部人才本科及以上学历占比低于31%，有80%的人才月薪在八千以下，年龄集中在

21—25岁之间。

互联网行业和房地产相关行业是大湾区目前最受欢迎的两个行业。此外，保险业是前十大人才需求行业中唯一一个人才短缺的行业，这表明其需求高于人才供给，且超过行业的平均水平。目前在大湾区的其他行业中，消费品、电器和工业自动化等行业对人才的需求较小，属于目前需求较少、人员供过于求的行业。

(二) 湾区内部人才流动现状

总体来看，深圳是大湾区数字人才最多的城市，占数字人才总数的35%且侧重于计算机网络和硬件，香港次之，占数字人才总数的25%侧重于金融业，广州排在第三位，占湾区数字人才总数的23%侧重于软件和IT服务。并且每个城市人才的技能有所不同。

报告显示，在接受调查的八个城市中，香港和深圳的数字人才出入境率最高。香港数字人才占深圳数字人才的一半以上，而反过来在香港的深圳数字人才比例为67%。

然而，香港与湾区除深圳之外的城市人才流动率不高。例如，在广东的香港数字人才比重仅31%。同样，在香港的广东数字人才比重仅为22%。

此外，深圳吸引国际数字人才的能力低于香港，在深圳有50%的数字人才来自中国，另外50%来自其他地区，而香港80%的数字人才来自境外的其他地区。

2018年5月8日，"科技人才进入计划"正式启动，是引进海外和内地科研人才的快速安排。成功的技术公司/机构可以被分配给引进人才的配额。该项目将以试点形式实施，为期三年。运营第一年最多引进科技人才1000人。

上述人才计划目前是为大湾区现有的发展而制定的，但除了上述推出的人才引进计划外，香港特区政府也会推出新的人才引进计划，以此来帮助非政府机构和青年人才在大湾区的发展，提供资金和相应的制度保障。

四 大湾区人才的流动问题

由大湾区流动现状我们可以发现如下问题:

(一) 高端人才转化率低

广东、香港和澳门之间的流动障碍已经成为大湾区人才沟通的最大问题,由于没有统一的市场,信息沟通比较困难,平台构建不完善以及人才市场不统一等问题,虽然各地政府致力于破除人才共享的障碍,但是在大环境下,各地区的人才政策匹配性低下,加上缺乏大局观念,也产生了一定的人才流动障碍。造成这种差异的主要原因是内地研究人员来香港特区和澳门特区短期工作受到入境时间的限制。香港特区、澳门特区和内地人才的签证和社会保险通常差别很大,人才在该站的注册和审批等手续需要很长时间。区域内的人才流动机制比较混乱,人才资源难以优化配置,造成科技人才资源的浪费。在科技创新方面,香港、广州和澳门的原始创新能力有比较明显的差别,与其他发达国家的地区相比仍存在较大差距。在人才培养、教育理念共融、信息互通等方面,粤港澳大湾区发挥地区的协同作用较弱,这制约了大湾区的教育、培养和信息的融合,也对今后湾区发展起到了一定的抑制作用。目前,大湾区的高校、企业和各类服务机构无论是在内部还是湾区与外部的沟通当中,互动较少、深度不够,制约了湾区的创新作用。

(二) 人才储备薄弱

从人口数量上分析广东、香港特区和澳门特区的人才发展能够得出,不同地区对人才需求由差异到趋同,导致区域人才趋同。根据最近几年湾区第一第二和第三产业比重得出,服务业比重已超过工业产业,成为该地区的支柱产业。各个地区服务业比重的不断增加导致各地区对同类型的人才的需求呈现出同步增长的态势。除了服务业对人才的争夺,第二产业制造业对人才的争夺同样激烈。这是由于湾区的次发达地区以机械制造和电子产品制造为主造成的。如果未来粤港澳大湾区的发展和规划不能够协调和细化,那么各地区经济发展的矛盾也将不断增加。

（三）人才流失难控

根据相关研究，虽然大湾区已经形成一个人才高地，许多人才把大湾区作为就业和发展的首选地区，但是大湾区仍然面临人才的流失，大湾区人才外流主要以外国就业为主，出国就业和发展已成为大湾区人才外流的选择。同时，企业在大湾区的迁移也会影响人才的流失，受企业迁移因素影响，人才随着企业迁移而从大湾区迁出，区域人才的政策不够有吸引力也导致一些科技人才定居到其他地区，这也限制了区域经济的发展。大多数主要的城市不同程度地发生人才外流，导致不同城市内产业聚集度与人才积累程度存在较大差异，大湾区内协调机制的不健全，也难以做到人才资源共享。

（四）缺乏合作政策基础

广东、香港和澳门的制度各不相同，虽然在程序安全和认证方面相对容易，但在其他政策中有更多的限制。例如，在通过香港和澳门的签注方面就会受到各种条件的限制，包括户口、停留时间等。许多政策的限制对各地的发展非常不利，在企业签约方面，一些刚成立的中小企业和发展不完善的企业受到政策局限，对粤港澳创新创业产生了极大的阻碍作用。虽然粤港澳大湾区大部分地区有合作的物质基础，但合作政策的制定是大湾区未来发展的关键，缺乏政策是该地区人才共享的主要障碍之一。近年来，广东地区、香港和澳门等城市都出台了相应的人才政策。它的政策不是为了人才流动，而是旨在通过诸如缩短进入过程或改善福利政策等措施，吸引大批海外和内地的科技人才。

五 政策建议

一是给予在广东省内的来自香港特区和澳门特区的人才相对平等的就业和创业政策，支持香港特区和澳门特区的优秀人才来广东省安家就业。进一步修改就业创业的资金扶持机制，使香港和澳门人才能够同时享受内地的各种优惠政策和公共服务。

二是不断加强和完善服务体系，完善公共就业保障。服务体系是完善人才措施的基础，其中包括就业服务措施和创业服务措施等。完善粤港澳大湾区基本保障措施，特别是港澳人才在湾区的就业和创业公共服务保障，重点在于服务保障的落实。目前虽然各项政策正在完善和制定，但是落实的力度还有待于加强，因此大湾区应优化服务体系，为在粤工作创业的港澳居民提供良好的就业服务和各项服务举措。

三是加强平台建设，积极打造粤港澳统一就业服务平台。要建设统一就业平台，首先要加快破除三地交流的政策障碍，在此基础上加强三地之间人才就业创业交流，努力打造粤港澳三地之间的三个平台，分别为就业创业服务平台、资源对接平台和人才供需信息平台。探讨衔接粤港澳社会保障关系，保护在广东工作的港澳居民的保险权益。深化广东港澳劳动安全交流与合作，开展港澳劳资人事纠纷仲裁员试点项目，积极在广东港澳大海湾区建立和谐劳动关系。

四是优化环境，使广东省内工作和创业环境更加适应大湾区人才的发展。该环境既是指良好的基础设施建设的环境，主要指居住环境、工作环境等，同时也是指良好的工作氛围以及敬才爱才的社会环境。

参考文献

[1] 张克听、李敏：《粤港澳大湾区人才磁力探析——基于生态系统视角》，《广东经济》2018年9月。

[2] 林江、姚翠齐：《粤港澳大湾区建设如何"求同存异"》?《财经智库》2019年第1期。

[3] 陈建新、陈杰、刘佐菁：《国内外创新人才最新政策分析及对广东的启示》，《科技管理研究》2018年第15期。

[4] 何玮、喻凯：《粤港澳大湾区政府合作研究——基于世界三大湾区政府合作经验的启示》，《中共珠海市委党校珠海市行政学院学报》2018年第1期。

[5] 郭丽芳、杨彦超、牛冲槐：《山西省科技投入对科技型人才聚集效应的影响研究》《科技进步与对策》2011年第5期。

[6] 白俊红、蒋伏心：《协同创新、空间关联与区域创新绩效》，《经济研究》2015年第7期。

[7] 王钺、刘秉镰：《创新要素的流动为何如此重要？——基于全要素生产率的视角》，《中国软科学》2017年第8期。

[8] 吕海萍：《创新要素空间流动及其对区域创新绩效的影响研究》，博士学位

论文，浙江工业大学，2019。

［9］杨敏、安增军：《产业转移背景下科技人才流动模型研究：基于福建省的实证调研》，《东南学术》2015 年第 5 期。

［10］白俊红、王钺、蒋伏心等：《研发要素流动、空间知识溢出与经济增长》，《经济研究》2017 年第 7 期。

［11］陈书洁、李雨明：《我国区域科技人才国际化创新环境评价研究》，《中国人力资源开发》2017 年第 11 期。

［12］邵汉华、钟琪：《研发要素空间流动与区域协同创新效率》，《软科学》2018 年第 11 期。

［13］李涛、张贵：《研发要素流动对京津冀城市群的科技创新影响研究》，《河北工业大学学报》（社会科学版）2019 年第 2 期。

［14］周仲高、游霭琼、徐渊：《粤港澳大湾区人才协同发展的理论构建与推进策略》，《广东社会科学》2019 年第 6 期。

［15］肖雄松、陈俊成：《服务粤港澳大湾区的战略人力资源培育体系构建》，《当代经济》2019 年第 12 期。

［16］阎豫桂：《粤港澳大湾区打造世界一流创新人才高地的思考》，《宏观经济管理》2019 年第 9 期。

［17］王磊：《粤港澳大湾区背景下企业人才引进探索》，《农家参谋》2019 年第 6 期。

科技创新规划实施中的参与主体人才网络结构与测度

——以 X 高新技术产业开发区为例

王明杰[*]

（中国政法大学）

摘要：科技创新发展规划是国家和区域在科技创新过程中的纲领性和指导性文件，反映了一个地区科技创新的思路，同时也指导着科技实践活动。本文以 X 高新技术产业开发区为例，对科技创新规划实施中的参与主体人才网络结构进行测度，研究发现市场主体作用依然薄弱，政府对市场的干涉作用依然较大，但情况有所改善，基于此，本文尝试为政府部门的改革、未来的科技创新和人才资源开发提供一些政策建议，以此推动 X 高新区科技创新发展规划的实施和科技创新绩效的提升。

关键词：科技创新规划；人才网络结构；测度；人才资源开发

一 引言

党的十九大报告中明确指出："坚持新发展理念。必须坚定不移贯彻创新，使市场在资源配置中起决定性作用，更好发挥政府作用"。在人才工作方面，提出要建设人才中心和创新高地。在具体实施过程中，应该综合发挥市场、政府、企业和社会等各方主体的作用。在科技创新进步发展的重要环节，政府的作用依旧十分突出，扮演着十分重要的角色。

---

[*] 王明杰，中国政法大学人力资源管理与创新发展研究中心主任、教授、博士，广东财经大学兼职教授，中国人力资源开发研究会常务理事。

但是如何平衡政府和市场的关系，是一个需要考究的问题。有的学者认为，政府在科技创新中承担着多种职能，具有引导作用、支持作用、推动作用、参与作用。政府相关部门必须提供公共服务，积极进行教育投资，培育创新型人才，建立创新平台。在推进科技创新过程中，要根据当地的实际情况和相关需求，制定专门的规划、实施意见并出台相关配套支持政策等。必要的时候，政府甚至会直接干预科研项目的实施，如美国的"曼哈顿计划"、"阿波罗计划"等就是由政府直接组织工业界、学术界等联合开展和实施。在资源配置中，政府应放权于市场，通过市场机制充分激发经济社会发展的活力，促进我国经济转型升级和科技创新，同时更好地发挥政府的作用。国家发展改革委于2022年发布的"十四五"规划提出"增强市场主体创新动能"的具体举措。但是，在实施创新驱动发展战略的过程中，经常性存在政府过度干涉市场资源有效配置的问题，阻碍了市场主体进行创新。在科技创新过程中，一定要明晰政府、企业、高校等创新主体的作用和地位，把市场还给市场。

我国现今学者对科技创新发展规划研究还不够深入。汪涛、谢宁宁（2013）对"国家中长期科技发展规划"政策群中的政策文本进行量化分析。在频数统计分析结果的基础上，从政策的发展角度，层级角度，工具和主体角度，从政策群的分析入手，探讨了协同状况。雷仲敏等（2011）根据科技发展第十二个五年规划编制的要求，通过建立城市科技发展规划战略评价的指标体系和评价模型，就科技发展五年规划实施后的评估进行了定量研究，并以某市为案例，从科技产出、科技创新能力、科技支撑引领和高新技术产业等方面对该市"十三五"科技发展规划的执行情况进行了实证评价，在此基础上对其"十四五"科技发展规划的研究制定和实施提出了相关建议。李云彪（2011）通过技术路线图分析了其对规划的导向作用、对科技管理的变革作用以及对科技创新的促进作用，并以某省市为例，用该技术路线图分析了其对"十四五"规划的意见建议。姚毅、刘玲（2010）通过对路线图等在科技规划中的应用进行探讨。提出科技规划的制定和实施要适应认识未来世界和实际操作的需要。把技术预见和路线图的研究与实践融入科技规划的制定，有利于制定和实施好科技规划。可以看出，学者们从国家、省市层面都进行了科技创新发展规划的定性和定量研究，但是，目前还未见有学者分析高新区的创新发展规划。那么在高新区的科技发展过程中，政府以及各个创新主体分别处于什么样的地位？各个创新主体之间的关系怎样？这些都是值得我们研究的问题。

近年来，X 高新区为贯彻落实统筹科技资源改革示范基地发展精神，提升技术创新能力和产业竞争力，提出了"十四五"科技创新发展规划。本文以 X 高新区为例，使用社会网络分析法，通过了解整体网、子网特征、中心性、诚实中间人指数等指标分析政府在科技创新过程中的地位和作用，为政府部门的改革和未来的科技创新提供一些政策建议，以此推动人才科技创新发展规划的实施和创新绩效的提升。

二 数据来源与研究方法

（一）样本来源

根据《X 高新区"十四五"科技创新发展规划》，规划中一共三个大类，每个大类下边又有 8 个小类，并提出了 29 条措施。我们对 29 条措施分别编码，大类为 A、B…（以此类推），小类为 1、2…（依次类推），子措施为 a、b…（依次类推）。但是第 3 大类和第 4 大类措施只有一个二级分类，所以记为 C3 和 C4。根据官方网站介绍，我们确定主体 26 个。并对子措施和部门建立对应关系，主体参与了措施，为"1"，反之为"0"，导入数据到 Ucinet 软件中，通过研究整体网络、中心度、诚实中间人指数等来分析 X 高新区科技创新网络的整体结构与特征以及各个主体在网络中的地位和作用等。相关情况如下表。

表 1　　　　　　　　　　实施措施与参与主体

实施措施	参与主体	措施类别和编码
建立军民融合创新机制	高校科研机构、大企业、产业集团、税务局、财政局、管委会、军民融合产业办公室、投资促进局、发改局、金融服务办公室	提升自主创新能力，整合利用央地创新资源（A1a）

续表

实施措施	参与主体	措施类别和编码
整合利用创新资源	大企业、中小企业、高校、产业联盟、管委会、发改局、金融服务办公室	提升自主创新能力,整合利用央地创新资源(A1b)
引导企业研究关键技术	大企业、高校、统筹科技资源办公室、管委会	提升自主创新能力,提升企业创新能力(A2a)
设立天使投资引导基金	大企业、金融机构、投资机构、税务局、管委会、发改局、金融服务办公室	优化创新创业环境,建立区域性科技金融中心(B1a)
……	……	……
大力培育新能源产业	大企业、中小企业、管委会、投资促进局、产业联盟	优化创新创业环境,推进高新技术产业发展(C3)
加快发展生物医药产业	产业技术联盟、中小企业、大企业、科研机构、管委会、人才服务中心、投资促进局	优化创新创业环境,推进高新技术产业发展(C4)

(二) 工具与研究方法

本文将使用社会网络分析法(SNA)对 X 高新区的"十四五"科技创新发展规划进行实证研究。

整体网密度(Densi-ty)是通过计算实际关系数与理论上最大关系数的比值来衡量整体网络联系紧密程度的一个指标,其数值与相互关系的紧密程度呈正相关。中心度(Centrality)指的是该因素在网络中的地位的重要性。一般来说,网络中心度有三个指标,它们分别是接近、中间和度数中心度。中间中心度是该因素对资源控制的反映,度数和获得利益资源也呈正相关。

$$C_{ABi} = \sum_{i}^{n} \sum_{k}^{n} b_{jk}(i), j \neq k \neq i 且 j < k \qquad (1)$$

接近中心度是该因素不接受别的节点控制之反映,为捷径的距离之和。若节点和所有节点的距离短了,那么中心性就大了,计算的方法如公式(2)之所示,其中的 dij 为点 i 与 j 之间捷径的距离。

$$C_{ABi} = \sum_{i}^{n} d_{ij}(i), j \neq i \qquad (2)$$

在社会网络分析的过程中,刘军(2009)的搭桥理论作用巨大。通过建立"中间人"进行关联主体。通过对诚实中间人指数进行分析，就可以找出"中间人"角色的某些参与者。

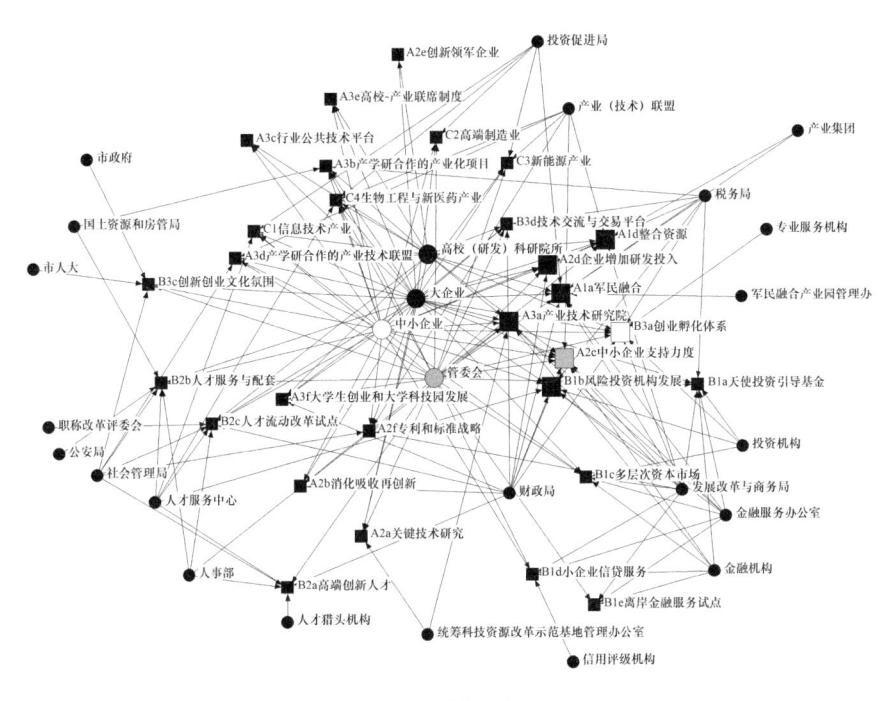

图1 二模拓扑图

三 结果分析

（一）规划实施的人才网络结构

图1是"主体—举措"拓扑图。方形表示措施，圆形表示部门。2.566是节点的平均距离，0.371是凝聚力指数，0.208是网络密度，网络密度在0—0.25时为稀疏连接。核心—边缘结构中，一部分联系紧密，是凝聚子群（核心），另一部分没有联系，但是与核心部分成员间存在紧密联系。核心结构的参与主体处于中心地位，如高校（研发）科研院所、高端创新人才、人才服务中心、人才服务与配套等主体作用十分显著。

(二) 参与主体关系网络

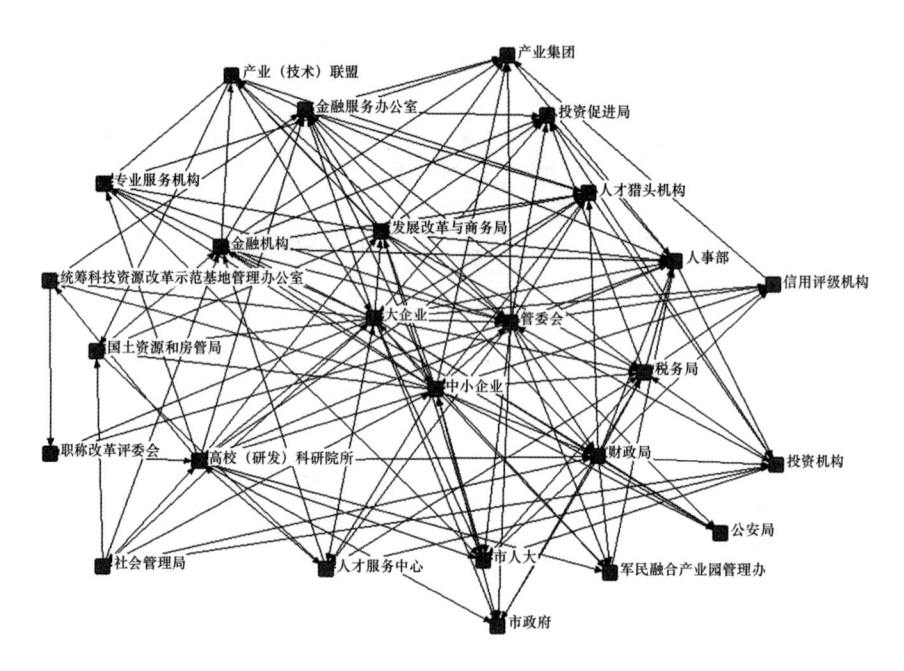

图2 参与主体网络关系图

图2中,在参与主体中的大企业、财政局、高校、管委会、中小企业的节点最为密集,且所处位置比较中心。尤其人才服务中心节点很重要。从而可以看出,这几个主体很重要。

(三) 参与主体和参与措施的中心度分析

在社会网络中,两种反映"中心性"的方法是中心势与中心度。中心度反映核心地位的程度,中心势描述整合度和一致性。度数中心度衡量一个点与其他点发展关系的情况,中间中心度和接近中心度刻画一个点控制其他点之间发展交往的能力。在本文中,度数中心度、中间中心度、接近中心度分别用 Degree、Closeness、Betweenness 表示。

(1) 中心度分析

表2　　　　　　　　中心度排在前10位的参与主体

排名	参与主体	Degree	Closeness	Betweenness
1	大企业	26.000	89.516	45.902
2	管委会	23.000	99.884	45.276
3	中小企业	23.000	101.019	44.408
4	高校（研究）院所	16.000	112.191	42.984
5	财政局	15.000	13.862	45.902
6	发改局	14.000	8.444	50.000
7	金融机构	13.000	60.531	60.531
8	金融服务办公室	13.000	45.044	50.909
9	税务局	12.000	14.722	44.444
10	人社局	12.000	90.163	51.852

表2中的10个主体中心度较高，这10个主体在整个科技创新过程中的地位和作用比较重要。

中间中心度是指该节点对资源或信息的流动和控制的大小。中小企业和高校的中间中心度较高，说明他们起着非常重要的桥梁作用。我们也发现，高校和中小企业在科技创新过程中作用明显。

我们发现，要么掌握"财源"要么掌握"人才"。这说明，在科技创新的过程中政府仍然发挥着很重要的作用，高校（研发）科研院所、高端创新人才、人才服务中心、人才服务与配套等的基础地位和核心作用应该受到足够的重视。

(2) 中心度排在前10位的措施

表3显示，措施中表中处于网络的核心地位的前十，也是重点推进的内容，涉及部门和主体多。在实地调研中，我们也发现，这些措施对科技创新发展作用明显。

表 3　　　　　　　　中心度排在前 10 位的措施

排名	类别	实施措施	Degree	Closeness	Betweenness
1	A1a	军民融合创新机制	0.586	0.780	0.139
2	A1b	整合和利用国家、省市创新资源	0.517	0.752	0.095
3	A3a	建立新兴产业技术研究院	0.345	0.691	0.045
4	B3a	建立新型创业孵化体系	0.310	0.680	0.037
5	A2a	引导和支持企业开展关键技术研究	0.310	0.680	0.051
6	A2c	加大对中小企业技术创新的支持力度	0.276	0.669	0.037
7	A3b	支持产学研合作的产业化项目	0.276	0.669	0.023
8	B1b	鼓励风险投资机构发展	0.276	0.669	0.027
9	B1c	建立健全多层次资本市场	0.276	0.669	0.027
10	C4	加快发展生物工程与新医药产业	0.241	0.659	0.029

从上表可见，6 项措施来自第一大类。这说明，政府作用明显。而这些措施多涉及财源等政府部门。这说明，发改委（局）、财政局、管委会占主导地位。

（四）诚实中间人指数分析

表 4　　　　　　　　排名前 8 的中间人指数

		Size	Pairs	HBI0	HBI1	HBI2	nHBI0	nHBI1	nHBI2
1	管委会	6.000	15.000	8.000	6.000	1.000	0.533	0.400	0.067
2	高校（研究）院所	5.000	10.000	4.000	5.000	1.000	0.400	0.500	0.100
3	大企业	5.000	10.000	4.000	4.000	2.000	0.400	0.400	0.200
4	中小企业	4.000	6.000	1.000	4.000	1.000	0.167	0.667	0.167
5	人才服务中心	3.000	3.000	1.000	1.000	1.000	0.333	0.333	0.333
6	人事部	2.000	1.000	0.000	1.000	0.000	0.000	1.000	0.000
7	金融服务办公室	2.000	1.000	0.000	1.000	0.000	0.000	1.000	0.000
8	投资机构	1.000	0.000	0.000	1.000	0.000	0.000	1.000	0.00

表 4 中 Size 表示中介次数，Pairs 是指关系对数，HBI0 代表纯中介，

HBI1 代表弱中介，HBI2 代表非中介。可以看出，管委会的诚实中间人指数最大。这说明，管委会的中介地位和作用非常重要。这里充分体现出，在科技创新中，管委会确实起着非常重要的作用，是连接金融、投资、人才与企业的桥梁。政府这只"看得见的手"为企业科技创新搭起了一个"看不见的桥梁"，实质上创新的核心仍然是高校（研发）科研院所、高端创新人才、人才服务中心、人才服务与配套等。

四 结论与讨论

（一）政府对市场干预大

虽然中心度最大的主体是大企业而不是政府部门，但是中心度前 10 的参与者中，政府部门占绝大多数。网络中，社会主体不显。只有科研院所、高校占有部分位置。这就要求我们关注社会力量，促进万众创新的氛围。

（二）政府转向"组织者"

通过中心度分析，我们发现，大企业中心度最大，其次是管委会，再次是中小企业，接着是高校（研究）院所。这说明，政府部门的主导作用和核心地位在逐渐淡化。政府部门不再是中心度最大的主体，排名前四的主体中既有政府部门，又有市场主体、也有高校。这充分说明政府部门"一家独霸"的格局正在被"多元化"的局势所取代。

（三）主体联络少，应加强主体沟通

在科技创新的社会网络中，从总体来看，网络的密度比较小。这说明，人才资源之间的关系比较松散，联系比较稀疏，应加强主体间的沟通。

（四）高校（研发）科研院所、高端创新人才的服务与配套机制亟待加强

高校（研发）科研院所、高端创新人才、人才服务中心、人才服务与配套等的基础地位和核心作用应该受到足够的重视，人才特别是高端

创新人才的服务及与之配套机制亟待完善和加强。

本文的社会网络分析和实地调研结论都只是描述性分析，而未进行预测性分析。但是，通过文本分析和实地调研相结合，本文深入了解实施科技创新发展战略过程中科技创新主体——人才资源的社会网络关系并对其进行问题探讨以及提出一些改进对策，无论是在研究方法上还是研究内容上进行了有益的探索，但对其预测性分析有待后期继续。

参考文献

［1］萧鸣政、张博：《中西方国家治理评价指标体系的分析与比较》，《行政论坛》2017 年第 1 期。

［2］张乘祎：《我国政府在科技创新中的作用及影响》，《科学管理研究》2012 年第 6 期。

［3］盛毅：《西部地区政府提升科技创新能力的途径》，《管理学刊》2013 年第 6 期。

［4］董金华：《美国国家创新体系三大主体角色新动向的启示》，《科学学研究》2005 年第 5 期。

［5］黄林、卫兴华：《重构新时代的市场与政府关系》，《经济问题》2014 年第 8 期。

［6］汪涛、谢宁宁：《基于内容分析法的科技创新政策协同研究》，《技术经济》2013 年第 9 期。

［7］雷仲敏、曾燕红、陈修义：《城市科技发展规划执行情况的后评估及其实证研究》，《兰州商学院学报》2011 年第 1 期。

［8］李云彪：《运用技术路线图推进吉林省"十三五"战略规划研究——吉林省编制"十三五"规划建议》，《现代情报》2011 年第 8 期。

［9］姚毅、刘玲：《基于技术预见和路线图的科技规划》，《科技管理研究》2010 年第 11 期。

［10］刘军：《整体网络分析讲义——Ucinet 软件实用指南》，格致出版社 2009 年版。

［11］FREEMAN, L. C., Centrality in Social Networks: Conceptual Clarification, *Social Networks*, 1979, (1)。

［12］吴建南、郑烨、贾金晓：《国家治理体系现代化的网络结构与实践路径——十八届三中全会〈决定〉的社会网络分析》，《上海行政学院学报》2015 年第

2期。

［13］刘军:《局部桥和结构洞:意义、测量及拓展》,社会科学文献出版社2009年版。

［14］罗纳德·波特:《结构洞》,格致出版社2008年版。

大学生创造力对创业动机的影响机制研究

——基于广东省高校 351 份大学生样本的分析

李永康　陶泉沙　孙琦琦

（云南财经大学财政与公共管理学院）

摘要：创新型国家和粤港澳大湾区的有序建成与快速发展，离不开创新型综合人才的助力，大学肩负着培养创新型人才的主要责任与义务，必须响应时代号召，积极承担责任与义务。本文通过对广东省高校大学生 351 份样本进行分析发现：创造力对创业动机存在显著的正向影响作用；创新性和冒险性两个维度对追名求富存在显著正向影响作用；创新性和冒险性对自我实现均有显著正向影响作用；社会支持在创造力与创业动机之间的调节作用与假设不符，但是社会支持直接影响创业动机并且呈显著正向。根据研究结论提出以下建议：强化高校创造力教育，促成重视创新、鼓励冒险的氛围；制定落实创业扶持政策，营造社会支持的环境；响应时代号召，勇做"时代新人"，助力粤港澳大湾区经济发展。

关键词：大学生；创造力；创业动机；社会支持；粤港澳大湾区

一　引言

党的十九大报告明确提出"加快建设创新型国家"这一战略目标，粤港澳大湾区要建设成为全国领先，全球有影响的湾区经济。这些目标的实现都离不开创新型人才的培养。而创新的关键要点就是在创新环境和创新制度下，让创新型人才合理限度内开展创新行为。创新型国家的有序建成和快速发展，离不开创新型综合人才的助力。学校培训和社会锻造是两种塑造和培训创新人才的方式，其中，学校培养是内在出发点，社会是外部练就条件，学校和社会是塑造和培训创新人才的必经之路。湾区高校应统筹建成和有序实施创新教育战略，在保证创新型人才的数量上实现质的飞跃，满足湾区向创新型这一模式转型升级的内在需求，高校这一必经之路在培养具备创新特质人才中必将发挥不可替代的作用。且大学生这一群体备受瞩目，其理想信念和价值目标明确，行为规范有序又严谨，富有创造力，加之在"大众创业，万众创新"的创业背景下，大学生群体对创业这一大趋势兴趣浓厚，探究大学生创造力与创业动机的关系具有极强的现实意义。

本文以广东省的大学生群体为研究对象，探讨大学生创造力对创业动机的影响机制。论文首先参考许彦妮、顾琴轩和薛琬（2014）基于Zhou&George（2011）的创造力量表的翻译版，将其划分为创新性和冒险性两个维度，对大学生创造力赋值计算；其次结合高日光、孙健敏和周备（2009）的创业动机量表，根据实际进行改编，从自我实现和追名求富两个维度衡量创业动机这一因变量；第三，我们认为高日光、孙健敏和周备（2009）的创业动机量表中的社会支持作为创业动机维度不是很符合实际，这个变量应该会在创造力对创业动机的影响路径中起到正向调节作用。于是将创业动机量表中的社会支持这一维度单独挑出作为调节因子，建立理论模型，提出相关假设，根据问卷收集到的数据进行检验，探讨大学生创造力与创业动机的作用影响机制。

二 文献回顾与研究假设

（一）文献回顾

1. 创造力

（1）创造力的概念

王智宁、高放、叶新凤（2016）在对创造力的相关文献回顾的研究评述中，对创造力的概念从过程观和结果观两个角度进行了归纳概述：从过程观这一角度来看，Stein 等（2014）一致认为创造力是在假设初步形成后，经过一系列相关检验实证和结果讨论沟通后输出的过程；

Parnes（2014）等提出创造力是一种渐进性的过程，由最初发现事实后才能对所出现的问题进行定义，据此输出创意，发现并制定使用方案的产出过程；Amabile（1983）同样从过程观概括创造力，认为是在对相关任务的阐释和准备活动中，创意顺势而生，经得起检验和评估的过程；从结果观这一角度来看，王智宁、高放、叶新凤（2016）指出，现存多种概念常侧重从创造力的性质来概括，特别指出创造力是创新过程中的重要组成部分。

综合中外学者的研究概述，本研究创造力的概念根据其性质定义，认为创造力是创新过程中不可或缺的一部分，是塑造创新型人才中不可忽视的一个重要培养关注点。

（2）创造力的维度

本文在对创造力测量的相关文献检索过程中，发现现有文献中，《威廉斯创造力倾向量表》是学者们在进行相关研究中，对调查对象的个体创造力的量化常采用的测量工具，该测量工具在林幸台等（1994）修订的中译版本中阐明，威廉斯认为个体的创造力由好奇心、冒险性、想象力和挑战性4个向度组成。本研究转引了中国研究者许彦妮、顾琴轩和薛琬（2014）参照Zhou&George（2001）的创造力问卷，翻译的中文问卷，在前人问卷基础上，根据问卷题项的设置，本研究将创造力划分为创新性和冒险性两个维度进行测量。

（3）创造力的相关研究

在管理应用和开发方面的创造力研究中，学者们常从企业管理的角度研究探讨员工创造力，以期发现对员工创造力的影响因素，为企业在管理过程中针对性解决这些影响因素提供可行性参考建议和对策，如王洪青、肖久灵（2021）采用日记调研法，从需求视角和资源视角出发，探讨职场的日常性排斥与创造力之间的相关影响机制，和将绩效证明目标取向作为调节因子，对每日职场排斥与创造力的调节作用的影响机制；彭伟、徐晓玮、陈佳贤（2022）从企业组织背景出发，探究正念对员工创造力影响机制，为企业在管理中关注员工正念、培养提高员工创造力提供可行性参考。在创造力与创业动机之间的影响机制研究匮乏。

在创造力与创业意愿二者之间的效果实证中，张秀娥、张坤（2018）在对二者之间的关系研判分析后，发现一个人的创造力对创业意愿的萌生和加强有重要的效果；施永川、黄莹、王佳桐（2020）在实证分析高校大学生创造力对创业意愿的影响机制后，得出创造力对创业意愿存在显著作用这一结论；梁春晓、沈红（2021）实证阐释并对比了城乡大学生在创造力与创业意愿间的作用机制，研究发现：农村户口大学生相较于城市户口大学生，该群体的创业意愿更高，创造力对大学生的创业意愿存在积极影响。

本文发现在对创业意愿与创业动机的相关定义的探究使用区分中，学者们多认为有创业动机的个体，大部分也有创业意愿，从而提出可行性建议与对策，如：马轶群、孔婷婷、丁娟（2020）以在校大学生为样本，收集数据并进行相关分析，探讨贫穷经历、创业动机与大学生创业意愿加强方法，认为萌生创业动机后的有贫穷经历的大学生，在政府支持下，其创业意愿会增强；曾定茜、阮银兰（2021）从乡村振兴的战略背景出发，探究分析大学生在农村的创业意愿与创业动机加强的有效举措，认为相关有效措施对创业意愿与创业动机均有提升效果。因此，本文认为创业动机和创业意愿存在先后关系，即先有创业动机的萌生后，才有创业意愿的出现，具备创业意愿的个体就存在创业动机，结合以往学者对创造力与创业意愿的相关研究发现，对创造力与创业动机之间的影响机制进行探讨，并提出假设：

H_1：创造力正向影响创业动机。

2. 创业动机

（1）创业动机的维度

Amit 和 Muller（1995）根据创业初心的不同，将创业动机划分为拉动型和推动型两种，拉动型意思是个体的创业初心是对自身的创业知识和技能有底气而萌生的创业动机，从而开展创业活动；推动型意思是个体的创业初心是不安于现状，产生不满足感，并在外界环境和相关创业政策的刺激下萌生的创业动机。曾照英和王重鸣（2009）根据创业初心的不同则认为创业动机有事业成就型及生存需求型两类，事业成就型指个体的创业初心是追求自我实现，获得职业成就感，扩大自己交际圈，而开展创业活动的动机；生存需求型指个体的创业初心是为了改善生活，认为创业能有效提供保障，规避失业，从而开展创业活动的动机。

结合中外学者的研究概述，并参考高日光、孙健敏和周备（2009）

对大学生创业动机测量工具，本研究认为追名求富和自我实现是区分不同创业动机的两个重要指标，这与以上概述的推动型与拉动型、生存需求型与事业成就型类似，将受外部创业环境和相关创业政策的影响归纳概括为政策支持。

（2）创业动机的影响因素

本文在进行创业动机的影响因素相关文献检索中，发现现存相关文献在对创业动机的影响因素研究多基于应用研究和政策研究层面。陆丹、戴岳（2012）在其研究中基于人口学背景，研究分析了西部城市大学生创业动机的影响因素，以及在专业类别、家庭影响、是否为独生子女等影响因素下的大学生创业动机的变化；陈文娟（2015）在收集江苏省高校大学生的调查数据后进行数据分析，分析研判对创业动机存在影响的因子并发现关键作用因子，影响作用效果降序排列依次是：机会识别能力、事业成就水平和政策支持；宁德鹏（2020）在百所高校大样本的数据分析基础上，对不同种类高校大学生创业行为及其影响因子进行差异化实证研究，从纵向层面发现，对创业相关政策的满意度和对经济目标的追求是影响不同类别科目的大学生创业动机的因子。综合对创业动机的影响因素相关文献检索，本文发现以创造力为直接因子对创业动机的影响机制的研究文献匮乏。

综合以上对创造力、创业动机的相关文献回顾，在以创造力为直接因子对创业动机的影响机制的研究文献匮乏的基础上，本文提出创造力正向影响创业动机的假设并进行研究验证，将创造力划分为创新性和冒险性两个维度，将创业动机划分为追名求富和自我实现两个维度，在假设 H_1 创造力正向影响创业动机的基础上，从创造力和创业动机细分维度基础上，进一步提出以下假设：

H_{1a}：创新性正向影响追名求富。

H_{1b}：创新性正向影响自我实现。

H_{1c}：冒险性正向影响追名求富。

H_{1d}：冒险性正向影响自我实现。

3．社会支持

本研究将社会支持定义为政府、教育部门和学校提供的创业政策和条件支持。在对创业动机的影响因素的相关文献的检索整理中，本文发现政策支持对创业动机存在不可忽视的影响。陈文娟（2015）在调查收集并分析江苏省高校大学生的研究样本后，发现对大学生创业动机存在影响的作用因子，指出政策支持对大学生创业动机存在一定影响；马轶群、孔婷婷、丁娟（2020）发现存在贫困经历的大学生，遭受其成长环境的影响，能否产生创业意愿的动机更多有赖于政府是否提供相关支持；宁德鹏（2020）对不同类别的高校大学生创业行为及其影响因子进行差异化实证探究，指出创业政策满意度对不同类别高校大学生创业动机存在一定影响，其中，对创业相关政策的满意度涵括了对政策本身的满意度和对政策效应的满意度两个方面。

基于以上分析，本文认为社会支持对创业动机存在不可忽视的影响，且认为社会支持在创造力对创业动机的影响中起着调节作用，据此，提出假设：

H2：社会支持在创造力对创业动机的影响中起正向调节作用。

（二）理论模型

根据之前学者的相关研究，本课题将创造力划分为创新性和冒险性两个向度，将高日光、孙健敏和周备（2009）概括整理的创业动机中追名求富、自我实现、家庭影响、社会支持四个向度缩编为追名求富和自我实现两个向度，将社会支持这一维度单独提出作为自变量，在文献回顾的基础上提出以下模型，据此收集数据，对数据从被调查者人口特质和各衡量指标的均值进行描述性统计分析、回归分析来检验求证创造力与社会支持对创业动机的作用机制，研究的模型如下图所示：

三 研究设计

（一）研究方法与数据获取

1. 研究方法

本文以大学生为研究对象，主要采用问卷调查和统计分析法探讨分析创造力与创业动机二者之间的影响机制，通过数据分析检验本文提出的假设。本课题使用问卷来调查收集研究数据，在相关文献的基础上科

图 1　研究模型

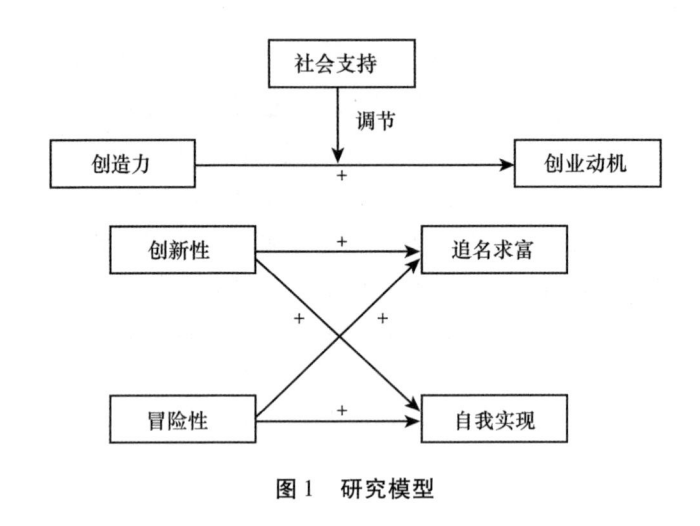

学设计并发放问卷，被调查者填写之后自动统计数据并生成报表，从问卷星后台导出问卷数据，对相关数据在 Excel 中经汇总归纳进行初步处理，再导入 SPSS26.0 统计分析软件进行相关建模验证分析：第一，对本次调查用到的量表进行信度和效度分析；第二，对收集到的样本数据，从被调查者的人口特质和各变量的均值，分别进行描述性统计分析，之后对上文提及的假设进行相关回归分析，通过数据的有效处理分析和文献回顾对研究假设进行阐释。

本研究在以往研究的基础上，综合考虑，改编引入成熟量表，对创造力、创业动机进行量化，各题的赋分采用李克特五分量表，被调查者根据个人的想法进行评分，其中 1 分 = 非常不同意，2 = 不同意，3 = 不好确定，4 = 同意，5 = 非常同意。调查问卷的内容主要由三部分构成：第一部分是被调查者的相关基本信息，比如性别、就读学校、年龄、学历层次以及专业类别等；第二部分是被测试人的创造力，包括创新性和保险性两个维度；第三部分是被调查者创业动机，包括追名求富、自我实现两个维度；社会支持在本文中作为调节变量来进行测试。

2. 数据获取

我们自 2022 年 3 月到 4 月期间，通过问卷星发放电子版问卷，并通过广东省相关大学的教师向学生推送填写。历时二个月,共回收问卷359份,其中有效问卷351份,问卷有效率为98.69%。数据来源有华南师范大学、暨南大学、广东石油化工学院、广州航海学院、广东技术师范大学。

(二) 测量工具

1. 创造力量表

创造力量表参考了许彦妮、顾琴轩和薛琬(2014)在对上海某高校多个班级的MBA学生及其直接上司进行的调研中所使用的量表,该量表源自Zhou&George(2011)在研究个人创造力与工作满意度之间关系的创造力问卷。本文尝试将创造力划分为创新性和冒险性两个维度。由于创造力所划分的创新性和冒险性两个维度是本文主观判断,在以下分析中本文运用碎石检验量表划分的维度包含因子是否合理,归纳整理得到本研究创造力数据分析量表,根据因子载荷显示的合理区间,保留了8个选项。(详见表1)

表1 创造力分析量表

名称	维度	题项	因子载荷
创造力	创新性	1. 提出新方法来实现工作目标	0.878
		2. 提出新的和可行的想法,改进工作绩效	0.861
		3. 找出新的技术、流程等方面的想法	0.848
		4. 如有机会就能在工作中展现创造力	0.818
	冒险性	1. 不怕冒风险	0.695
		2. 主动向别人表达自己的想法	0.779
		3. 为实施新想法会做好充分的计划安排	0.833
		4. 建议采用新方法来完成工作任务	0.803

2. 创业动机量表

创业动机量表转引了中国研究者高日光、孙健敏和周备(2009)采用归纳法构建的大学生创业动机量表,国外学者Olson et al.(1984)指出,企业家行为背后的驱动力是创业动机,这是将是否具备潜在创业能力和条件的企业家区分开的重要因素,以及国外学者 Baum et al.(2003)提出,创业动机是一个过程,这是在追求个人成就的过程中形成的内部驱动力,有两种衡量指标——目标效能感和自我效能感,并且尚未出现成熟的创业动机的测量工具,在此现状下,编制而成大学生创业动机问卷,分别从自我实现、追名求富、社会支持、家庭影响四个向度,对大学生创业动机进行赋分量化,但在本研究收集的样本数据中,创业动机下家庭影响这一维度对其影响并不显著,故将创业动机分析量表缩编调整为追名求富和自我实现两个向度,将社会支持这一维度根据其问题设定定义为政策支持,并提出作为创造力影响创业动机的调节因子。鉴于创业动机分析量表所保留的追名求富和自我实现两个维度出于本文的主观判断,在以下分析中本文运用碎石检验量表划分的维度包含因子是否合理,归纳整理得到本研究创业动机数据分析量表,如下表所示:

表2　　　　　　　　　　　创业动机分析量表

名称	维度	题项	因子载荷
创业动机	追名求富	1. 崇拜创业偶像	0.587
		2. 羡慕当老板的权力与地位	0.587
		3. 为了发财致富	0.683
		4. 提高自身社会地位	0.732
	自我实现	1. 想挑战自我	0.825
		2. 锻炼提升能力	0.836
		3. 证明自己的能力与才华	0.848
		4. 发挥自己的专长	0.830

3. 社会支持

在本文收集的数据中,创业动机中的家庭维度对其影响不显著,故将原量表中创业动机调整为追名求富和自我实现两个维度,将社会支持这一维度单独列出,作为创造力影响创业动机的调节变量。

表3　　　　　　　　　　　社会支持分析量表

名称	题项	因子载荷
社会支持	1. 受学校良好创业氛围的影响	0.859
	2. 政府提供优惠政策	0.847
	3. 有创业基金支持	0.867
	4. 学校提供创业基金与条件	0.924

(三) 信效度分析

对研究样本进行信度分析，能够体现出研究样本的稳定性和异质性，取值范围为 0—1 之间，量表内部一致性系数与该值成正比，在数据分析中，此值一般要求不低于 0.7，如下表 4 所示，所有测量研究维度的 Cronbach's α 均大于 0.7，说明该研究样本数据的信度符合标准。接着本文进行效度分析，其主要指各个测量因子能反映研究内容的程度，运用因子分析方法测出各研究维度 KMO 值，一般需要 KMO 值大于 0.6 即可，大于 0.5 即可进行因子分析，大于 0.7，表明很适合因子分析，图中各研究指标 KMO 均大于 0.7，表明量表效度较好。

表4　　　　　　　　　　　信度和效度分析

维度	Cronbach's α	KMO	CR	AVE
创造力	0.927	0.906	0.937	0.654
创新性	0.903	0.830	0.904	0.759
冒险性	0.837	0.814	0.878	0.591
创业动机	0.878	0.848	0.942	0.672
追名求富	0.832	0.718	0.849	0.587
自我实现	0.937	0.863	0.926	0.757
社会支持	0.897	0.758	0.925	0.757

一般情况下，因子载荷与 CR、AVE 值成正比关系，即因子载荷越大，AVE 越大，同样 CR 也越大，在实证研究中，一般要求因子载荷值和 AVE 值都需要大于 0.5，而 CR 值大于 0.7，才能表明聚合效度较好。

因子载荷值如表1、表2、表3所示,各个量表的测量因子的因子载负值均大于0.5;如表4所示,各个测量维度CR值均大于0.7,AVE值也大于0.5,说明数据信效度较好。

四 研究结果

(一)描述性统计分析

1. 数据的人口特征

描述性统计分析是对调查样本的数据情况进行说明,通过处理调查样本的数据,可以了解收集到的样本的基本情况。本研究收集统计了被调查者的性别、就读学校、年龄、学历层次以及专业类别。

本文从性别、年龄、学历层次以及专业类别四个方面来总结广东采集到的样本特征,具体如表5所示:

表5 样本统计分析

特征	分类	频数	百分比%
性别	男	113	32.19
	女	238	67.81
年龄	21岁及以下	206	58.69
	22—24岁	131	37.32
	25—27岁	10	2.85
	27—29岁	1	0.28
学历	专科	0	0
	本科	324	92.45
	硕士研究生	26	7.55
专业	理工类	14	2.09
	经管类	321	92.40
	文法史哲艺类	16	5.51
	医药类	0	0
	教育类	0	0
	农学类	0	0

从性别上看，本次调查研究的样本中，男生113人，女生238人；从整体上看，受访者中女生多于男生；从年龄上看，占比最高的年龄段在21岁及以下，其次为22—24岁；从学历层次上看，本科生占比最高；从专业类别来看，经管类占比最高。

2. 各变量的描述性统计分析

表6　　　　各变量的描述性统计分析汇总报告（N=351）

变量	极小值	极大值	均值	标准差
创造力	7	35	24.86	5.140
创新性	3	15	10.75	2.464
冒险性	4	20	14.10	3.060
创业动机	8	40	28.30	5.657
追名求富	4	20	13.12	3.397
自我实现	4	20	15.18	3.215
社会支持	4	20	13.55	3.392

从自变量来看，调查者认为自己的创造力水平均值为24.86，认为自己的创新性水平均值为10.75，认为自己的冒险性水平均值为14.10；总体来看，被调查的大学生对自己创造力的自评达到71分。

从因变量来看，被调查者认为自己的创业动机的均值为28.30，认为自己的追名求富水平均值为13.12，认为自己的自我实现水平均值为15.18；总体来看，被调查的大学生对自己创业动机的自评达到71分。

从调节变量来看，被调查者的社会支持的均值为13.55，被调查者所感知的社会支持为67.7分。

均值的分析结果说明广东省的大学生创造力、创业动机及社会支持的社会认知比较好。这与广东40年来作为改革开放前沿，创业者不断涌来，经济领跑全国的实践密切相关。

（二）相关性分析

本部分进行变量之间的相关性分析。如表3-3所示，表中列出了各个研究维度之间的相关系数，均在 0.01 级别（双尾）呈现显著相关性，适合进行变量的回归分析。

表7　　　　　　　　　　　　相关性

维度	创造力	创新性	冒险性	创业动机	追名求富	自我实现	社会支持
创造力	1						
创新性	0.913**	1					
冒险性	0.944**	0.728**	1				
创业动机	0.561**	0.511**	0.531**	1			
追名求富	0.334**	0.287**	0.329**	0.864**	1		
自我实现	0.635**	0.595**	0.587**	0.847**	0.463**	1	
社会支持	0.531**	0.528**	0.466**	0.502**	0.341**	0.522**	1

（三）回归分析

1. 创造力直接影响创业动机的回归分析

在模型 1 中，调查人口统计变量作为控制变量，R^2 为 0.004，说明其能解释 0.4% 的创业动机的变化原因，模型拟合度欠佳。在模型 2 中，增加创造力作为自变量，R^2 为 0.319，说明创造力能解释 31.9% 的创业动机的变化原因，创造力显著正向影响创业动机（β = 0.619，P < 0.001），因此 H_1 成立。

表8　　　　　　　　　　创业动机回归分析

变量类型		创业动机	
		模型 1	模型 2
控制变量	变量	30.528*** (3.156)	13.054*** (2.958)
	性别	0.001 (0.668)	0.261 (0.554)
	年龄	0.400 (0.560)	0.549 (0.464)
	学历层次	-1.434 (1.284)	-1.082 (1.064)
	专业类别	0.078 (1.504)	0.482 (0.873)
自变量	创造力		0.619*** (0.049)

续表

变量类型	创业动机	
	模型1	模型2
R^2	0.004	0.319
$\triangle R^2$	0.004	0.315
F值	0.325	32.249

注：1）*、**、***分别表示$P<0.05$、$P<0.01$、$P<0.001$；2）括号内数据为各变量标准误差；3）表中所列出的各变量之间的VIF值不存在多重共线性问题（1<VIF值<2）。

2. 创新性、冒险性影响追名求富的回归分析

创新性、冒险性与追名求富之间的回归结果如下表所示。在模型3中，调查人口统计变量作为控制变量，R^2为0.007，说明其能解释0.7%的追名求富的变化原因，模型拟合度欠佳。在模型4中，增加创新性作为自变量，R^2改变为0.090，说明创造力能解释9%的追名求富的变化原因，创新性能显著正向影响追名求富（$\beta=0.397$，$P<0.001$），因此，H1a成立。在模型5中，在模型4基础上，将创新性替换为冒险性作为自变量，R^2改变为0.114，说明冒险性能解释11.4%的追名求富变化原因，冒险性能显著正向影响创业动机（$R^2=0.363$，$P<0.001$），因此，H1c成立。

表9　　　　　　　　　　追名求富回归分析

变量类型		追名求富		
		模型3	模型4	模型5
常量		14.554*** （1.892）	9.969*** （1.990）	8.488***
控制变量	性别	-1.143 （0.400）	-0.037 （0.384）	-0.088 （0.379）
	年龄	0.243 （0.336）	0.312 （0.322）	0.268 （0.318）
	学历层次	-1.083 （0.770）	-1.133 （0.738）	-0.832 （0.729）
	专业类别	0.349 （0.632）	0.417 （0.606）	0.493 （0.598）
	创新性		0.397*** （0.071）	
自变量	冒险性			0.363***
R^2		0.007	0.090	0.114

续表

变量类型	追名求富		
	模型 3	模型 4	模型 5
△R²	0.007	0.083	0.106
F 值	0.624	6.817	8.845

注：1) *、**、*** 分别表示 $P<0.05$、$P<0.01$、$P<0.001$；2) 括号内数据为各变量标准方差；3) 表中所列出的各变量之间的 VIF 值不存在多重共线性问题（$1<$ VIF 值 <2）。

3. 创新性、冒险性对自我实现影响的回归分析

创新性、冒险性与自我实现之间的回归结果如下表所示。在模型 6 中，调查人口统计变量作为控制变量，R^2 为 0.002，说明其能解释 0.2% 的自我实现的变化原因。在模型 7 中，增加创新性作为自变量，R^2 改变为 0.358，说明创新性能解释 35.8% 的自我实现的变化原因，创新性能显著正向影响自我实现（$\beta=0.780$，$P<0.001$），因此 H1b 成立。模型 8 在模型 7 基础上，将创新性替换为冒险性作为自变量，R^2 改变为 0.348，说明冒险性能解释 34.8% 的自我实现变化原因，冒险性能显著正向影响自我实现（$\beta=0.590$，$P<0.001$），因此 H1d 成立。

表 10　　自我实现回归分析

变量类型		自我实现		
		模型 6	模型 7	模型 8
常量		15.974***（1.795）	6.969***（1.582）	5.624***（1.642）
控制变量	性别	0.145（0.380）	0.353（0.306）	0.239（0.308）
	年龄	0.157（0.319）	0.291（0.256）	0.198（0.258）
	学历层次	-0.350（0.730）	-0.447（0.586）	0.079（0.592）
	专业类别	-0.271（0.599）	-0.139（0.481）	-0.026（0.486）
	创新性		0.780***（0.056）	
冒险性				0.620***（0.046）
R^2		0.002	0.358	0.348
△R²		0.002	0.356	0.346
F 值		0.152	38.505	36.802

4. 社会支持在创造力与创业动机之间的调节作用分析

社会支持对创造力与创业动机的调节作用的回归结果如下表所示。在模型 10 中引入创造力与社会支持的交互项，$\beta = -0.028$，$P < 0.01$，社会支持的调节作用显示为负向显著作用，与 H2 的假设相反，因此 H2 不成立。

表 11　　　　　　　　　　社会支持调节作用回归分析

变量类型		创业动机	
		模型 9	模型 10
变量		10.029** (2.884)	1.702 (4.239)
控制变量	性别	0.155 (0.531)	0.031 (0.528)
	年龄	0.589 (0.445)	0.626 (0.441)
	学历层次	-0.543 (1.024)	-0.553 (1.015)
	专业类别	0.273 (0.837)	0.075 (0.833)
自变量	创造力	0.453*** (0.055)	0.813*** (0.146)
调节变量	社会支持	0.476*** (0.085)	1.177*** (0.085)
交互项	创造力*社会支持		-0.028** (0.010)
R^2		0.376	0.389
$\triangle R^2$		0.376	0.013
F 值		34.562	31.160

五　研究发现与讨论

通过回归分析汇总，模型假设检验结果如下：

表 12　　　　　　　　　　假设验证结果

编号	假设	验证结果
H1	创造力正向影响创业动机	成立
H1a	创新性正向影响追名求富	成立
H1b	创新性正向影响自我实现	成立
H1c	冒险性正向影响追名求富	成立

续表

编号	假设	验证结果
H1d	冒险性正向影响自我实现	成立
H2	社会支持在创造力对创业动机的影响中起正向调节作用	不成立

根据检验结果,本文得到以下结论:

(一) 创造力对创业动机的显著正向影响得到了证实

在创造力对创业动机的回归分析中,创造力对创业动机的样本结果显示在 0.001 水平上存在显著的正向影响,因此 H_1 成立。

在创造力下的创新性和冒险性维度对创业动机中的追名求富维度回归分析中,创新性和冒险性两个维度对追名求富均在 0.001 水平上存在显著正向影响作用,因此 H_{1a}、H_{1c} 成立。

在创造力涵括的创新性和冒险性两个向度,对创业动机中的自我实现维度回归分析中,创新性和冒险性两个向度对自我实现这一向度,均在 0.001 水平上存在显著正向影响作用。因此,H_{1b}、H_{1d} 成立。

因此本文假设创造力正向影响创业动机,将创造力分为创新性和冒险性两个维度;将创业动机分为追名求富和自我实现两个维度,并进行回归检验,结果均得到证实。这是本文对创造力和创业动机的相互作用机制的新发现,可供后来的研究进一步借鉴和发展。

(二) 社会支持在创造力对创业动机的影响中的正向调节作用未得到证实

根据社会支持对创造力与创业动机的调节作用的回归分析结果可知,社会支持对创造力与创业动机之间的关系的调节作用为负向显著,这个结果与本文最初的假设不符。因此,H_2 不成立。但是在社会支持对创业动机的直接影响的回归分析中,社会支持对创业动机在 0.001 水平上存在显著正向影响作用,说明社会支持对创业动机存在直接正向影响作用,这一发现与陈文娟 (2015)、丁娟 (2020) 和宁德鹏等 (2020) 的研究结论一致。

社会支持在创造力对创业动机的影响中的调节作用与本文最初的假

设不符。原因可能是：本文将创造力划分创新性和冒险性两个维度，从这两个维度解释创造力，是指个体能够自己提出想法、技术等，做好充分的计划安排，倾向于不怕冒风险，采用新方法来实现既定目标。而社会支持其本身有一部分原因是为了降低创业个体创业风险，尽可能的预设创业个体在创业过程中可能会遇到的阻碍，从而提出相关扶持举措和政策，这与创造力中的创新性和冒险性有冲突，从而出现了在社会支持的调节作用下，创造力对创业动机的影响呈现负向显著现象。当然这值得后续研究进一步修正量表和验证。

六　政策建议

粤港澳大湾区的建设作为"加快建设创新型国家"重要组成部分，要在创新人才上下功夫，创新的关键要领就是在创新环境和创新制度的外部条件下，让创新型人才在合理限度内开展创新行为。本文基于创造力对创业动机之间影响机制的研究发现，提出以下助力粤港澳大湾区人才发展的建议。

（一）强化高校创造力教育，促成重视创新、鼓励冒险的氛围

宁德鹏（2020）在对百所高校的考察基础上发现创业教育对创业行为起显著正向作用，创业动机和创业意向均在创业教育对创业行为的影响中存在中介效应，创业动机与创业意向在创业教育对创业行为的影响中存在链式中介效应。本文的实证结果发现，创造力的两个维度创新性和冒险性对创业动机均存在正向显著作用。因此高校开展什么样的创业教育就显得非常重要。目前高校均开设有学生就业创业类课程，国内也有挑战杯创业计划大赛等赛事，从高校到省，再到全国的比赛每隔一年举行一次，各高校及省级层面也发起各种创业比赛等，促成重视创业和创新的新局面。

创业教育的重点到底是什么？是课程设置吗？如果是这样，经济管理类专业的课程大多与管理、领导力、政策等相关，应该有更多的人才进行创业，然而这些专业的大学生创业率似乎并不特别高。相反像马云、俞敏洪一样学英语专业转而成为企业家的创业者却不少。这说明创业教

育中另有重要因子，本文的创造力教育可能是一个重要因子。其中创新性和冒险性可能是人才最终产生强力创业动机，促成创业行为的关键。那么，如何在学校进行创造力培养呢？首先，创造力培养应该贯穿从幼儿园到博士生培养的全部教育过程，而不仅仅是高校教育的责任。我们发现在基础教育过程中由于过于重视应试教育，导致大学生入校后，藏在厚厚的眼镜片后面的是缺乏活力的眼神，对老师的期待过高，自己创新和冒险精神不足。大学要把一群通过 12 年应试训练的学生培养成创新性人才，谈何容易啊！因此顺应当今给中小学生松绑的基础教育改革，让创造力教育从基础教育抓起，到高校继续强化专业理论和创业实践教育，才能真正为粤港澳大湾区和创新型国家输送更多的创业人才。

就高校而言，创造力教育的培养应该从理论和实践两个环节发力。理论课程既要有萧鸣政教授这样的专家学者编写的经典理论教材，也要吸纳像任正非这样的企业家谈创业和创新类案例教材。实践教育建议把大学生的创新性活动和有一定冒险精神的学生活动列入大学生课程培养的学分体系，把创造力的培养从软性要求变为硬性要求。比如我们的粤港澳大湾区人才战略论坛，就是以中国人才测评专业委员会为依托，以广东财经大学为阵地，吸引国内外专家齐聚一堂的人才论坛盛会，萧鸣政教授还兼任广东财经大学人才学院的院长，亲自坐镇指挥为粤港澳大湾区的建设培养人才。不过目前我们论坛的主体对象是来自高校、企业和政府部门的专家，学生群体，特别是本科学生的参与平台搭建不足。未来建议考虑设立大学生创业教育测评分论坛与大学生创业作品评比等创新人才测评的形式。

（二）制定落实相关扶持政策，营造社会支持的环境

我们的研究结果显示，涵盖政府、企业和高校在内的各种社会支持因素对大学生的创业动机存在显著正向影响。当今形势处于"百年未有之大变革"，与世纪突遇之疫情交错叠加，世界陷于变革动荡期，危机与机遇并存，促使各方于危机中育先机，在变局中开先局，需要政府、社会及市场支持来保驾护航，助力大学生创造力的变现。作为公共政策和公共产品的提供者，政府及其部门应顺应时势，制定落实帮扶大学生创业的相关政策，高校和企业共同努力，营造社会支持的环境，全力促

进大学生参与创业的热情和自我价值实现的理想追求。习近平总书记曾强调"要信任、帮助、支持,重视解决人才所面临的实际困难,让人才安身、安心、安业",政策只有得到有效的贯彻和落实,其政策红利才能释放在人才身上,让人才感受到切实的利益,增强人才的获得感、幸福感及安全感,激发人才内在潜力。因此政府部门应该完善大学生社会创业的政策支持体系,以政策的力量,筑起人才发展的堡垒,让广大人才无忧前行。制定"暖人心"的政策,最大限度确保人才活力和人才效益(杨道建等,2019)。

目前包括广东省在内,全国各地均纷纷制定出台本地的人才培养和引进政策,如火如荼地展开人才争夺战。但是这些政策的重点在于引进高层次人才,没有覆盖到大学生群体。在目前受新冠疫情影响,实体经济受到打击的情形下,制定落实鼓励大学生创业的政策体系极其必要。这个政策体系应该包括财政税收的支持和减免政策,比如政府设立大学生创业基金,减免大学生创业企业的税收;金融保险等机构提供政策支持,比如免息或低息贷款,保险公司设立大学生创业担保险种等;高校与企业联盟合作,设立大学生创业导师制,为拟创业的大学生配备导师,进行专业辅导。

(三)响应时代号召,勇做"时代新人",助力湾区建设和国家发展

像当年的改革开放试验政策一样,粤港澳大湾区规划是当今建设创新型国家的重大试验性举措。粤港澳大湾区的近期目标是"到 2022 年,粤港澳大湾区综合实力显著增强,粤港澳合作更加深入广泛,区域内生发展动力进一步提升,发展活力充沛、创新能力突出、产业结构优化、要素流动顺畅、生态环境优美的国际一流湾区和世界级城市群框架基本形成"。远期目标是"到 2035 年,大湾区形成以创新为主要支撑的经济体系和发展模式,经济实力、科技实力大幅跃升,国际竞争力、影响力进一步增强;大湾区内市场高水平互联互通基本实现,各类资源要素高效便捷流动;区域发展协调性显著增强,对周边地区的引领带动能力进一步提升;人民生活更加富裕;社会文明程度达到新高度,文化软实力显著增强,中华文化影响更加广泛深入,多元文化进一步交流融合;资源节约集约利用水平显著提高,生态环境得到有效保护,宜居宜业宜游的国际一流湾区全面建成"。近期和远期目标均显示，粤港澳大湾区建设将成为怀揣梦想的大学生创业和圆梦的最佳选址。另一方面，身为大学生，需时刻审视自身价值定位，将个人选择与国家发展同步统一起来，将"小我"融入"大我"，涓涓细流可以汇成一片汪洋。个人与时代同呼吸，共命运，在时代洪流中积极参与区域与国家发展，肩负历史赋予的重任，做"时代新人"，为粤港澳大湾区和创新型国家的发展贡献力量。

参考文献

［1］王智宁、高放、叶新凤：《创造力研究述评：概念、测量方法和影响因素》，《中国矿业大学学报》（社会科学版）2016年第1期。

［2］曾照英、王重鸣：《关于我国创业者创业动机的调查分析》，《科技管理研究》2009年第9期。

［3］高日光、孙健敏、周备：《中国大学生创业动机的模型建构与测量研究》，《中国人口科学》2009年第1期。

［4］许彦妮、顾琴轩、蒋琬：《德行领导对员工创造力和工作绩效的影响：基于LMX理论的实证研究》，《管理评论》2014年第2期。

［5］张勇、王明旋、龙立荣：《目标导向如何影响员工创造力——基于创造力要素理论视角的分类研究》，《南开管理评论》2022年第6期。

［6］梁春晓、沈红：《创造力对创业意愿的影响研究——城乡大学生的比较》，《科技管理研究》2021年第9期。

［7］林幸台、王木荣：《威廉斯创造力测验》，心理出版社1994年版。

［8］彭伟、徐晓玮、陈佳贤：《正念对员工创造力的影响机制研究——一个有调节的中介模型》，《财经论丛》2022年第4期。

［9］王洪青、肖久灵：《职场排斥对创造力的影响：基于工作需求——资源模型的日记研究》，《财经论丛》2021年第5期。

［10］施永川、黄莹、王佳桐：《高校大学生创造力对创业意愿的影响研究》，《科技管理研究》2020年第11期。

［11］张秀娥、张坤：《创造力与创业意愿的关系：一个有调节的中介效应模型》，《外国经济与管理》2018年第3期。

［12］曾定茜、阮银兰：《乡村振兴背景下大学生农村创业意愿与创业动机提升研究》，《农业经济》2021年第6期。

［13］马轶群、孔婷婷、丁娟：《贫困经历、创业动机与大学生创业意愿提升研

究——基于在校大学生调查数据的实证分析》,《高教探索》2020 年第 1 期。

［14］宁德鹏:《不同类型高校大学生创业行为及其影响因素的差异特征研究——基于百所高校大样本的实证考察》,《广西社会科学》2020 年第 5 期。

［15］陆丹、戴岳:《人口学背景下西部城市大学生创业动机影响因素研究》,《教育与职业》2012 年第 24 期。

［16］陈文娟:《大学生创业动机影响因素——以江苏省高校大学生为例》,《中国科技论坛》2015 年第 9 期。

［17］宁德鹏:《创业教育对创业行为的影响机理研究——基于百所高校的实证考察》,《中国大学教学》2020 年第 5 期。

［18］杨道建、陈文娟、徐占东:《创业动机在创业成长影响因素中的中介作用研究》,《高校教育管理》2019 年第 6 期。

［19］Anderson N, Potocnik K, Zhou J., "InnoVation and creativity in organizations: A state-of-the-science review, prospective commentary, and guiding framework", Journai of Management, 2014, 40 (5).

［20］Parnes s J, NoUer R B, Biondi A M. Guide to creative action ［M］. Scribner New York, 1977.

［21］Amabile T M., "The social psych0109y of creativity: A componential conceptualization", *Journal of Personality and Social Psychology*, 1983, 45 (2)

［22］0ldham G R, cummings A., "Employee creatiVity: Personal and contextual factors at work", *Academy of Management Journal*, 1996, 39 (3)

［23］Zhou J, George J M., "when job dissatisfaction leads to creativity; Encouraging the expression of voice", *Academy of Management Journal*, 2001, 44 (4).

［24］Tierney P, Farmer S M, Graen G B., "An emination of leadership and employee creativity: The relevance of traits and relationships", *Personnel Psychology*, 1999, 52 (3)

［25］Amit R, Muller E., "'Push' and 'Pull' entrepreneurship", *Journal of Small Business& Entrepreneurship*, 1995, 12 (4).

粤港澳大湾区人才流动意愿

——以澳门特区青年人到横琴发展意向调查为例

张 锐[*] 陈建新[**]

（澳门大学）

摘要：澳门特区政府自回归后在经济多元方向道路上持续探索，面对新冠疫情、微型经济体等限制下实现经济持续发展，澳门需要抓住粤港澳大湾区和横琴粤澳深度合作区（以下简称"琴澳深合区"）发展机遇，背靠祖国，善用制度优势，融入国家发展大局。在机遇与阻力并存的湾区、合作区发展背景下，国家和特区政府鼓励澳门青年到湾区城市发展，为了解青年往横琴发展意愿本文开展了问卷调查及焦点小组讨论。在总结问卷结果及访谈资料后发现，总体而言，澳门青年人对横琴认知度不高，但是基于澳门产业多元发展、澳门居住环境较局限，横琴发展对澳门青年人仍具有一定吸引力。依据研究结果，以及横琴和粤澳的现况，本文为推动澳门青年到湾区发展提出两个短期建议："针对性地宣传横琴深合区，联动多层渠道提升效果"和"强化相关职业教育和培训，促进湾区生产要素流动"；一个中期建议："善用市场导向高教体系，引导留澳内地生助力横琴发展"；以及一个长期建议："各取粤澳所长所需，完善湾区社会保障体系对接"。

关键词：澳门；青年；问卷调查；焦点访谈；横琴澳门深度合作区

---

[*] 张锐，澳门大学社会科学学院公共行政学系博士研究生。
[**] 陈建新，澳门大学社会科学学院公共行政学系公共行政课程主任、助理教授。

一 研究背景

澳门自1999年回归以来实现了经济社会的跨越式发展，借力国家发展和博彩专营，人均GDP处于世界前列。截至2019年，澳门特区的人类发展指数更是达到0.922，[1] 堪称"澳门奇迹"。但土地、水域、人力资源、产业结构等问题却一直是制约澳门发展的重要因素，为应对这些发展限制，澳门倡导经济适度多元化发展，国家也在逐渐精准、明确定位澳门未来发展。自"十一五"规划起就明确提出"支持澳门推动经济适度多元化发展"，"十四五"规划更是给予了澳门更为丰富多元的定位，包括"支持澳门丰富世界旅游休闲中心内涵"、"支持粤澳合作共建横琴，扩展中国与葡语国家商贸合作服务平台功能"、"支持澳门发展中医药研发制造、特色金融、高新技术和会展商贸等产业"[2] 等，充分体现"国家所需、澳门所能"的国家战略图景。

中共中央国务院在2021年9月5日公布《横琴粤澳深度合作区建设总体方案》（后简称"《横琴方案》"），为澳门如何透过横琴跟广东省进行深度融合提供指导性方向。[3] 澳门特区政府施政报告中指出，澳门未来的发展方向为联合横琴加快建设横琴粤澳深度合作区，充分发挥自身优势，把握大湾区西部唯一中心城市的定位，积极投身粤港澳大湾区建设，融入国家发展大局。澳门要善用横琴粤澳深度合作区的平台，重点发展大健康产业、现代金融、高新技术、会展商贸和文化体育等产业，推进澳门产业结构适度多元合理布局，增强宏观经济发展动力，扩大居民，特别是澳门青年的就业机会和发展空间。

当前澳门困于微型经济体的限制，以及新冠疫情限制发展的僵局。澳门青年通过融入湾区发展，尤其是利用琴澳合作契机，克服阻力，不

---

[1] 澳门特别行政区统计暨普查局（DSEC）. Macau in Figures, 2021 [EB/OL]. 2021: 4 (2021-06-09) [2021-12-20].
[2] 中华人民共和国中央人民政府官网. 中华人民共和国国民经济和社会发展第十四个五年规划和2035年远景目标纲要 [EB/OL]. (2021-03-13) [2021-12-20].
[3] 中华人民共和国中央人民政府. 中共中央国务院印发《横琴粤澳深度合作区建设总体方案》[EB/OL]. (2021-09-05) [2021-12-20].

仅有利于自身发展，更有助于强化国家认同和发展认识，从长远来看，将对澳门经济社会发展提供强劲的动力。本文以澳门背靠深度合作区发展为研究背景，探究澳门青年奔赴横琴发展共存的机遇与挑战，通过焦点小组讨论，得出澳门青年对当今横琴发展的认识与判断，选择与权衡，以期在研究结果上提出建议，探索澳门青年人才流动湾区、深合区发展，实现粤澳共商共建共治的互利共赢。

二 文献回顾

（一）澳门微型经济体系

澳门属于开放性微型经济体系，有学者指出这种类型的通胀或通缩主要表现为对外开放、易受外围因素影响的微型经济体特征，具体包括人口有限、经济运作相对独立且地位受国际普遍认可，同时具有经济中上发达程度以及发展具有明显不平衡性的特点。[1] 从人均收入水平来看，澳门却已经是发达地区。澳门近些年来博彩业"一业独大"的格局使得澳门经济结构较为单一，高度依赖博彩服务出口，从而导致经济增长呈现高波动性，抵抗经济风险能力不足，因而澳门经济的持续健康发展必然要走适度多元之路。[2] 但微型经济体的特征同时也对产业多元发展带来一些困难，在人口方面表现为劳动力不足，难以为多元行业提供充足的劳动力资源；就业具有不平衡性，澳门从业人员技能多围绕博彩业，中壮年人士的教育水平普遍偏低，不具备新兴产业探索和发展的能力；从外部观察，产业探索发展的土地及空间不足够。

谢四德（2013）提出澳门可以利用政府财政丰裕的比较优势、政策主导的后发优势以及"一国两制"的制度优势，将资本转化为产业资本，增加教育、科研和制度建设的投入，为产业结构的调整做好充分的准备，发展知识密集型产业。[3] 横琴深合区在客观上为澳门发展扩充了

---

[1] 杨道匡、骆伟建、李可等：《实施高度开放自由港政策推动横琴粤澳深度合作区建设》，《港澳研究》2020年第1期。

[2] 武汉大学横琴粤澳深度合作区研究课题组：《横琴粤澳深度合作区创新驱动发展研究》，《中国软科学》2021年第10期。

[3] 谢四德：《澳门产业结构优化路径思考》，《一国两制研究》2013年第3期。

地理发展空间，也为粤港澳大湾区的发展带来了更多的机遇，拥有着更多的机会和政策优势，为澳门青年提供更多的学习和就业机会，突破澳门微型经济中的限制起积极的推动作用。

（二）琴澳深合区发展现况

琴澳深合区以"利澳惠澳"为初心，由原属珠海管辖的自贸区升级为广东省直管，在国家战略布局中地位高，由粤澳双方共商共建共管体现了行政管理模式的特别之处，[①] 在土地资源方面，横琴新区占地面积较大，澳门大学新校区、粤澳合作中医药科技产业园等园区及"澳门新街坊"项目皆坐落于此，开发前景广阔；澳门大学坐落于横琴岛，由特区政府负责管理，是澳门代表性的公立综合大学，当前拥有三个国家级实验室，澳门大学协同创新研究院下的创新创业中心已经被批获为"国家级重创空间"，给到了本地的年轻创业人才标准的产学研培育平台。成功入驻后会给予场地、资源、投资技术、前期的创业建议等方面的帮助，这对创业项目向产业接轨，实现科研成果转化成商业成品或服务起着重大的作用。目前，澳门大学已有 29 项产学研项目，22 家初创企业以及 6 个驻场孵化团队，成为未来琴澳技术型产业发展的重要基础，科技研发和高端制造作为深度合作区新产业的首项而备受重视，大力发展新技术、新产业、新业态、新模式，为澳门长远发展注入新动力，为粤港澳大湾区建设成为具有全球影响力的国际科技创新中心助力。[②] 在经济产业方面，深合区中的保税区则针对对外贸易而设，施行"境内关外"政策，定位"保税仓储、出口加工、国际贸易"三大功能，为澳门发展中葡商贸服务平台和珠海发展"中拉合作贸易平台"提供服务；在产业发展方面，中央政府部署将持续推动横琴新区、珠海保税区和万山海洋开发试验区一体化运作，万山海洋开发试验区由万山群岛组成，下辖 106 个岛屿，拥有丰富的海洋旅游资源。

[①] 李可、唐晓晴：《横琴粤澳深度合作区：理念创新与制度构建》，《港澳研究》2022 年第 1 期。

[②] 赵明仁、陆春萍：《高等教育赋能横琴粤澳深度合作区发展》，《中国高等教育》2021 年第 24 期。

三 研究方法

本文采用定量和定性混合模式来进行,先以网上问卷定量调查去了解澳门青年人对横琴的评价和横琴发展的评价,再透过焦点小组的定量研究方式讨论来找出相关结果的原因。定性的焦点小组访谈法,共采访了7位人员,在澳门青年中随机抽样。问卷由相关专家设计而成,由澳门基金会提供资金支持,访谈大纲则参照问卷框架设计。为了确保访谈内容的准确性,与会者知情下进行录音并制作出相关逐字稿,逐字稿作为分析文本。

四 研究结果

依据访谈录音逐字稿及定量分析研究,研究结果按照两部分归纳:对横琴的评价及对横琴发展建议。

(一)对横琴的评价

从定量问卷调查的研究结果观察,居住环境、工作环境、薪酬、交通对受访者考虑是否前往横琴发展影响较大,对回答问卷15个问题中,11个都表现出积极的态度(如表1)。而在焦点小组讨论中,积极评价集中于横琴的环境舒适和基建完善(A1),而且可供选择的房价范围也较广,生活费也较澳门更相宜(B1),可见定量与定量的研究结果是比较配合的。

表1　　　　　　　　　问卷调查对横琴评价积极方面

	数量	占比	子问题	不同意	同意
6. 居住环境	435	56.35%	您满意横琴居住环境	34	187
7. 工作环境	370	47.93%	您满意横琴工作环境	27	118
2. 交通	349	45.21%	您满意横琴交通网络	57	105
11. 物价水平	321	41.58%	您觉得横琴物价水平是合理	40	94

续表

	数量	占比	子问题	不同意	同意
13. 经济发展水平	287	37.18%	您满意横琴经济发展水平	59	99
1. 语言	247	31.99%	您在横琴的生活或工作不存在沟通障碍	21	132
5. 社会保障	242	31.35%	您觉得横琴社会保障是完善	35	49
10. 娱乐生活	232	30.05%	您满意横琴娱乐生活	30	81
9. 社会文化	197	25.52%	您满意横琴社会文化气息	26	72
3. 税收	186	24.09%	您觉得横琴税收水平是合适	15	40
14. 家人朋友支持	156	20.21%	您的家人或朋友会支持您往横琴发展	29	58

（A1）：我六七年前跟团队去星乐度玩了一次，发现地方很舒适，街道、建设比澳门的设计走前了十来年⋯第二，横琴的基建完善⋯

（B1）：我的朋友在横琴买楼了，在横琴住，早上一大早载儿子上学，然后到澳门上班，晚上再回去横琴睡觉。我认识很多人都是这样的，因为那边的生活费相对便宜，比澳门便宜，买菜便宜一半，租金有便宜、有贵的。

有三项因素的子问题的不同意人数比同意人数高，说明受访者不满意目前横琴的该些现况，这些方面包括：横琴的薪酬水平、房价水平，以及由横琴转账至澳门的便利性（如表2）。受访者对横琴的负面评价不少，这些负面评价包括交通不便（B2）、缺乏相关信息（E1）、特区政府缺乏信息提供（E2）。还有受访者觉得横琴缺乏人流去支撑其发展（F1），企业营运成本也较澳门和珠海其他地区更高（C2），资金进出不便（B4）、横琴免税优惠吸引力不大（C1）、澳门居民难于跳出舒适区（F3）等共同导致受访者认为特区政府不太重视横琴发展（D2），定性与定量研究结果相互配合。

表2　　　　问卷调查对横琴评价消极方面

4. 薪酬	356	46.11%	您觉得横琴薪酬水平是合适	89	35
房价水平	344	44.56%	您觉得横琴房价水平是合理	115	67

续表

			您觉得由横琴转账至澳门是便利	31	23
8. 转账便利程度	120	15.54%	您觉得由澳门转账至横琴是便利	29	23

（B2）：去过两次，之前 LionsGate 开业时去过一次，之后也去过几次长隆。我觉得交通不太便利⋯

（B4）：⋯如果到横琴做生意，资金进去后如何出来呢？这是一个大问题⋯

（C1）：⋯澳门去横琴可以免税，但是它免税的规条⋯ 我去内地、香港、澳洲的关税加增值税只是 20% 而已，其实这不是一个吸引力。

（E1）：⋯我们对上面的政策只是一知半解，只知道上面有什么利好的公司税项，但很多澳门人贴身的福利未必知道，譬如买房有什么税务减免。

（E2）：⋯其实这方面也不太清楚⋯有时候我们在新闻稿上看到政府经常扶持一些人去大湾区发展，做到最后是要你自己到当地，政府只是提供一个电话给你咨询。

（F1）：⋯倒是很荒芜的，人也没有，所以有担心⋯

（D2）：我觉得自始至终澳门政府对大湾区也不太紧张⋯

（C2）：（建立公司）不是免费的，有资助，但也是有成本的，首先 office 有管理费，管理费不便宜，跟澳门不相伯仲，因为是收取人民币⋯

（F3）：（澳门居民）愿意跳出 comfort zone 的人都是有资本、不怕亏的上层人，低于舒适圈的人愿意跳出来，因为他们没有选择，所以必须跳出去，所以不 surprise，在下也有机会。

（二）对横琴的发展建议

在对横琴预期行为的问卷调查结果反映高达 85% 的受访者愿意前往横琴实习交流并同当地居民合作。另外，前往横琴创业及置业也有超过 70% 的人表示认可。而到横琴就业及长期居住，有大约 60% 多的受访者表示同意。总体而言，过半数受访者对前往横琴持积极态度，而表达不同意的比例相对较低。

表3　　　　　　　　　　　　对横琴预期行为的研究结果

	非常不同意、不同意		同意、非常同意	
1. 您愿意前往横琴实习交流	72	9.33%	425	55.05%
2. 您愿意前往横琴就业	137	17.75%	283	36.66%
3. 您愿意前往横琴创业	131	16.97%	317	41.06%
4. 您愿意与横琴居民合作	63	8.16%	405	52.46%
5. 您愿意在横琴长期居住生活	167	21.63%	254	32.90%
6. 您愿意在横琴置业	124	16.06%	322	41.71%

受访者针对横琴的负面评价提出不少建设性建议。当中以提升横琴人流为主，因为横琴人口较少未能盘活当地经济的同时也形成了负面刻板形象（D3）。这些建议首先是发展体育旅游（D4）和嘉年华（D5），其次，很多受访者认为澳门人口少，只是依赖澳门居民无法拉动横琴发展，应该开放横琴空间予内地居民（A3），还有受访者建议应当吸引澳门外劳居于横琴（D6），便利澳门大学师生出入横琴前往消费（B6），甚至可以吸引在澳门留学的内地学生留在横琴发展（F4）。还有部分受访者从亲身经历上建议应当适度发展横琴的医疗旅游（A2），或者可学习邻埠香港注重宣传大湾区发展（D7）。大部分受访者都认同"新街坊"是一个拉动横琴人流增长的亮点（B7），要不断地便利横琴——澳门过关安排是未来的重要方向（C5）。

（A2）：药包拿了，脉也把了，但是没有去横琴。他好像说住几天，中医生监察你的体质给你调一些药，住十来天的⋯是的，医疗旅游，但不是帮你做体检，纯粹是帮你用中医药调理身体。

（D3）：⋯横琴本身的固定人口就不多，一开始已经没有人流，你怎么吸引企业进驻呢？⋯其实首先要吸引人流，即使不是居住的人流，起码要有一些流动人口在那边⋯

（D4）：最好先多举办体育活动，例如横马（横琴马拉松）⋯他们进驻后就会带动其他方面⋯

（D5）：⋯政府带动才是最好的，举办官方运动，或者嘉年华也可以吸引人流，就算开车一个多小时前往，他们也不会觉得有什么问题。

（F4）：与政策有关，他们（在澳留学的内地学生）留下来只是想来澳门，他留在横琴不能过来澳门的话，他不如回老家。真的有些研究生在科大读书，通过租楼认识的，随后变成朋友…

（A3）：横琴这么大吸引澳门人过去也不足够，主要要吸引内地的人去横琴，譬如珠海或其他地方的人去横琴，但别人觉得横琴是一个很偏的地方…

（B6）：澳大开一道门已经相差很远了（引澳门大学学生往横琴消费）…

（D6）：外劳本来已经离乡别井打工，他们没有澳门人那么强的归属感，如果里面可以玩，他们一定不会抗拒。

（C5）：因为要做核酸，所以我才不能带小朋友去长隆，只要横琴关口对澳门车辆不实行过关形式，或者不需要那么多掣肘就能过去，其实可以考虑的。

（B7）：我想问"新街坊"会否成为一个吸引人流的契机？届时会否一帮澳门人过去，那个地方就开始慢慢热闹起来。

（D7）：以香港为例，大湾区方案出台后电视台会拍摄大湾区特辑，政府会不断宣传…

五　促进澳门青年向合作区流动建议

通过对问卷调查研究结果及访谈内容的整理发现，受访者整体对《横琴粤澳深度合作区建设总体方案》了解不足，受访者提到"对政策一知半解"、"不太清楚澳门人过去工作有什么优惠"、"初步都不了解"等类似情况。由此可见，本澳青年对于深合区的了解认知十分有限，信息不对称是融入合作区的主要掣肘因素。这些信息不足还表现在政府人员无法提供精准的信息，宣传处于被动状态，在面对赴横琴交流、创业与就业、住房与公共服务申办上流程疑问时，在澳因公职人员等的不了解无法实现咨询和办理时，依然要依靠电话或亲身询问办事流程给横琴管理单位，信息交流效率低、成本高。

尽管受访者都认同横琴居住环境较好，但提出横琴尚未建议完整的生活圈，仅工作或住房深合区，表现为房价与基础设施配套不适应，保障不完善，可能会导致通勤、家庭生活的不便，除了珠澳口岸通关需要时间外，小区、商业中心等地的交通通达度和公共交通布局尚待提升为其提供完整的生活条件成为关键。因此不少受访者只愿意在横琴进行较短期活动，例如旅游和交流活动。但是受访者强调横琴仍未建立较完整的生活圈，因此居住、工作和创业都会较澳门不便，因此受访者于横琴进行较长期活动的意愿都有保留，与横琴的交流主要表现为"候鸟式"短居。

依据以上文献回顾及结合问卷、访谈研究结果，提出两个短期建议（针对地宣传横琴深合区和强化相关职业教育与培训）、一个中期建议（引导留澳内地生助力横琴发展），以及一个长期建议（完善粤澳两地社会保障体系对接）。

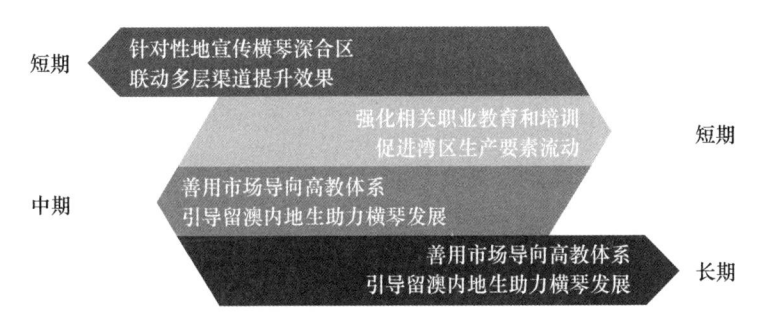

图 2　促进澳门青年向合作区流动建议

（一）针对性地宣传横琴深合区，联动多层渠道提升效果（短期）

由于了解不足和信息不对称等问题，本澳青年对于横琴深合区能否满足个人需求的情况并不清楚，影响了本澳青年群体参与合作区建设的意愿。吸引青年关注深合区，除过去特区政府常用的宣传包之外，可以选择青年关注的问题制作青年版图文包，就业、住房、保障都是受访者在访谈中提及较多的关键词，图文包可以更多地阐释深合区在这些方面的优势。横琴岛面积远大于澳门，住房环境优越且价格低于澳门。针对工作人员对深合区了解不足的问题，鼓励公职人员等澳门居民亲赴横琴体验考察，与琴澳两地互设办事便利流程，尤其是针对跨境金融、出入境、公共服务与社会保障等提供优化便民一站式服务，以减少沟通成本，增加了解意愿。

除宣传信息外，宣传渠道也影响着信息接收，澳门特区政府或可以跟横琴政府或广东省合作拍摄相关宣传短片，透过微信等社交媒体作宣传，选择青年较感兴趣的社交媒体投放宣传信息。澳门作为社会团体较发达的地区，不少青年都有参加社团活动的习惯，通过社团组织的活动引导了解琴澳深合区。加深并普及本澳青年对于横琴深合区的了解正是破解当前困局的可行性路径之一。

（二）强化相关职业教育和培训，促进湾区生产要素流动（短期）

习近平总书记多次强调，"发展是第一要务、人才是第一资源、创新是第一动力"。[1] 党的十九大报告指出，"人才是实现民族振兴、赢得国际竞争主动的战略资源"。[2] 创新要求人才发展先行以政府为主导，通过政策支持，企业与个人积极投入，政府、学术专业团体和传统社会团体三方共同发挥作用是加快人力资源开发的必由之路。过去澳门特区政府透过"多层多方参与、现金券作引导、有效监管"确保澳门职业教育和培训有序发展，得以配合澳门实际需要（包括结构性失业和产业多元）。[3] 在这些经验的基础上可以通过增加澳门青年人于职业培训的津贴提供职业培训的岗位。依托在澳本外地人才、内地专业培训专家、内地同澳门职业资格认证机构的智库支持，发挥持续进修计划、培训津贴、工会鼓励和约束的助推作用，从而形成在横琴求学、工作逐渐过渡到生活的人才发展路线。

横琴刚由自贸区转变成深合区，国家正制定政策引导更多的企业落地横琴岛，这些企业往往是具有高新技术的，符合当下青年择业期望。同样，针对琴澳两地劳工薪酬、个人及企业税制、营商环境和监管体制等的不同影响，加上跨境支付存在障碍的问题，需要更多的专业人才在深合区探索有效的解决方法，通过人才集聚实现资源整合和创新创业孵

---

[1] 习近平：《在深圳经济特区建立40周年庆祝大会上的讲话》（2020年10月14日），人民出版社2020年版，第7页。

[2] 习近平：《决胜全面建成小康社会 夺取新时代中国特色社会主义伟大胜利——在中国共产党第十九次全国代表大会上的报告》，人民出版社2017年版，第64页。

[3] 张恒、林海恩、张苑儿、陈建新：《澳门职业教育和培训发展》（2021-12-22），http://www.macaodaily.com/html/2021-12/22/content_1565235.htm。

化，带动企业集聚，也会减少目前深合区公共交通不便利、商业中心不足够的问题，人才及产业发挥良性循环带动效用，盘活合作区内的生产要素。

（三）善用市场导向高教体系，引导留澳内地生助力横琴发展（中期）

高等教育通过作用于深度合作区的经济、社会、文化、政治等多方面，以整体性的或不同层面的、长期的或短期的、直接的或间接的方式为深合区增添动力、活力和竞争力。[①] 建设高质量大湾区高等教育体系应坚持"协同共治"原则，推动管理一体化，以实现"教育目标和价值的统一、教育资源的交流和互补、教育功能和结构的协同"。[②] 近年不少澳门青少年都会选择到内地大学升学，澳门大专院校也吸纳不少内地生，所以澳门和内地青年人应该有不少交流和学习机会。当前深合区地广人稀，产业发展不足，缺乏人才交流和人才集聚的规模经济效应，可以通过高等教育体系发挥吸引作用。当前已有透过实习联动产学合作空间的经验，通过自选实习来明确自身的职业发展规划。近年，高等院校的边界越来越广阔，所以在一定程度上亦促进了高校之间的合作。2022年特区政府《施政报告》显示过去的2021年高等教育在产学研方面取得积极进展，具体可表现在与中国科学院成立的5个联合实验室发表多项研究成果、珠海有关企业设置的联合实验室首批12个产业化项目正式入驻、"珠海澳大科技研究院"开展具体产学研项目等，既为横琴发展提供技术和项目支持，又培养了骨干人才。[③] 特区政府和澳门高等教育学校校方或与横琴公司对接沟通，发掘和创造让澳门知识青年往横琴实习的空间和机会，在政府、学校的基础上建立的就业、实习有效回应澳门青年在深合区就业的顾虑。人才就业可以依托合作区内的金融企业，积极在技术孵化、技术开发等领域大胆引入国内外风险投资，加强利用国

[①] 赵明仁、陆春萍：《高等教育赋能横琴粤澳深度合作区发展》，《中国高等教育》2021年第24期。
[②] 陈家喜、邱佛梅：《加强横琴粤澳高等教育深度合作》，《中国高等教育》2021年第24期。
[③] 澳门特别行政区政府.2022财政年度施政报告［EB/OL］.（2021-12-07）［2021-12-31］.

际风险资本，引导全球高端创新资源要素向合作区聚集。①

（四）各取粤澳所长所需，提升湾区社会保障水平（长期）

面对深合区生活圈不完整的情况，为家庭整体提供保障或可成为青年融于深合区的关键。过去国家在扶贫工作取得全球认可成绩，过去澳门依照国家"一国两制"中的资本主义模式去发展，为澳门整体社会保障亦带来不俗效果。当前澳门社会保障体系是已经不同程度地跟中国内地对接，例如不少澳门重症病人是会被安排在邻近地区进行治疗，还有特区政府都是医社合作（医疗和社会服务相互合作）的重要推手，并且有序地完善社会保障体系，例如引入养老金长效调整机制，以及有序地让中央公积金由非强制转为强制性。② 作为深合区探索项目的"新街坊"的成功关键一部分在于未来社会服务和公共服务的对接状况如何，两地社会保障制度对接便成为长期目标。在这一长期目标中涉及琴澳两地保障资金、津贴的衔接问题。全面的社会保障中，医疗服务是重点，医生、社工、物理治疗师等专业人员等的流动是湾区发展的成败关键，可见医疗保障的供给涉及专业资格认证的问题。

---

① 兰萍、李略：《关于横琴粤澳深度合作区推进科技创新的思考——兼论以色列科技创新经验的启示》，《港澳研究》2021年第4期。

② 陈建新、张锐、韩睿：《澳门社会保障体系建设的成就分析》，《南京邮电大学学报》（社会科学版）2019年第5期。

人才评价与开发

CEO情绪调节与科创企业创新绩效：
人才幸福感中介模型

陈小平　刘　颖　牛　萍

摘要：企业创新绩效对于企业发展非常关键，部分研究发现领导情绪智力是影响企业创新绩效的一个重要因素，但是对领导情绪智力和企业创新绩效关系机制的理解非常有限。本文提出一个新模型，解释领导情绪智力如何通过人才幸福感中介途径来影响企业创新绩效。研究结果表明，领导情绪智力通过人才幸福感与企业创新绩效呈正相关，本研究结论推进了该领域的理论文献。依据本文的研究结论，从建设科创企业家情绪管理能力的角度提出具有针对性的政策建议。

关键词：CEO情绪智力；人才幸福感；企业创新绩效

一　引言

知识经济时代，创新是企业成功的重要影响因素，一些研究发现领导情绪智力是企业创新发展重要前因之一（Madrid e tal., 2019[①]）。领导情绪智力是指有效处理情绪的能力或知识（Joseph & Newman, 2010）[②]。尽管有研究探索了领导情绪智力在推动创新中的关键作用，但对这种关系机制的理解有限。有研究发现人才幸福感在成功实现创新绩

[①] Madrid H P, Peter T, Karen N, et al., "Leader interpersonal emotion regulation and innovation in teams", *European Journal of Work & Organizational Psychology*, 2019: 1 – 15.

[②] Joseph D L, Newman D A., "Emotional Intelligence: An Integrative Meta-Analysis and Cascading Model", *Journal of Applied Psychology*, 2010, 95 (1): 54 – 78.

效中发挥着重要作用（Fenouillet 等人，2017）[1]。因此，本文将重点研究领导情绪智力将通过影响人才幸福感过程，进而影响企业创新绩效。

本文结构如下：我们首先回顾了领导情绪智力、人才幸福感和企业创新绩效关系的理论和文献，然后提出了研究假设。之后我们详细介绍研究方法和研究结果。最后，我们总结了研究结论，讨论了理论贡献和实践启示，分析了研究局限性和未来研究方向，并以研究总结结束本文。

二 理论与假设

（一）CEO 情绪智力与企业创新绩效

Mayer 和 Salovey（1997）[2]提出了情绪智力的四维度模型：（1）感知和表达情绪的能力；（2）在思想中吸收情绪；（3）理解和推理情绪的能力，以及（4）自我情绪调节和他人情绪调节。Fritsch（2017）[3] 指出，创新绩效可以通过以下方式实现：（1）引入新产品或新产品质量，（2）引入新的生产方法，包括商业处理商品的新方法，（3）开发新市场，（4）征服新的原材料或中间投入供应商并建立新组织。

如果领导具有良好的情绪智力，可以增强自身积极情绪、减弱负面情绪。情绪反映了对一个目标的有组织的反应，包括心理、动机和体验系统（Salovey & Mayer，1990）[4]。研究表明情绪会影响人们的选择和行为（Phelps，Lempert & Sokol-Hessner，2014[5]）。学者们发现情绪可以显

---

[1] Fenouillet, F., Chainon, D., Yennek, N., Masson, J., & Heutte, J., "Relation entre l'intérêt et le bien-être au collège et au lycée", *Enfance*, 2017 (01), 81 – 103.

[2] Mayer, J. D., & Salovey, P. (1997). What is emotional intelligence? In P. Salovey & D. Sluyter (Eds.), *Emotional development and emotional intelligence: Educational implications* (pp. 3 – 31). New York, NY: Basic Books.

[3] Fritsch, M., "The theory of economic development-An inquiry into profits, capital, credit, interest, and the business cycle", *Regional Studies*, 2017, 51 (4): 654 – 655.

[4] Salovey P, Mayer J D., "Emotional intelligence", *Imagination Cognition and Personality*, 1990, 9 (6): 217 – 236.

[5] Phelps E A, Lempert K M, Sokol-Hessner P., "Emotion and Decision Making: Multiple Modulatory Neural Circuits", *Annual Review of Neuroscience*, 2014, 37 (1): 263 – 287.

著影响组织成员与战略实施相关的思维和行为（Huy，Corley，& Kraatz，2014[①]）。此外，情绪通常会在组织团体内共享，因为团体成员关注相似的事情并在社交上分享他们的情绪（Menges & Kilduff，2015[②]）。领导通过情绪管理，在组织内部形成了一种强大的集体情绪，这对组织创新具有积极影响。

综上所述，本研究提出如下假设：

H1：CEO 情绪智力对组织创新绩效具有正向影响。

（二）CEO 情绪智力与人才幸福感

幸福感已经被不同学科的众多研究人员研究，并且有多种定义、概念化和衡量标准。现有文献主要确定了三类幸福感：（a）心理幸福感（员工对工作场所实践和流程的满意度）；（b）身体幸福感（员工的健康结果，例如事故或压力）；（c）社会幸福感（工作场所社交网络的质量和数量，以及员工对公平的看法）（Grant, et al., 2007）[③]，本文借鉴此方法来界定人才幸福感。人们在组织中的幸福感取决于他们与他人的内部关系和外部世界关系（例如在工作场所）。这些关系是动态的社会过程，需要行动、互动、依赖、调整和忠诚（Zineldin，2006）[④]。领导情绪智力对员工的感知具有功能有效和功能失调的影响，这会影响下属的整体幸福感（Lurie，2004）[⑤]。本文认为领导的情绪智力对人才幸福感具有积极影响，因此提出如下假设：

[①] Huy Q N, Corley K G, Kraatz M S., "From Support to Mutiny: Shifting Legitimacy Judgments and Emotional Reactions Impacting the Implementation of Radical Change", *Academy of Management Journal*, 2014, 57 (6): 1650–1680.

[②] Menges J I, Kilduff M., "Group Emotions: Cutting the Gordian Knots Concerning Terms, Levels of Analysis, and Processes", *Academy of Management Annals*, 2015, 9 (1): 845–928.

[③] Grant, A. M., Christianson, M. K., & Price, R. H., "Happiness, health, or relationships? Managerial practices and employee wellbeing tradeoffs", *The Academy of Management Perspectives*, 2007, 21 (3): 51–63.

[④] Zineldin M., "The quality of health care and patient satisfaction: an exploratory investigation of the 5Qs model at some Egyptian and Jordanian medical clinics", *International Journal of Health Care Quality Assurance Incorporating Leadership in Health Services*, 2006, 19 (1): 60.

[⑤] Lurie Y., "Humanizing Business through Emotions: On the Role of Emotions in Ethics", *Journal of Business Ethics*, 2004, 49 (1): 1–11.

H2：CEO 情绪智力对人才幸福感具有正向影响。

(三) 人才幸福感与企业创新绩效

Fredrickson 和 Barbara（2001）[1] 的拓宽和建构理论支持了幸福感与创新绩效之间的关系。拓宽和建构理论表明积极的情绪拓宽了思想库，从而产生更高水平解决问题的创造力。个体的主观幸福感会使其保持积极舒适的心理状态，增强个人的注意和认知，这些积极的情绪有助于个体发现复杂事物之间的规律，增强认知能力，从而产生创新且实用的想法（BINNEWIES & WÖRNLEIN，2011[2]；FREDRICKSON，2001[3]）。个体的幸福感可以使其保持放松的状态，有助于探索新事物并进行创造性的活动，促进创新成果的产生（Madrid et al.，2014）[4]。个体的创造力和创新绩效是组织创新绩效的主要来源之一，因此本文提出如下假设：

H3：人才幸福感对组织创新绩效具有正向影响。

(四) 人才幸福感的中介效应

综上分析，本文认为情感层面的人才幸福感是将领导情绪智力转化为企业创新绩效的核心理论机制。同时，可能还有其他变量会对领导情绪智力和企业创新绩效关系具有中介效应。因此，本文提出领导智力和企业创新绩效之间的部分中介效应机制，从而提出如下研究假设：

H4：人才幸福感在 CEO 情绪智力与企业创新绩效之间具有部分中介作用。

---

[1] Fredrickson, Barbara L., "The role of positive emotions in positive psychology: The broaden-and-build theory of positive emotions", 2001, 56 (3): 218 – 226.

[2] BINNEWIES C, WÖRNLEIN S C., "What makes a creative day? a diary study on the interplay between affect, job stressors, and job control", *Journal of Organizational Behavior*, 2011, 32 (4): 589 – 607.

[3] FREDRICKSON B L., "The role of positive emotions in positive psychology: the broaden-and-build theory of positive emotions", *American Psychologist*, 2001, 56 (3): 218 – 226.

[4] MADRID H P, PATTERSON M G, BIRDI K S, et al., "The role of weekly high-activated positive mood, context, and personality in innovative work behavior: a multilevel and interactional model", *Journal of Organizational Behavior*, 2014, 35 (2): 234 – 256.

三 研究方法

(一) 样本和数据采集

本文借鉴了国际期刊中使用的相关量表,设计了调查问卷,在全国范围内采集到364家公司的有效数据,有效回收率为22.15%。研究样本来自19个省(直辖市),其中江苏占45.3%、浙江占30.5%、山东占7.4%、北京占3.3%、上海占2.5%、福建占1.6%、广东占1.4%、河北占1.4%、安徽占1.4%、江西占0.8%、辽宁占0.8%、云南占0.8%、湖北占0.5%、吉林占0.5%、四川占0.5%、天津占0.3%、贵州占0.3%、黑龙江占0.3%、重庆占0.3%。企业创办时长最长为31年,最短为1年,平均年龄为10年。企业员工总数最小值为4人,最大值为6868人,平均为312人。

(二) 变量测量

1. 自变量:领导情绪智力。借鉴 Cole、Cox 和 Stavros (2018)[1] 的情绪智力测量题目,结合实际工作经验,开发了科创企业家的情绪智力测量题项,包括"我尊重他人的意见,即使我认为他们是错误的""我与他人一起克服我的挫败感"等16个题目。在正式调查中,每个受访者被要求评估他或她在这方面的符合程度(1=完全不符合,2=不太符合,3=一般,4=比较符合,5=完全符合)。本研究是分析领导情绪智力的整体作用,所以对16个项目答案进行整体平均来代表领导情绪智力。信度系数值(α值)为0.945,组合信度CR数值为0.913,平均提取方差AVE数值为0.821,说明收敛效度较好。

2. 中介变量:人才幸福感。本研究借鉴 Abdullah 等人 (2021)[2] 的

---

[1] Cole M L, Cox J D, Stavros J M., "SOAR as a Mediator of the Relationship Between Emotional Intelligence and Collaboration Among Professionals Working in Teams: Implications for Entrepreneurial Teams", *SAGE Open*, 2018, 8 (2): 1–12.

[2] Abdullah M I, Huang D, Sarfraz M, et al., "Effects of internal service quality on nurses' job satisfaction, commitment and performance: Mediating role of employee well-being", *Nursing Open*, 2021, 8 (2): 607–619.

幸福感题目来测量科技人才幸福感,包括"本企业的同事们对他们的生活质量""本企业的同事们对他们的健康状况"等4个题项。请受访者采取五点量表方式(1=完全不满意,2=不太满意,3=一般,4=比较满意,5=完全满意)对本单位人才在上述4个题目中的满意度进行评价。本研究是分析企业层面的人才幸福感整体状况,所以对4个项目答案进行整体平均来代表人才幸福感。信度系数值(α值)为0.949,组合信度CR数值为0.963,平均提取方差AVE数值为0.867,说明收敛效度较好。

3. 因变量：企业创新绩效。本研究借鉴Schultz等（2013）[1]和Jin等（2016）[2]的创新绩效量表,结合访谈调研,开发了具有中国特色的科创企业创新绩效测量题项,衡量企业创新绩效,包括"本企业持续探索式改进现有的产品和服务""本企业不断探索式开发新产品和新服务"等6个题项。请受访者采取五点量表方式(1=完全不符合,2=不太符合,3=一般,4=比较符合,5=完全符合)对科创企业在上述6个题目中的表现进行评价。本研究是企业层面的企业创新绩效整体状况,所以对6个项目答案进行整体平均来代表企业层面的企业创新绩效。信度系数值(α值)为0.953,组合信度CR数值为0.962,平均提取方差AVE数值为0.810,说明收敛效度较好。

4. 控制变量：我们控制企业规模,因为研究表明企业规模和组织绩效（Guthrie, Spell, Nyamori, 2002）[3]相关。企业规模是以每个企业的员工总数来衡量。同时,我们还控制了企业年龄,因为有研究发现企业年龄与组织绩效相关联（Ji等, 2012）[4]。企业年龄用企业成立至今的年

---

[1] Schultz C, Salomo S, Brentani U D, et al., "How Formal Control Influences Decision-Making Clarity and Innovation Performance", *Journal of Product Innovation Management*, 2013, 30（3）: 430 – 447.

[2] Jin L, Madison K, Kraiczy N D, et al., "Entrepreneurial Team Composition Characteristics and New Venture Performance: A Meta-Analysis", *Entrepreneurship: Theory and Practice*, 2016, 41（5）: 1 – 29.

[3] Guthrie J P, Spell C S, Nyamori R O., "Correlates and consequences of high involvement work practices: the role of competitive strategy", *International journal of human resource management*, 2002, 13（1）: 183 – 197.

[4] Ji L, Tang G, Wang X, et al., "Collectivistic-HRM, firm strategy and firm performance: An empirical test", *The International Journal of Human Resource Management*, 2012, 23（1）: 190 – 203.

度数来衡量。

(三) 分析方法

首先，信度和效度检验分析。为了检查我们研究中量表的有效性。第二，描述性统计分析。分析了本研究中考虑的变量之间的平均值、标准偏差和相关性。第三，多层次回归分析。运用 Aiken 和 West (1991)[①] 的方法，采取多层次分析方法对研究假设进行了检验。第四，中介路径检验分析。采用 bootstrap 分析方法，对中介路径进行了检验分析。

四 研究结果

(一) 相关性分析

各变量 Pearson 的相关性分析结果详见表1，CEO 情绪智力与人才幸福感、企业创新绩效呈显著正相关；人才幸福感与企业创新绩效呈显著正相关。各变量之间的显著相关性显示，可以做进一步的因果回归分析。

表1　　　　　　　　各变量 Pearson 相关系数检验表

变量	M	SD	1	2	3	4
1. 企业年龄	10.01	6.63	1			
2. 企业员工总数	311.99	792.14	.440**	1		
3. CEO 情绪智力	5.48	0.92	.019	.046	1	
4. 本企业人才幸福感	4.18	0.68	-.003	.005	.134**	1
5. 本企业创新绩效	4.39	0.64	-.036	.020	.200**	.566**

注：* 表示 P<0.05，** 表示 P<0.01，*** p < 0.001。

(二) 假设检验

假设1认为 CEO 情绪智力积极影响企业创新绩效。数据分析结果显示 (见表2)，CEO 情绪智力显著正向影响企业创新绩效 ($\beta = 0.151$,

---

[①] Aiken, L. S. and S. G. West. (1991). Multiple Regression: Testing and Interpreting Interactions. Newbury Park, CA: Sage.

P<0.001），假设 H1 得到验证。

假设 2 认为 CEO 情绪智力积极影响人才幸福感。数据分析结果显示（见表 2），CEO 情绪智力显著正向影响人才幸福感（β=0.108，P<0.01），假设 H2 得到验证。

假设 3 认为人才幸福感积极影响企业创新绩效。数据分析结果显示（见表 2），人才幸福感显著正向影响企业创新绩效（β=0.630，P<0.001），假设 H3 得到验证。

假设 4 认为人才幸福感在 CEO 情绪智力和企业创新绩效之间关系发挥部分中介作用。数据分析结果显示（见表 2），CEO 情绪智力和人才幸福感同时放入模型时，二者均显著正向影响企业创新绩效，结合假设 1、2、3 的检验结果，假设 4 得到验证。

表 2　　　　　　　　　　　假设检验结果

		企业创新绩效	人才幸福感	企业创新绩效
	常数项	4.388*** (0.033)	4.185*** (0.035)	4.388*** (0.024)
控制变量	企业年龄	-0.005 (0.005)	0.000 (0.006)	-0.005 (0.004)
	企业员工总数	0.000 (0.000)	0.000 (0.000)	0.000 (0.000)
自变量	CEO 情绪智力	0.151*** (0.036)	0.108** (0.039)	0.083** (0.027)
中介变量	人才幸福感			0.630*** (0.036)
	R^2	0.054	0.025	0.494
	调整 R^2	0.046	0.017	0.489
Bootstrap 检验结果		效应值	P 值	[Boot 95% CI]
间接效应		0.068	.005**	[0.021, 0.115]
直接效应		0.083	.001**	[0.032, 0.133]
总效应		0.151	<.001***	[0.086, 0.213]

注：*$p<0.05$，**$p<0.01$，***$p<0.001$

为准确检验中介路径显著性，采取了 Bootstrap 中介效应检验法，样本设置为 2000，置信区间分别设置为 95%，检验结果见表 2。

验证结果显示，95% 置信区间的上下限不包括 0，路径 CEO 情绪智力→人才幸福感→企业创新绩效的中介检验路径显著（β=0.068，P<0.01；[Boot 95% CI] = [0.021，0.115]），CEO情绪智力→企业创新绩效的直接检验路径显著（β=0.083，P<0.001；[Boot 95% CI] = [0.032，0.133]），因此，人才幸福感在CEO情绪智力与企业创新绩效之间发挥部分中介作用，路径检验下的假设H4再次得到验证。

五 讨论分析

（一）主要结论

本研究的主要结论包括以下四个方面：

第一，CEO情绪智力对企业创新绩效具有直接正向影响，直接影响路径的估计效应值分别为0.083（P<0.001）。因此，作为对现有领导情绪智力研究的补充，本研究实证表明领导情绪智力显著影响企业创新绩效。

第二，CEO情绪智力直接影响人才幸福感。CEO情绪智力对人才幸福感的影响路径系数为0.108（P<0.01），说明领导情绪智力对人才幸福感具有显著正向影响。

第三，人才幸福感显著正向影响企业创新绩效。人才幸福感对企业创新绩效的影响路径系数为0.630（P<0.001），说明人才的情感对企业创新绩效具有正向显著影响。

第四，CEO情绪智力可以通过人才幸福感对企业创新绩效产生间接正向促进作用。具体传导路径为：CEO情绪智力通过影响人才幸福感对企业创新绩效产生正向促进作用，路径估计效应值为0.068（P<0.01）。

（二）贡献与启示

1. 理论贡献

本研究通过展示对提升科创企业创新绩效中领导情绪智力扮演角色的洞察力，将情绪认知评价理论（Butt & Choi，2006[①]）、拓宽和建构理

---

① Butt A N, Choi J N., "The Effects of Cognitive Appraisal and Emotion on Social Motive and Negotiation Behavior: The Critical Role of Agency of Negotiator Emotion", *Human Performance*, 2006, 19 (4): 305–325.

论（Fredrickson & Barbara，2001）[①] 等有效结合，以产生对领导情绪智力、人才幸福感和企业创新绩效之间关系机制的解释。具体理论贡献体现为以下两方面：

第一，本研究通过将领导情绪智力的绩效效应转移到对企业层面创新绩效影响分析，使我们能够提供有关将领导情绪智力与企业创新绩效联系起来的实证证据。以前有少量研究关注个体的情绪智力对个体的冲突感知和个体绩效关系的调节作用（Jiang，Zhang & Tjosvold，2013）[②]，或者关注个体情绪调节能力的影响因素（Chiu et al.，2019）[③]，而本研究则通过分析领导情绪智力影响企业创新绩效的机制来推进该领域理论研究，这与领导过程模型一致（Avolio et al.，2004）[④]。

第二，本研究将人才幸福感概念化为领导过程模型的中介变量方法也推进了此领域研究，因为它可以检验将领导情绪智力与企业创新绩效联系起来的中介机制。基于输入—中介—结果模型（Mathieu et al.，2008），本文假设领导情绪智力不仅会直接影响组织创新绩效，同时也会通过影响人才幸福感来间接影响组织创新绩效。事实上，本研究结果证实了这种中介机制，也回应了相关文献（Madrid et al.，2019）[⑤] 中关于对领导情绪智力影响创新绩效中介机制进行研究的呼吁，因此为当前理论做出贡献。同时，本研究发现人才幸福感只是具有部分中介效应，说明中介机制研究中的中介变量还存在其他变量，未来研究中可以再选取诸如人才工作投入等中介变量进行补充研究，拓展此领域的理论知识体系。

[①] Fredrickson, Barbara L., "The role of positive emotions in positive psychology: The broaden-and-build theory of positive emotions", 2001, 56 (3): 218 – 226.

[②] Jiang J Y, Zhang X, Tjosvold D., "Emotion regulation as a boundary condition of the relationship between team conflict and performance: A multi-level examination", *Journal of Organizational Behavior*, 2013, 34: 714 – 734.

[③] Fa-Chung Chiu, Chih-Chun Hsu, Yao-Nan Lin, et al., "Effects of Creative Thinking and Its Personality Determinants on Negative Emotion Regulation.", *Psychological Reports*, 2019, 122 (3): 916 – 943.

[④] Avolio B J, Gardner W L, Walumbwa F O, et al., "Unlocking the mask: a look at the process by which authentic leaders impact follower attitudes and behaviors", *Leadership Quarterly*, 2004, 15 (6): 801 – 823.

[⑤] Madrid H P, Peter T, Karen N, et al., "Leader interpersonal emotion regulation and innovation in teams", *European Journal of Work & Organizational Psychology*, 2019: 1 – 15.

2. 实践启示

结合本研究主要结论和理论贡献，本研究的实践启示有以下两方面：

第一，政府加强对科创企业家的情绪智力的心理教育培训。心理教育可以提供一种提高意识和获得必要技能的方法，使个人可以学习如何更成功地调节情绪（Haga，Kraft，& Corby，2009）[1]，这反过来可能最终增强领导自身和企业人才的主观幸福感。因此，政府可以从培训与开发领导情绪调节能力提供政策支持，帮助科创企业家在竞争日益激烈的科技人才生态环境中成功创新创业发展。

第二，努力提高人才幸福感。人才幸福感是科技企业获得竞争优势的重要因素。本研究发现人才幸福感正向显著影响企业创新绩效，也在领导情绪智力和企业创新绩效中扮演中介作用角色，这为加强人才幸福感建设提供理论支撑。政府可以建立定期分析、评估、提高人才幸福感机制，根据评估结果即时采取干预策略，促进提升人才幸福感。企业层面，管理人员需要承认其重要性，并在其组织中建立机制来分析、衡量、提高人才幸福感，例如可以采取提升幸福感导向的人力资源管理体系来提升人才幸福感（Brian Cooper，2019）[2]。

（三）不足与展望

本研究主要探究了领导情绪智力促进企业创新绩效的作用机制，虽然有多个优势，例如综合性的理论模型、企业创新绩效层面的分析和具有多源和跨时间设计，但也存在一些局限性。例如，本研究样本虽然来自全国19个省（直辖市），但是各区域的样本分布不太均衡，我们鼓励未来的研究在更广泛区域调查领导情绪智力对企业创新绩效的价值。同时，本文的感知测量可能会引起对研究的准确性和有效性的担忧，未来的研究中可以采取多种方法进行评估。

---

[1] Haga S M, Kraft P, Corby E K., "Emotion Regulation: Antecedents and Well-Being Outcomes of Cognitive Reappraisal and Expressive Suppression in Cross-Cultural Samples", *Journal of Happiness Studies*, 2009, 10 (3): 271-291.

[2] Brian Cooper, Jue Wang, Timothy Bartram, Fang Lee Cooke., "Well-being-oriented human resource management practices and employee performance in the Chinese banking sector: The role of social climate and resilience", *Human Resource Management*, 2019, 58 (1): 85-97.

粤港澳大湾区人才高地建设中人才评价战略、价值与方法研究

——以深圳市创新型科技人才竞争力评价为例

梁善华

（深圳云创服科技有限公司）

摘要：知识经济时代，人才被世界各国视为一个国家最为关键的核心竞争力。目前，国内外吸引人才的竞争形势日益激烈，深圳市在"双区驱动"战略下，亟须了解自身创新型科技人才竞争力水平，并采取相应措施来保持、提升竞争力。本文结合深圳市创新型科技人才竞争力现状，选取了创新型科技人才资源、人才投入、人才绩效和人才环境4个二级指标共31个三级指标，构建了创新型科技人才竞争力评价指标体系。在深圳市2012—2020年相关数据的基础上，利用因子分析从定量层面对深圳市创新型科技人才竞争力进行评价。最后，根据结果提出个人对深圳市创新型科技人才竞争力水平的主观评价，并提出进一步提升深圳市创新型科技人才竞争力的建议与对策。

关键词：深圳市；创新型科技人才；人才竞争力；评价体系

在当今这个知识经济时代，国际竞争激烈，创新型科技人才作为促进经济增长的重要源泉越来越受到重视。对一个城市或地区而言，创新型科技人才及其所决定的城市或地区科技实力，不仅对其综合竞争力及其发展变化存在着异常重要的影响，而且创新型科技人才本身的数量和质量也正是城市或地区综合实力的重要组成部分，在很大程度上影响着一个城市或地区的发展潜力。深圳市作为中国特色社会主义先行示范区，

及粤港澳大湾区的核心城市，未来对创新型科技人才将有非常大的需求，创新型科技人才将是深圳市以及大湾区发展中最重要的战略资源。

创新型科技人才是一类具有较高创新能力的人才资源。对于创新型科技人才竞争力，目前尚没有一个系统、全面的定义。本文借鉴人才竞争力的概念，认为创新型科技人才竞争力是指创新型科技人才的数量、质量、结构、比例、流动和环境等各类人才因素，在社会经济生活的竞争、博弈和较量中所显现的总体实力，是各类人才因素能量化的有机综合和高度凝聚，是市场经济条件下从宏观角度衡量创新型科技人才发展程度的最主要和最有效的指标。本文将根据相关管理理论并结合深圳市的实际情况，对深圳市创新型科技人才竞争力的状况进行分析，发现其优势与不足，对创新型科技人才竞争力指标体系进行构建和评价。

从理论意义上来说，希望研究结果对于丰富深圳市在该领域的理论研究，起到一定的补充作用。从实践意义上来说，希望研究结果有助于深圳市政府、企业和其他各利益相关者合理界定自身的人才状况，在科技创新、创业、就业等领域进一步优化人才政策，建立健全创新型科技人才的引进与培养机制，聚集、吸引、使用、培养和转化创新型科技人才。同时，不断提升创新型科技人才竞争力，持续强化深圳的自主创新能力，带动粤港澳大湾区创新型经济发展，推动深圳市创建国家创新型城市，促进粤港澳大湾区成为世界领先湾区。

一　构建评价指标体系的原则

为了使评价指标体系科学化、规范化，在构建指标体系时，应遵循以下原则：

（一）科学性原则

科学性原则主要体现在理论和实践相结合，以及所采用的科学方法等方面。在理论上要站得住脚，同时又能反映评价对象的客观实际情况。设计评价指标体系时，首先要有科学的理论作指导。使评价指标体系能够在基本概念和逻辑结构上严谨、合理，抓住评价对象的实质，并具有针对性。同时，评价指标体系是理论与实际相结合的产物，无论采用什么样的定性、定量方法，还是建立什么样的模型，都必须是客观的抽象描述，抓住最重要的、最本质的和最有代表性的东西。对客观实际抽象描述得越清楚、越简练、越符合实际，科学性就越强。

（二）系统优化原则

评价对象必须用若干指标进行衡量，这些指标是互相联系和互相制约的。有的指标之间有横向联系，反映不同侧面的相互制约关系；有的指标之间有纵向关系，反映不同层次之间的包含关系。同时，同层次指标之间尽可能的界限分明，避免相互有内在联系的若干组、若干层次的指标体系，体现出很强的系统性。

指标数量的多少及其体系的结构形式以系统优化为原则，即以较少的指标（数量较少，层次较少）较全面系统的反映评价对象的内容，既要避免指标体系过于庞杂，又要避免单因素选择，追求的是评价指标体系的总体最优或满意。评价指标体系要统筹兼顾各方面的关系，由于同层次指标之间存在制约关系，在设计指标体系时，应该兼顾各方面的指标。

设计评价指标体系的方法应采用系统的方法，例如系统分解和层次结构分析法（AHP），由总指标分解成次级指标，再由次级指标分解成再次级指标（通常人们把这三个层次称为目标层、准则层和指标层），并组成树状结构的指标体系，使体系的各个要素及其结构都能满足系统优化要求。也就是说，通过各项指标之间的有机联系方式和合理的数量关系，体现出对上述各种关系的统筹兼顾，达到评价指标体系的整体功能最优，客观的、全面的评价系统的输出结果。

（三）通用可比原则

通用可比性指的是不同时期以及不同对象间的比较，即纵向比较和横向比较。

纵向比较。即同一对象这个时期与另一个时期作比。评价指标体系要有通用可比性，条件是指标体系和各项指标、各种参数的内涵和外延保持稳定，用以计算各指标相对值的各个参照值（标准值）不变。

横向比较。既不同对象之间的比较，找出共同点，按共同点设计评价指标体系。对于各种具体情况，采取调整权重的办法，综合评价各对象的状况再加以比较。对于相同性质的部门或个体，往往很容易取得可比较的指标。

（四）实用性原则

实用性原则指的是实用性、可行性和可操作性。

指标要简化，方法要简便。评价指标体系要繁简适中，计算评价方法简便易行，即评价指标体系不可设计得太繁琐。在能基本保证评价结果的客观性、全面性的条件下，指标体系尽可能简化，合并、减少或去掉一些对评价结果影响甚微的指标。

数据要易于获取。评价指标所需的数据易于采集，无论是定性评价指标还是定量评价指标，其信息来源渠道必须可靠，并且容易取得。否则，评价工作难以进行或代价太大。

整体操作要规范。各项评价指标及其相应的计算方法，各项数据都要标准化、规范化。要严格控制数据的准确性，能够实行评价过程中的质量控制，即对数据的准确性和可靠性加以控制。

（五）目标导向原则

评价的目的不是单纯评出名次及优劣的程度，更重要的是引导和鼓励被评价对象向正确的方向和目标发展。

二 文献综述

城市人才竞争力评价可以分为国际城市人才竞争力评价和国内城市人才竞争力评价。

国际城市人才竞争力评价方面，欧洲工商管理学院（INSEAD）发布的 The Global Talent Competitiveness Index 2020（《2020 年全球人才竞争力指数》），从人才吸引、人才成长、人才留存、发展环境以及职业技术技能和全球知识技能 6 个方面对全球 125 个经济体和 114 座城市的人才竞争力进行了评估；瑞士洛桑管理学院世界竞争力中心发布的 IMD World Talent Ranking 2020（《2020 年 IMD 世界人才排名》），从人才投资与发展、人才吸引力和人才就绪度 3 个方面对 63 个中高等人均收入经济体的人才竞争力进行了评价。

国内城市人才竞争力评价方面，杨河清等（2006）从理论层面建立了包括人才数量指数、人才质量结构指数、经济环境指数、生活环境指数、社会文化环境指数、自然环境指数、人才市场环境指数、人才效益指数、人才政策指数在内的 9 个一级指标，并对首都地区的人才竞争力水平进行了测度；李光全（2014）建立了包括人力资源数量、人力资源质量、人力资源配置、人力资源需求和人力资源教育在内的指标体系，对我国主要城市人才竞争力进行了评价；司江伟（2017）等构建了包括人才规模、人才结构、人才投入、人才产出和人才支持在内的山东省人才竞争力评价指标体系；陶锦莉、郑洁（2007）从长三角地区人才竞争力的角度出发，认为人才竞争力包括人才本体指标、人才客体指标和提升人才本体竞争力的保障体系指标 3 个方面。

在区域科技人才竞争力评价方面，国内的研究主要可以划分为区域科技人才竞争力的定义、指标体系和评价方法 3 个方面。首先，关于科技人才竞争力的定义，如张体勤、姜道奎（2012）认为，高层次区域科技人才竞争力是指地区借助人才战略、人才政策、人才配置和人才队伍建设等来吸引、利用高层次人才，并促进增强区域经济社会发展的综合实力；林喜庆、许放（2015）认为，城市科技人才竞争力是指一座城市科技人才的数量、素质、创新能力、培养能力、投资力度和外部环境等因素有机综合后的动态表现。其次，关于科技人才竞争力的评价指标体系，如倪鹏飞、岳晓燕（2010）从地域差异角度出发，认为科技人才竞争力指标体系包括人才本体、人才环境、人才创富和人才创新；朱安红等（2012）构建包括科技环境引力、科技人才投入、科技人才效益和科技促进发展 4 个指标在内的科技人才竞争力评价指标体系，并对我国中部六省份科技人才竞争力进行了评价；李良成、杨国栋（2012）等从广东省创新型科技人才竞争力角度出发，认为创新型科技人才是指科技活动人员，并将创新型科技人才竞争力评价指标确定为创新型科技人才资源、人才投入、人才产出和人才环境；杨洋等（2020）从人才数量、人才素质、人才投入、人才平台和人才贡献 5 个方面选取评价指标，对江苏省企业人才竞争力进行评价。最后，关于科技人才竞争力的评价方法，目前主要有层次分析法（AHP）、主成分分析法、熵值法、因子分析法、聚类分析法、Fuzzy-ANP 方法、德尔菲法等，部分研究综合运用了多种方法，有的则单独使用。

综合来看，目前关于城市或区域科技人才竞争力的定义研究较少，现有研究主要是从指标选取角度对其内涵进行大致地界定；在评价指标体系构建方面，主要从人才资源、人才结构、人才投入、人才发展环境和人才产出 5 个方面选取一级指标，评价方法主要以定量为主。

三　方法论

本文以深圳市的创新型科技人才为研究对象，将创新型科技人才定义为参与各类科技创新活动的人员，并以 2012—2020 年深圳市科技创新活动人员的数量、质量、结构、比例、流动和环境为研究样本，数据来源于《深圳统计年鉴》《深圳科技年鉴》《广东统计年鉴》《广东科技年鉴》《中国高技术产业统计年鉴》等。但是实际上本文的研究范围更大，所侧重的是对深圳市政府机构、高校、科研院所和科技含量高的各类企业的科技创新人才，以及科技创新活动情况进行系统的量化分析。因此所采用的是样本调查法，通过样本的分析，从宏观角度衡量市场经济条件下创新型科技人才发展程度。

（一）研究的方法和技术路线

从整体上看，本文遵循提出问题—分析问题—解决问题的思路，采用描述性研究以弄清深圳创新型科技人才竞争力的现状和特征，采用解释性研究以分析深圳创新型科技人才评价障碍的原因，采用规范性研究以提出解决问题的办法。将理论研究与方法研究、系统开发和应用研究相结合，在实证研究的基础上进行理论研究。

研究的具体技术路线，如图 1 所示：

（二）评价指标体系构建

在已有研究的基础上，考虑数据可获得性等相关因素的前提下，根据指标定义、频度统计法和深圳市科技人才发展现状，选取已有研究中使用频率较高的有关指标，并根据因子分析法对其中的指标进行删选，

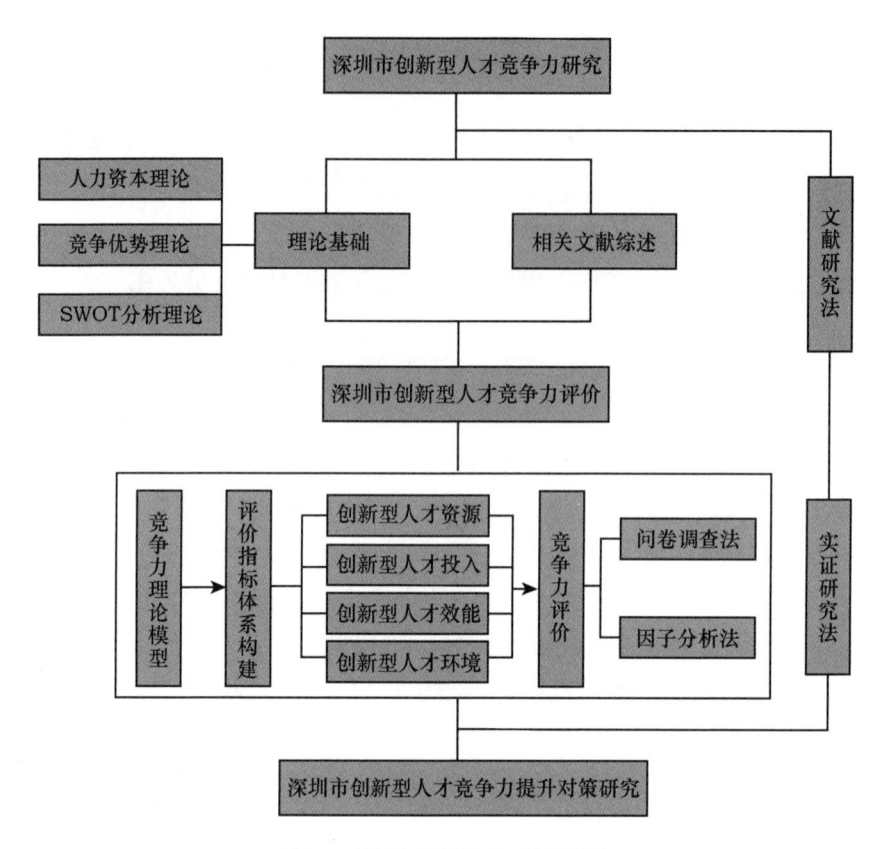

图 1　本研究具体的技术路线图

将深圳市创新型科技人才竞争力分为创新型科技人才资源、创新型科技人才投入、创新型科技人才效能和创新型科技人才环境四个二级指标，并由若干三级指标构成二级指标层（表1）。

表1　深圳市创新型科技人才竞争力评价指标体系

一级指标	二级指标	三级指标
创新型科技人才竞争力	创新型科技人才资源指数	每万人中从事科技活动人数（人）
		科学家与工程师比重（%）
		科技活动人员总数（人）
		每万人口普通高校在校学生数（人）
		院士人数（人）

续表

一级指标	二级指标	三级指标
创新型科技人才竞争力	创新型科技人才投入指数	科技活动经费支出总额（亿元）
		R&D 经费占 GDP 的比重（%）
		人均科研经费（元）
		政府科技经费拨款（亿元）
		人均财政性教育经费支出额（元）
		教育投入占 GDP 比重（%）
		每万人中高校专任教师人数（人）
	创新型科技人才绩效指数	每亿元 GDP 所使用的人才数（人）
		发明专利申请量（件）
		每万人申请专利数（件）
		高新技术产业产值占工业总产值的比重（%）
		科技活动课题（项目）数（个）
		省级及以上科技奖励成果（项）
		技术合同成交额（亿元）
		发布科技论文数（篇）
		出版科技著作（种）
		三大检索系统收录论文数（篇）
	创新型科技人才环境指数	人均 GDP（元）
		人均财政收入（元）
		城镇登记失业率（%）
		城镇居民人均住房使用面积（m^2）
		住宅商品房均价（元/m^2）
		高新技术企业数（家）
		科技活动机构数（个）
		城镇居民人均消费性支出（元）
		城镇居民人均可支配收入（元）

结合评价指标体系，使用 SPSS19 软件中的 Pearson 简单相关系数计算功能对所选指标进行相关分析。结果表明，所选取的指标相关性较强，适合作因子分析。为了对因子的可信度进行分析，经过对 2012—2020 年深圳市创新型科技人才竞争力各项指标数据进行因子旋转，分析旋转后

的因子载荷,原有的 31 个指标可以用 3 个因子来解释:资源及投入因子;环境因子、效能因子。

(三)创新型科技人才竞争力综合评价指标与因子体系(表2)

表2　　　　深圳市创新型科技人才竞争力评价指标体系

目标层	因子层	因子信度	因子权重	指标层	指标权重	指标变量
人才竞争力指数	资源及投入因子	0.979	0.4852	院士人数/人	0.981	1.01
				每亿元 GDP 所使用的人才数/人	-0.946	1.02
				发表科技论文数/篇	0.903	1.03
				高新技术产业产值占工业总产值的比重%	0.891	1.04
				每万人普通高校在校生数/人	0.807	1.05
				高校专任教师人数/人	0.811	1.06
				每万人申请专利数/件	0.869	1.07
				高新技术企业数/家	0.901	1.08
				城镇居民人均可支配收入/元	0.875	1.09
				政府科技经费拨款/亿元	0.845	1.10
				城镇居民人均消费性支出/元	0.788	1.11
				人均 GDP/元	0.812	1.12
				科技活动课题(项目)数/个	0.709	1.13
				人均科研经费/元	0.816	1.14
				科技活动经费支出总额/亿元	0.862	1.15
				省级及以上科技奖励成果/项	0.684	1.16
				城镇居民人均住房使用面积/m²	0.817	1.17
	环境因子	0.985	0.3638	住宅均价/元/m²	0.765	2.01
				人均财政性教育经费支出额/元	0.780	2.02
				人均财政收入/元	0.752	2.03
				每万人中从事科技活动人数/人	0.733	2.04
				技术合同成交额/亿元	0.727	2.05
				三大检索系统收录论文数/篇	0.731	2.06

续表

目标层	因子层	因子信度	因子权重	指标层	指标权重	指标变量
人才竞争力指数	环境因子	0.985	0.3638	科技活动人员总数/人	0.766	2.07
				发明专利申请量/件	0.785	2.08
				科技活动机构数/个	0.740	2.09
				出版科技著作/种	0.901	2.10
	效能因子	0.839	0.1131	R&AD经费占GDP比重/%	0.883	3.01
				城镇登记失业率/%	0.729	3.02
				教育投入占GDP比重/%	0.762	3.03
				科学家与工程师比重/%	0.704	3.04

通过对深圳市2012—2020年创新型科技人才竞争力进行评价，得到各年的创新型科技人才竞争力指数（表3）。

表3　　2012—2020年深圳市创新型科技人才竞争力指数

	2012	2013	2014	2015	2016	2017	2018	2019	2020
资源及投入因子的相对值	36.1	38.47	47.29	56.28	68.52	77.83	86.41	94.76	103.38
环境因子的相对值	37.67	43.5	46.28	48.61	53.29	63.64	71.83	88.59	99.8
效能因子的相对值	75.81	91.44	93.86	94.23	88.37	84.29	84.71	91.69	96.85
资源及投入因子的贡献值	18.02	19.35	23.46	28.23	33.47	37.84	42.52	46.97	49.92
环境因子的贡献值	14.44	15.51	16.35	17.24	18.97	22.21	26.93	32.69	37.45
效能因子的贡献值	8.08	10.62	10.91	10.87	9.85	9.63	9.52	10.83	10.94
竞争力指数	40.73	46.89	50.72	55.63	62.87	68.65	76.44	88.16	97.69

四　发现与探讨

根据以上分析数据，我们不难发现，2012—2020年深圳市创新型科技人才竞争力指数呈现出逐年不断攀升的趋势，从2012年的40.73升至2020年的97.69，提高2.4倍。从指标体系的各个因子贡献情况来看，2012—2020年资源及投入因子、环境因子和效能因子对深圳市创新型科技人才竞争力的贡献值也都呈现出上升的趋势：资源及投入因子、环境因子和效能因子的贡献值分别上升 2.77 倍、2.59 倍和 1.35 倍。

综合来看，深圳市创新型科技人才竞争力的提升主要得益于资源及投入因子与环境因子的贡献。因此，深圳市在未来发展中，仍要继续出台力度更大和激励性更强的政策措施，加大对创新型科技人才资源与投入工作，同时，继续改善和优化创新型科技人才环境，进一步提升创新型科技人才的效能。具体探讨如下。

（一）创新型科技人才资源对深圳市创新型科技人才竞争力的影响

深圳市创新型科技人才资源，反映的是深圳市创新型科技人才的规模、人才的质量、创新型科技人才的结构、人才的分布、人才的流动等情况，是深圳市城市发展的智力保障，体现了深圳市在创新型科技人才的吸引，培养和开发，配置和激励，以及配套的服务和保障方面的优势，也同时体现了创新型科技人才对深圳市的认可和归属。

结合深圳市创新型科技人才资源的现状，从全球化人才竞争和深圳未来发展的角度出发，深圳在创新型科技人才的规模、质量、结构、分布等方面还需要改善和提高。在深圳市建设国家创新型城市和国际化一流城市的过程中，深圳市还需要在创新型科技人才资源上下功夫，出台更有力度的政策措施，打造创新型科技人才高地。

（二）创新型科技人才投入对深圳市创新型科技人才竞争力的影响

深圳市创新型科技人才投入，反映的是当地政府部门对创新型科技人才开发的投入，体现了人才专长时效性的长短及人才的活力，同时在一定程度上体现了政府对人才的培育和重视，是提高区域创新能力的保障。人才投入主要受人才投入规模、持续增长能力和结构优化两方面影响。

结合深圳市创新型科技人才投入的现状，从全球化人才竞争和深圳未来发展的角度出发，深圳在创新型科技人才投入的科研经费总额、人才教育的投入等方面还需要改善和提高。在建设国家创新型城市和国际化一流城市的过程中，深圳市还需要继续加大创新型科技人才投入。

(三) 创新型科技人才效能对深圳市创新型科技人才竞争力的影响

深圳市创新型科技人才效能,反映的是深圳市创新型科技人才在当地各种因素作用下的贡献,是科技人才创新活动的直接效果。创新型科技人才产出的多少不仅代表了科技人才前期创新活动取得的直接成果,而且也反映了未来创新的基础能力和发展潜力。创新型科技人才产出主要受科技成果和转化扩散两方面影响。

结合深圳市创新型科技人才效能的现状,从全球化人才竞争和深圳未来发展的角度出发,在建设国家创新型城市和国际化一流城市的过程中,深圳在创新型科技人才效能的科研成果产出、科技成果创新、科技成果转化等方面还需要进一步改善和提高。

(四) 创新型科技人才环境对深圳市创新型科技人才竞争力的影响

深圳市创新型科技人才环境建设,反映的是外部环境对聚集创新型科技人才的影响力。对人才的聚集及发挥作用重要的外部因素有政府部门的服务水平、当地经济发展水平、生活水平、工作条件等。环境建设主要受生活环境、工作环境和经济环境三方面影响。

结合深圳市创新型科技人才效能的现状,从全球化人才竞争和深圳未来发展的角度出发,在建设国家创新型城市和国际化一流城市的过程中,深圳市还需要改善和提高创新型科技人才科研环境、生活环境、工作环境和经济环境等。

五 结果与讨论

(一) 创新与不足

第一,创新之处:

1. 根据国内外学者提出的不同人才竞争力指标体系,针对深圳市的实际情况,构建了一个创新型科技人才竞争力指标体系,理论联系实际对深圳市创新型科技人才竞争力状况进行了实证分析。

2. 针对深圳市创新型科技人才竞争力指标数据进行评价并提出相应的建议,宏观层面在为深圳市人才事业的发展保持已有竞争优势、形成新的竞争优势、改善竞争弱势、弥补竞争力短板提供指导和帮助；在微观层面为深圳市政府部门、科研机构、高校、企业、中介机构等在创新型人才的竞争力分析评价、筛选引进、培养使用以致在提升创新型人才竞争力等方面提供了参考和借鉴。

第二，不足之处：

1. 只针对深圳市的创新型科技人才竞争力情况进行评价，虽然在纵向上可以比较发现深圳市在2012年至2020年创新型科技人才竞争力的提升情况，但未与其他城市作横向比较，因此难以发现深圳市在横向方面的优势与不足。

2. 虽然在评价指标的选择上尽量照顾评价指标的广度，但政策环境和人文环境等难以定量化的因素对创新型科技人才竞争力的影响情况未得到反映，这也是目前研究方法的局限所在，还需要在以后深入研究探索。

（二）建议

科技进步促进经济的发展，人才资源作为最重要的资源对于提升区域竞争力起着决定性作用。针对深圳市创新型科技人才竞争力的现状，对提升深圳市创新型科技人才竞争力提出如下具体建议。

第一，建立开放宽松、多层次、全方位引才机制，扩大创新型科技人才资源。

当前，在国家创新驱动的时代背景下，在粤港澳大湾区统一发展的机遇期，深圳市已初步具备建设创新型科技人才高地的雄厚基础与优势。经过四十年的稳步发展，深圳市已初步形成优势互补的产业布局，集聚重点实验室、科研机构、科技企业等丰富的高端创新平台和载体，基础设施和现代化的综合交通运输体系互联互通，多层次、立体化的人才发展政策体系已逐步建立完善，对科技人才吸引力不断提升。但与国外发达城市相比，深圳市仍处于发展探索阶段，在创新型科技人才发展方面还存在一定差距。深圳市要继续深化科技体制改革，完善科技人才的政策机制，要逐步建立以市场化为导向的人才机制，保证创新型科技人才的自主性。在政府政策引导下，保证科技人员的科研任务和创新应用协调发展，既调动其积极性，又提升科研成果的质量；通过政府对科技活动予以优惠的政策；人才的激励问题要从各个方面综合考虑，采用物质激励与精神激励相结合的原则，最大程度提升科技人才的积极性。

建立开放宽松、多层次、全方位引才机制，扩大创新型科技人才资源的建议如下：

1. 合理配置创新型科技人才资源，进一步优化创新型科技人才结构。

2. 继续建立健全创新型科技人才引进的市场化渠道和机制，拓宽全球招揽渠道，加强"高精尖"人才的引进。

3. 创建合理的人才流动和协同创新机制，推动粤港澳大湾区人才一体化。

4. 建立产业化人才培养机制，确保科技人才培养的持续性。

第二，建立全方位投入机制，提升创新型科技人才投入。

建设创新型国家和地区，科技投入是促进创新科技进步、实现又好又快发展的重要前提和保证，有高投入才会有创新型科技人才的高水平产出。建立多元化的创新型科技投入体系应以坚持邓小平理论和"三个代表"重要思想为指导，全面贯彻落实科学发展观，遵循以人为本、人才优先的人才发展规律，重点建设创新型科技人才。市政府、企事业单位要着力创新体制机制，逐步增加人才投入，优化人才成长、工作环境，高效开发利用创新人才，为推进深圳市经济又好又快发展提供强大的智力支持。

建立全方位投入机制，提升创新型科技人才投入的具体建议如下：

1. 继续加大政府科技投入。加强财政科技投入管理；推行和落实鼓励自主创新的财税优惠政策；加强对创新活动的评奖和表彰工作；加强科技创新平台建设；积极推进深港澳人才交流合作和人才引进政策。

2. 进一步加大企业科技投入。丰富研发人员的激励形式；自主创建技术研发中心。

3. 继续提升高校和科研机构投入。加大投入营造良好的创新环境；鼓励高校科研教师创办科技企业或到企业从事科技成果转化工作；支持研究生参与科研项目，在导师的指导下实现创新能力的传导效应。

4. 加强引导社会科技投入。合理引导民间资本；积极搭建创新金融平台。

第三，完善成果转化机制，提升创新型科技人才效能。

完善成果转化机制，提升创新型科技人才效能的具体建议如下：

1. 发展产学研战略联盟，促进科技成果转化。加强校企研三者之间的合作；建立高等学校、科研院所、企业高层次人才双向交流制度；营造良好的政策环境。

2. 改革和完善科技奖励制度。科技奖励主体和客体多元化；科技奖励以应用开发为主，并由项目逐渐向个人倾斜；加强评审制度的规范和监督工作。

第四，营造良好的科技创新和政策环境，提升创新型科技人才环境。

深圳市需要继续营造良好的科技创新环境和政策环境，提升创新型科技人才环境的具体建议如下：

1. 以宽松的激励政策和公平的法治环境，激励人才活力。一是税收优惠政策；二是奖励扶持政策；三是营造法治环境。

2. 加强文化环境建设，加强深圳市的人文环境建设。加强文化建设要从硬件和软件两个方面进行；按照优化结构、重点突出、完善功能、加大文化事业投入；积极创造百花齐放，百家争鸣的文化氛围。

3. 构建多层次教育培养体系。有针对有意识地教育培养科技人才的创新思维、创新技能；构建多层次创新科技人才培养体系；推行"人才+项目"的培养模式；建设高技能人才实训基地。

4. 进一步优化人居环境，注重人才服务和保障。继续实施人才安居工程；继续加大市政建设投入，完善城市通信、教育、医疗等公共服务配套设施；继续完善人才市场化服务体系。

参考文献

[1] Adecco．（2018）2018 年全球人才竞争力指数报告［EB/OL］．美通社. https：//www.prnasia.com/story/200627－1.shtml

[2] 安菁：《产业创新人才成长的影响因素与评价体系研究》，博士学位论文，北京理工大学，2015 年。

[3] 杨河清、陈红、边文霞：《首都区域人才竞争力评价指标体系的构建》，《首都经济贸易大学学报》2006 年第 5 期。

[4] 陶锦莉、郑洁：《长三角地区人才竞争力的比较研究》，《南京社会科学》

2007年第9期。

［5］李光全：《中国城市人才竞争力变化影响因素分析》，《科技进步与对策》2014年第2期。

［6］司江伟、韩晓静、沈克正：《山东省人才竞争力评价体系的构建与实例测算》，《统计与决策》2017年第3期。

［7］赵紫燕、于飞：《中国区域人才竞争力研究报告：2017》，《国家治理》2017年第22期。

［8］张体勤、姜道奎：《高层次区域创新人才竞争力评价体系研究》，《华东经济管理》2012年第7期。

［9］林喜庆、许放：《基于AHP的城市科技人才竞争力评价研究》，《北京科技大学学报》（社会科学版）2015年第1期。

［10］倪鹏飞、岳晓燕：《中国科技人才竞争力地域差异性研究》，《江淮论坛》2010年第1期。

［11］沈春光：《区域科技创新人才竞争力评价与预测研究》，博士学位论文，南京航空航天大学，2011年。

［12］孙锐、王通讯、任文硕：《我国区域人才强国战略实施评价实证研究》，《科研管理》2011年第4期。

［13］朱安红、郭如良、高燕等：《中部六省科技人才竞争力评价及其比较研究》，《科技管理研究》2012年第10期。

［14］李良成、杨国栋：《基于因子分析的广东省创新型科技人才竞争力评价》，《科技管理研究》2012年第10期。

［15］郭跃进、朱平利：《我国区域科技人才竞争力评价研究》，《科技进步与对策》2014年第8期。

［16］刘泽双、肖瑶、高莹：《基于Fuzzy-ANP方法的关天经济区人才竞争力评价模型研究》，《科技进步与对策》2014年第10期。

［17］刘佐菁、陈杰、苏榕：《广东省科技人才竞争力评价与提升策略》，《科技管理研究》2018年第22期。

［18］杨洋、黄晶、刘文逸等：《企业人才竞争力的空间分异特征及驱动因素研究：以江苏省工业企业为例》，《管理现代化》2020年第6期。

［19］李良成、杨国栋：《广东省创新型科技人才竞争力指标体系构建及评价》，《科技进步与对策》2012年第19期。

［20］李良成、杨国栋：《我国区域科技人才竞争力评价与分析》，《技术经济与管理研究》2013年第1期。

[21] 国家统计局:《我国东西中部和东北地区划分方法》[EB/OL] (2011 - 06 - 13) [2020 - 12 - 20] http://www.stats.gov.cn/ztjc/zthd/sjtjr/dejtjkfr/tjkp/201106/t20110613_71947.htm.

[22] 中共中央、国务院:《关于支持深圳建设中国特色社会主义先行示范区的意见》,新华社 2019 年。

基于C-D生产函数的广东省人才贡献率研究

吴 凡　魏高亮　黄宝俊

（广西大学公共管理学院）

摘要：人才贡献率是地区人才发展状况的核心指标。本文基于C-D生产函数人力资本分类模型，对2002—2020年广东省人才贡献率进行测算，根据人才贡献率变动规律，做出趋势分析，结果表明：（1）广东省新世纪以来，物质资本与其他要素是推动经济增长的主导因素，其贡献率达到了83.01%，而人才贡献率仅为12.12%，与全国中长期人才发展规划中35%的目标还有较大差距；（2）发现"十五"阶段、"十三五"阶段以及全国人才工作会议前后，人才贡献率出现大幅变动，人才贡献率受到经济环境、人才政策环境、教育投资等多种因素影响；基于此，未来广东省应进一步优化人才政策，加大教育投资力度，整合粤港澳学术与科研资源，以提高人才贡献率，为粤港澳大湾区协调发展提供更加强有力的人才支撑。

关键词：人才贡献率；人才资本；广东省

一　问题提出与文献回顾

（一）问题提出

十九大报告中指出，要在国家、广东、香港、澳门的共同努力下，建成粤港澳大湾区。作为国家战略区域，粤港澳大湾区承接着带动国家经济发展的引领作用，是国家"一带一路"重要支撑区与"一国两制"实践示范区。而广东省是祖国的南大门，拥有得天独厚的区位优势与人力资本存量，经济发展机会应运而生。作为粤港澳大湾区重要组成部分，广东省对于人才资本的高效运用很大程度上影响到地方经济发展质量与湾区建设的进程。

在《国家中长期人才发展规划纲要（2010—2020）》中，"人才贡献率"作为六大核心指标之一出现，并提出到2020年，人才贡献率要达到35%。国家对于人才贡献率指标的重视，体现了党在推进人才工作过程中坚持人才发展以用为本的科学发展观，也表明了人才贡献率指标的效用与代表性程度。人才是发展的核心要素，粤港澳大湾区建设发展的过程中要求广东省更有效地利用人才资源，发挥其人才支持与智力支撑作用。因此，本文基于C-D生产函数模型，分析广东省经济增长过程中人才贡献率变化趋势，描述其发展现状，揭示人才工作与经济增长的内在关联。

（二）文献回顾

"人才贡献率"是人才资本增长对经济增长的贡献率，是人才资本作为经济运行中的核心投入要素，通过其自身形成的递增收益和产生的外部溢出效应，从而对经济增长所作出的贡献份额[2]。因此，人才资本成为测算人才贡献率的核心关键。

关于人才资本的测算，国内学者先后进行了多次实践。桂昭明（1998）将人才资本分为显性资本与隐性资本，运用不同文化程度的人力资本与人才当量对人才资本进行测算[3]，是国内人才资本贡献率研究的领军者。袁岩（2007）提出人才资本的测量，首先是要对人才进行分类，然后根据分类后人才的特质进行加权求和，从而得出人才资本存量[4]。马宁等人（2011）使用要素贡献率测算了人才资本对于北京经济增长的贡献率[5]。到2009年，桂昭明采用了麦迪森"初等教育等量年"的概念，对初、中、高等教育赋予不同系数，从而得出基础人力资本与人才资本的存量，这也是目前学界采用较多的一种测算标准[6]。戚湧等人（2015）在江苏科技人才开发绩效评价的过程中，也使用了"初等教育等量年"的概念对人才资本存量进行解释[7]。

人才资本的测算现已形成了多种方法，而受教育年限的方法之所以运用广泛，体现在其所需数据可获取难度较小，且能反映出人才在质量上的差别。

而在经验模型的构建上，学术界大多采用柯布—道格拉斯以生产函数为基础的人力资本分类模型（以下简称C-D生产函数模型）进行人才贡献率的测算。黄维德等人（2010）采用C-D生产函数模型测算上海市人才贡献率，与北京、广东等地区进行比较分析，并对未来年份上海人才贡献率进行了预测[8]。郭克良等人（2015）基于C-D生产函数模型，测算了1996—2011年间河北省基础人力资本贡献率（11.56%）与人才贡献率（11.1%）[9]。鹿方圆（2016）对C-D生产函数中人才贡献率测算方法作出改进后，以山东省泰安市2000—2011年数据为基础进行测算[10]。曹毅等人（2018）依据C-D生产函数模型，使用山西省1997—2016年数据测算人才资本在经济增长中的贡献率，得出其人才贡献率仅为6.47%，低于全国平均水平的结果，并从人才引进、培养、保留三个层面提出对策建议[11]。丁波、王健（2018）对2000—2015年京津冀城市群基础人力资本与人才资本对经济增长的贡献率进行测算，得出河北省综合人力资本贡献率相对较低的结论[12]。C-D生产函数模型的运用为国内学者研究人才贡献率解决了计量工具问题。

二 模型设定与指标选择

"发展是第一要务，人才是第一资源，创新是第一动力"[13]，人才要素在资源配置过程中的重要作用得以体现。

（一）人才贡献率计算方法

为计算人才贡献率中所涉及的弹性系数，最开始采用线性回归模型或最小二乘法进行参数估计，但经济合作发展组织（简称"经合组织"，OECD）指出该方法有将简单问题复杂化的风险，所估算结果的可靠性和稳定性不高，因此需要对人才贡献率的计算方法进行修正。参考黄敏等人（2020）于《中国人才贡献率再测度1978—2017》中所采用的方法，即引入势效系数原理，采用势效系数直接估算弹性系数[14]。

本研究基期确定为2002年，其中地区生产总值作为被解释变量Y，使用资本形成额表示为K，且Y、K均使用不变价；资本形成额的估算方法采用单豪杰（2008）的方法[15]，物质资本存量的估算采用"永续盘存法"，折旧率采用经验数据5%[16]。

1. 人力资本量与人才资本量的计量

通常将人力资本分解为一般人力资本和人才资本两部分，而其数量与质量用受教育年限来表示。这里的受教育年限度量法借鉴 Madiison 教育等量年的概念[17]。即将受过初等教育的系数设为1，1个中等教育年相当于1.4个初等教育年，1个高等教育年相当于2个初等教育年，以此来表示不同学历层次的人力资本在获取知识方面的能力差异，具体标准见2.1表。

表2.1　　　　　　　按照接受教育程度测算人力资本计量标准

受教育程度	基础人力资本			人才资本			
	未上学	小学	初中	高中（含中职）	大专（含高职）	本科	研究生以上
受教育年限（年）	1.5	6	9	12	15	16	19.6
受教育年限当量	1.0	1.0	1.4	2.0	2.0	2.0	2.0
最终计算年限（年）	1.5	6	12.6	24	30	32	39.2

2. 人才贡献率计量模型

人才贡献率计算公式是由 C - D 函数推演而来，得到计算公式为2 - 1，其中 Y^t 为产出变量，At 表示技术进步因素，Kt、Ht、Tt 分别表示物质资本、基础人力资本和人才资本要素，所对应的产出弹性分别为 α、β、λ。

$$Y^t = A_t f(K_t, H_t, T_t) = A_t K_t^\alpha H_t^\beta T_t^\lambda \qquad (2-1)$$

对式2 - 1进行线性化处理，等式两边求关于时间 t 的全微分后，得到简化形式2 - 2。

$$Y' + \alpha K' + \beta H' + \lambda T' \qquad (2-2)$$

对弹性系数的估算进行修正，引入势效系数 r_1 和 r_2 对弹性系数 α、β、λ 进行推算。在保证 $0<\alpha<1$、$0<\beta<1$，且 $r_1^\alpha + r_2^\beta = 1$ 的情况下，推导得出 α^*、β^*、α^{**}、β^{**}、α^{***}，从而估算 β、λ，具体估算过程参照黄

敏等（2020）[11]的估算方法。最终根据公式 2-2 得到人才贡献率 θ。

$$\theta_T = \frac{\lambda T'}{Y'} \quad (2-3)$$

"人才贡献率数据"本研究采用当年实际值（点值），以衡量年际间人才贡献率的变化情况。

3. 时间选取与数据来源

由于 2000 年受教育程度部分数据的缺失，使得 2001 年无法作为基期年份。故本文所选取数据时间跨度为 2002—2020 年。本文主要涉及地区生产总值、物质资本存量与人力资本存量。其中经济发展指标、固定资产投资额、从业人员等数据来源于《广东统计年鉴》；就业人员受教育程度来源于《劳动统计年鉴》。

三　广东省人才贡献率测算

（一）人才贡献率年际水平

以 GDP 作为衡量经济增长的指标，经过测算，2002—2020 年广东经济年均增长速度为 13.2%，根据人才贡献率的基本公式，查询并录入广东数据统计发布库、国家统计局年度数据等官方数据，通过计算可发现驱动经济增长的要素主要有物质资本投资、人才资本投资、基础人力资本投资和其他要素投资，其结果如表 3.1 所示。

表 3.1　　　　　2002—2020 年广东经济增长中各要素贡献率

年份	物质资本贡献率	基础人力资本贡献率	人才贡献率	其他资本贡献率
2002	47.60%	-4.05%	22.48%	33.96%
2003	52.02%	41.57%	-26.06%	32.47%
2004	47.22%	29.84%	-9.28%	32.22%
2005	45.33%	7.20%	15.29%	32.19%
2006	51.32%	9.95%	-0.75%	39.49%
2007	46.79%	3.58%	12.69%	36.93%
2008	46.59%	1.73%	10.66%	41.02%
2009	48.53%	11.60%	-0.04%	39.92%

续表

年份	物质资本贡献率	基础人力资本贡献率	人才贡献率	其他资本贡献率
2010	40.31%	3.60%	23.47%	32.62%
2011	17.15%	2.88%	62.35%	17.61%
2012	47.47%	0.15%	4.7%	47.91%
2013	45.05%	-7.91%	18.90%	43.97%
2014	40.35%	-1.06%	20.73%	39.98%
2015	41.69%	-3.91%	23.82%	38.39%
2016	41.89%	-0.08%	15.45%	42.74%
2017	41.60%	-0.02%	13.23%	45.19%
2018	41.49%	-3.51%	12.33%	49.69%
2019	38.34%	-2.76%	16.10%	48.32%
2020	42.67%	3.82%	-5.62%	59.12%
平均贡献率	43.34%	4.87%	12.12%	39.67%

数据来源：本研究测算数据。

1. 总体经济增长贡献率情况

物质资本贡献率。2002—2020年间广东物质资本存量年均规模95293.23亿元，物质资本对经济增长的平均贡献率为43.34%。基础人力资本贡献率，2002—2020年间基础人力资本投资存量年均规模36186.210万元，基础人力资本对经济增长的平均贡献率为4.87%。人才资本贡献率。2002—2020年间人才资本投资存量年均规模48674.053万元，人才资本对经济增长的平均贡献率为12.12%。2002—2020年间广东其他要素贡献率对经济增长的平均贡献率为39.67%。

由此，2002—2020年以上四个要素对经济增长的平均贡献率分别为43.34%、4.87%、12.12%、39.67%。通过数据显示可以得出，新世纪以来广东经济增长主要靠物质资本投资与其他资本投资的推动，其次是人才资本投资，而基础人力资本投资的贡献则显得相对不足。

2. 广东省人力资本发展趋势

人力资本通常来说被分成基础性人力资本与人才资本两个部分。通过发展趋势图（具体见图3.1）可以看出，基础性人力资本一直处于一个较为缓慢增长的发展趋势，在2010年时其增长幅度有所显著；人才资本同样以2010年为时间节点，2010年之前，人才资本的存量一直是处于缓慢增长的趋势，到了2010年后，由原本24393万元迅速增长到57520万元，增长幅度达到了135.8%，是人才资本的骤增阶段，之后十年的时间也保持着快速增长的趋势。

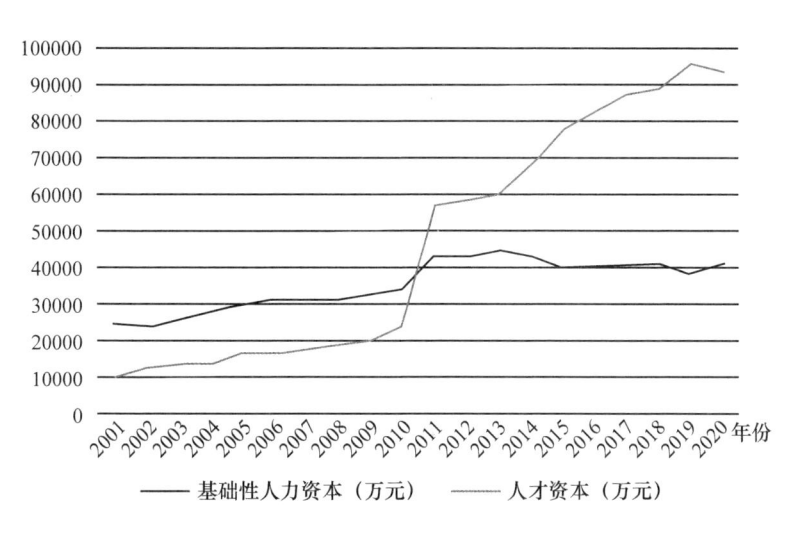

图3.1 广东省人力资本发展趋势

3. 基础人力资本对经济增长的贡献率

基础人力资本作为人力资本主体部分，呈现出学历水平较低，总量与贡献率会随着大众受教育程度的提高而逐渐减少的特点。2002年到2020年的数据显示，年均基础人力资本贡献率仅为4.87%，处于一个较低的贡献水平；从具体年份来看，2003年与2004年，基础人力资本对经济增长起到了较大的推动作用，这与时代背景之间也有较为密切的联系，广东作为全国各地农民工跨省务工的首选地，新世纪初的"务工潮"加剧了基础人力资本对经济发展的推动；同时由于非典背景下疫情因素的影响，基础性人力资本作用变得显著。

4. 人才资本对经济增长的贡献率

人才资本贡献率详细数据与变化趋势如图3.2所示，2002年到2020年间，广东人才资本年均贡献率为12.12%，于2011年达到峰值，为62.35%。个别年份人才贡献率为负，主要原因是这些年份人才资本增长比上一年有所下降，因此这些年份经济增长主要依靠除基础人力资本外的物质资本和其他要素拉动。人才资本整体而言呈现出上升的趋势，但相比于物质资本等其他资本因素而言，其对经济增长的推动力度仍显得不足。

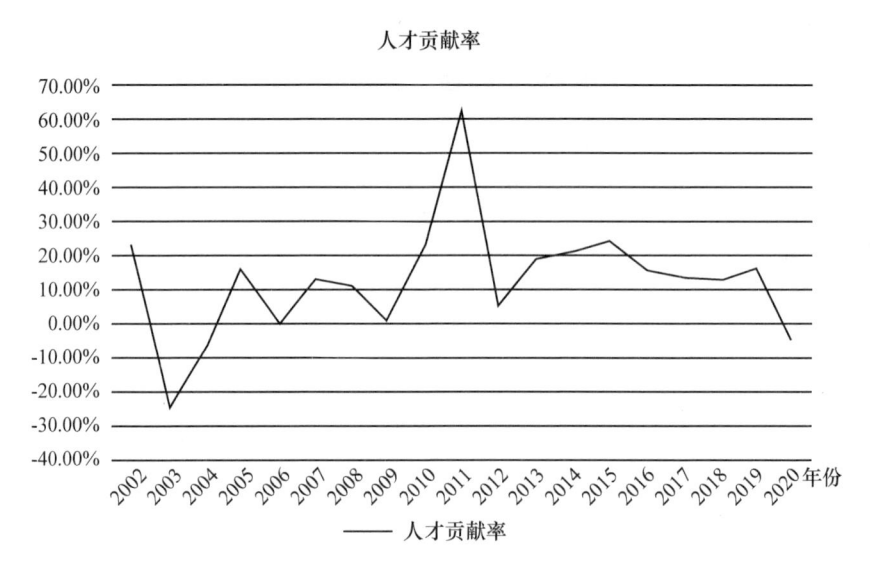

图 3.2　人才贡献率按年限划分

四　广东省人才贡献率结果分析

分阶段、特殊年份从广东人才贡献率与其他各要素对广东经济增长的贡献率进行分析，能够更好地把握各影响因素的阶段性特征，并结合当时背景做出相应解释。具体见表 4.1。

表 4.1　　　　　　　分阶段广东经济增长中各要素贡献率

年份	历史阶段	经济年均增长率	物质资本贡献率	基础人力资本贡献率	人才贡献率	其他资本贡献率
2002—2005	"十五"阶段	13.65%	48.04%	18.64%	0.61%	32.71%
2006—2010	"十一五"阶段	12.48%	46.71%	6.09%	9.21%	38.00%
2011—2015	"十二五"阶段	8.56%	38.34%	-1.97%	26.05%	37.57%

续表

年份	历史阶段	经济年均增长率	物质资本贡献率	基础人力资本贡献率	人才贡献率	其他资本贡献率
2016—2020	"十三五"阶段	6.06%	41.20%	-0.51%	10.30%	49.01%
2002—2010	第二次全国人才工作会议前	13.00%	47.30%	11.67%	5.38%	35.65%
2011—2020	第二次全国人才工作会议后	7.31%	39.77%	-1.24%	18.18%	43.29%
2002—2020	新世纪	10.01%	43.34%	4.87%	12.12%	39.67%

数据来源：本研究测算数据。由于2001年数据缺失，故"十五"阶段数据仅为2002—2005年数据。

经济年均增长率采用各年度同比增长率计算得出。

通过表4.1中各要素贡献率可以得知，在不同阶段，广东人才贡献率呈现出较大的差异性；就总体而言，广东经济发展平稳增长，人才贡献率整体上维持着提升的趋势。

(一)"五年规划"各阶段分析

"十五"阶段广东经济年均增速为13.65%，经济发展与上一阶段相比增长迅速。在这一阶段当中，物质资本投资发挥出了最大的贡献率，同时也是进入新世纪20年来物质投资贡献率最高的一个时期。其他资本的投资也发挥着较大的积极推动作用。这一阶段由于20世纪60年代至20世纪80年代，计划生育还未实行，是新生儿出生较多的一个时期，因此到了2000年左右的时间，所呈现出的人口红利显著，基础人力资本占有一定程度的贡献率。与之相对应的人才资本贡献则显得不足，不到1%，这主要是因为受教育程度普遍较低，文盲率高，国内人才资源存量欠缺所导致，当时我国也受到了1997—1999年亚洲金融危机的冲击，导致新世纪初经济状况不容乐观，且由于2003年非典的影响，失业人员增多，很多人才选择继续深造，从而出现了人才资本贡献率较低的情况。

"十一五"阶段，广东经济增长速度为12.48%，增长速度保持稳定状态。在这一阶段，物质资本投资与其他资本投资仍保持着主导贡献地位，与上一阶段趋同。但就人力资本与人才资本贡献度而言，人力资本投资贡献率有所降低，而人才资本贡献率明显提升，这是因为计划生育政策的执行，其效果逐渐开始显现，且由于国家对于教育重视程度的不断提高，人们的学历水平得到了实质性的提升，因此两种类型的资本呈现截然相反的趋势。

"十二五"阶段，广东经济增长速度 8.56%，经济增长速度放缓。贡献率结构中，变化最为明显的是人才资本贡献率，达到了 26.05%，是新世纪以来的最高贡献水平，中央对于人才资源的战略定位，地方政府积极响应，人才工作会议的召开，对高等教育的投资与重视等举措，引导着人才资源发挥出其庞大的积极推动势能。而人力资本贡献率则首次呈现负值，物质资本贡献率以及其他资本贡献率比例也相应减少。

"十三五"阶段，广东经济增长速度为 6.06%，经济增长速度持续放缓。这一阶段中，其他资本投资对于经济增长的贡献率最为显著，物质资本投资也占据了较大的经济增长贡献率。经济增长存在固有的周期性规律，经济突飞猛进不会存在于全过程，仅持续一段时间，在达到顶点后其增速便会有所放缓，2016—2020 年期间同样是处于放缓期。且由于受到 2020 年疫情爆发影响，导致国内外经济状况不景气，人才就业与发展空间极大程度被压缩，呈现出本年度人才贡献率极低，五年期间年均人才贡献率水平较低，年均人才贡献率仅为 10.3%，但对地方经济增长而言，仍然具有一定的推动作用。

（二）全国人才工作会议前后阶段分析

另一个值得注意的时间节点是 2010 年 5 月召开的全国人才工作会议，会议深刻地分析了我国人才工作面临的新形势、新任务，并对今后十年的人才工作作出了明确具体的规划部署。

对比第二次全国人才工作会议召开前的数据显示，在会议召开后的十年时间，人才资本年均贡献率达到了 18.18%，提升了 12.8 个百分点。这也就表示，人才工作会议的规划，为今后十年的人才工作提供了正确指向，国家对于人才工作的推进产生了显著成效。人才资本的开发正朝着理想的方向迈进，与此同时，基础人力资本的负效应现象也要引起关注，人力资本作为投资回报率最高的资本，广东政府应考虑如何转化基础人力资本存量，做到以人为本、人尽其才。

(三) 具体特殊年份分析

从人才贡献率指标来看，2002 年人才贡献率较高，主要是由于该年份作为研究的基期年份，没有前一年份的数据进行对比。

随后的 2003 年数值呈现出较大程度的下滑趋势。2002 年底 SARS 事件于中国广东发生，并于 2003 年大范围爆发，中国、东南亚乃至世界范围内许多国家与地区受到了 SARS 病毒的影响，直至 2003 年中期疫情才逐渐消退。因此，该年份人才在就业与个人发展方面在极大程度上受到疫情的限制，导致人才贡献率在经济增长中占比较低。

2011 年是十八年以来，人才贡献率最高的年份。在前一年 5 月，第二次全国人才会议召开，人才地位受到中央高度重视，并确立了人才优先发展的战略布局，从此我国人才工作进入了一个全面展开的新阶段；同年 7 月份，针对国内教育改革发展发布了《国家中长期教育改革和发展规划纲要（2010—2020 年）》，从义务教育、职业教育、高等教育等多个方面开展了有序推进，并就人才培养模式进行了改革研究。在颁布并实施以后顺利推进，取得了显著的成效。在中央的不断推进下与地方的持续贯彻过程当中，人才工作得到了落实，人才贡献率相应呈现出极高的水平。

人才贡献率在平稳地维持了七年后，于 2020 年下降到近十五年以来的最低水平。这是由于在新冠疫情爆发的背景下，国内外经济状况不景气，导致就业机会大量减少，择业空间与就业难度对人才而言都不容乐观，因此，许多原本具有较高学历与较强能力的人才，会选择再入学进行深造，提升在疫情背景下的个体竞争力，以寻求更佳的工作机会。而原本应为市场注入大量活力的应届大学生，也由于就业机会的大幅压缩，上百万大学生加入到考研、考公大军。相反的，在新冠疫情横行之下，物流、外卖等新兴服务行业出现了许多新的就业机会，短期内大量的职位空缺就会导致基础性人力资源不足、基础性事务劳动力紧缺，基础性人力资本的贡献也就在该过程中得以体现（2003 年非典时期同样由于疫情的影响，基础性人力资本作用凸显）。

五 结论与建议

地方经济发展取决于多种因素，而物质投资、技术进步等因素始终占据着我国地方经济增长的主导地位，但高投入、高消耗的外延型经济发展模式并非长久之计。本文通过人才资本理论的引入以及基于广东省的人才贡献率测算数据，讨论了人才资本在经济发展中的重要地位，发现广东省人才资本的运用仍存在较大发展空间。但就其发展趋势与资本潜力，人才资本在社会发展过程中的引领作用将会不断显现。

为了促进广东省在粤港澳大湾区建设过程中更好地对人才资本进行开发，基于文章主体内容提出以下建议：

（一）改善人才工作环境，优化人才服务机制

提高人才工作效率，需要减少人才在工作内容之外生活与后勤保障上的困扰，优化人才工作外的生活环境。政府提供的公共服务要贴合人才的实际需求，对于不同类型、不同层次的人才，在医疗、养老、住房、子女入学等方面制定出针对性服务方案，扩大教育、医疗、文化等公共服务业的开放范畴，融入弹性福利机制，从而切实解决人才在生活上的后顾之忧，提高公共资源的利用效率；提高人才服务平台的运行效率，建立服务高端人才的"绿色通道"。高端人才的"绿色通道"的开通，能给予人才更便利、更高效的服务体验。对于外国专家的人才工作服务，要精简岗位申请、入职以及签证办理等程序，配备专门化、高素质的人力资源工作者，力求完备人才服务全流程，提供由入职到生活保障的"一站式"服务；促进粤港澳间公共服务的联通，完善粤港澳三地居民在跨境流动过程中的医保卡、社保卡服务，借鉴欧盟的经验，推行三地通用的社保卡、医疗卡，使持卡者能快捷享有社保服务并满足其就医需求；要改善人才工作法治环境，给予制度保障。完善股权激励、知识产权保护规定，打造公平的竞争环境。在人才通关、融资、创业等方面加大政策的开放力度，为人才创业提供好的市场环境。

（二）促进人力资源流动，完善人才工作机制

人才工作强调引、用、育、留并重，促进人才工作从"用人"到"留人"的转型，构建具有吸引力与竞争力的人才引进机制。人才大战愈演愈烈，如何在"抢人大战"中捷足先登，需要瞄准高层次人才的切实需求，从科研环境、发展前景、住房补贴、子女入学等人才流动的关键因素上寻找切入点，提高人才的政策倾斜力度；构建高效互利的人才使用机制。人才引进之后，物质层面的需求已基本得到满足，便会开始寻求自我发展与突破，此时需要地方政府、企业单位在用人过程中精准识别人才专长，给予正确工作职能定位，契合粤港澳地区的产业结构。产才成功匹配与融合的过程，往往是人才实现自我发展的过程，也是人才与地区间的合作过程；建立构建科学有效的人才评价反馈机制。粤港澳在实现地区间人才资源整合的过程中，首先要完善人才评价指标，建立标准化的考核体系，人才的评价要从唯头衔、唯学历、唯论文的传统角度，向德、才、勤、绩等指标多维发展，考核评价结果要与奖惩制度紧密挂钩，并持续、及时地进行绩效反馈；构建成果与过程并重的人才激励机制。粤港澳大湾区建设的过程中，最迫切、最重要的往往是高新技术领域的创新人才。这类人才工作成果的取得，往往伴随着长期的探索实践，需要投入大量的物质资源与时间成本，具有较高的投资风险。政府与企业要意识到，突破性的创举往往源自实践，在失败中寻求经验、取得进步并不断发展，是取得科研成果不可或缺的环节，地方与人才之间的信任，也会在这互助的过程当中得以构建。因此，对于已取得成果的科研者要给予物质与精神激励，对于正在朝成功迈进的、试错路上的科研人员也要给予肯定，鼓励科研创新。

（三）整合三地资源，形成湾区发展合力

科研创新水平与地区学术强度密不可分，作为国内学术发展的先行地，粤港澳三地处于学术创新前沿，在三地间各有所长的情况下所进行的深度合作与交流，能够最大限度地发挥知识的互补与溢出效应。整合粤港澳三地的学术优势，加快地方之间的学术共享，能在一定程度上推动人才的培养，提高人才的总存量，助力湾区经济发展；在人才工作上，

地区间人才市场、人社部门、第三方人力资源服务机构要发挥所长、合作互通。人才市场发挥市场导向作用,地区间的人才市场要打破市场间的流动壁垒,由分散的"小市场"转化成统一的"大市场",进而实现人才的高效流动与合理配置。人社部门加强政策引导与宏观调控,牵头人才工作的政策协调与标准构建,粤港澳三地间推进人才数据共享,搭建共同大数据平台,提高数据利用效率。第三方猎头机构则更多地瞄准产业急需紧缺人才,发挥其"猎头"作用,为助力粤港澳大湾区发展搜寻高端人才。

(四)建设人才集聚平台,扩大科研创新空间

大学作为人才培养与高层次人才集聚的摇篮,能给城市发展带来巨大动力。既要重视地区本土高校的建设,给予相应的资金与科研设施配套,又要加快推进共建湾区大学,整合教学与师资力量;加大科研平台的投入力度,在湾区建设一批创新项目孵化中心、先进技术研究院、高新产业园,为人才实现自我发展提供广阔的空间;企业作为吸引人才、推动城市经济发展的重要主体,在粤港澳大湾区建设的过程当中,要重视企业科技平台尤其是精尖高新技术平台的建设,推进搭建科技企业的创新平台。高新技术实验室是企业进行科研的主要阵地,决定了企业的科研创新能力。要加快企业与高校、科研院所之间的交流合作,大力倡导产学研深度融合。在不同主体分工合作下,不同类型的知识与资源能形成技术创新上、中、下游有效耦合,并且大量知识的交互以及人才间的深度交流,会表现出显著的知识溢出效应与技术创新效应,发挥出更大的人才集聚效用。

参考文献

[1] 中共中央组织部:《国家中长期人才发展规划纲要(2010—2020)》,人民出版社 2010 年版。

[2] 桂昭明:《人才贡献率——我国人才理论与实践的重要创新》,《中国人才》2012 年第 11 期。

[3] 桂昭明:《试论"人才资本"》,《中国人才》1998 年第 7 期。

[4] 袁岩:《浅议人才资本投入产出统计指标体系的设计》,《价值工程》2007

年第 6 期。

[5] 马宁、王选华、饶小龙：《北京经济增长中人才资源贡献率研究》，《中国人力资源开发》2011 年第 4 期。

[6] 桂昭明：《人才资本的度量方法研究》，《武汉工程大学学报》2009 年第 10 期。

[7] 戚涌、魏继鑫、王静：《江苏科技人才开发绩效评价研究》，《科技管理研究》2015 年第 5 期。

[8] 黄维德、郗静、汤磊：《上海人才贡献率研究》，《华东理工大学学报（社会科学版）》2010 年第 2 期。

[9] 郭克良、张子麟、蒙运芳：《基于柯布—道格拉斯模型的人才贡献率研究——以河北人才资本对经济增长贡献率分析为例》，《学术论坛》2015 年第 1 期。

[10] 鹿方圆：《基于一种改进模型的人才贡献率测算方法研究——以山东省泰安市为例》，《山东农业大学学报》（社会科学版）2016 年第 1 期。

[11] 曹毅、徐斌、廉星、马芷子：《经济增长中的人才资本贡献率研究——以山西省为例》，《中国人事科学》2018 年第 10 期。

[12] 丁波、王健：《京津冀城市群人才贡献率研究比较分析》，《时代金融》2018 年第 5 期。

[13] 第天骄：《"佛系青年"的价值困境及其超越》，《北京青年研究》2018 年第 4 期。

[14] 黄敏、穆桂斌、王选华：《中国人才贡献率再测度：1978—2017》，《统计与决策》2020 年第 20 期。

[15] 单豪杰：《中国资本存量 K 的再估算：1952—2006 年》，《数量经济技术经济研究》2008 年第 10 期。

[16] 黄维德、郗静、汤磊：《上海人才贡献率研究》，《华东理工大学学报》（社会科学版）2010 年第 2 期。

[17] Maddison A., "Casual influences on Productivity Performance1820 – 1992: A Gobel Perspective", *Journal of Productivity Analysis*, 1997 (11).

浅谈定向选调生制度在澳门与横琴一体化发展中的机遇与挑战

王嘉政
（北京大学光华管理学院）

摘要：澳门特别行政区与横琴深度合作区作为粤港澳大湾区发展战略中的重要一环，如何促进行政系统人才选拔和培养体制，以适应粤港澳大湾区协同发展新形势的需要，是澳琴合作过程中的重点，也是澳琴的人力资源、开发、建设与发展以及大湾区战略与创新发展面临的现实问题。本文简单探讨了中国内地的定向选调生制度在澳门和横琴融合发展中应用的机遇与挑战。作者认为澳琴深合区可以尝试引入定向选调生的模式，在两地行政系统中进行交流、培养和选拔，以此完善高水平人才高地建设，强化区域对目标产业的吸引力，深化经济发展融合，提升整体行政效率。

关键词：定向选调生制度；高水平人才高地建设；横琴粤澳深度合作区

一 我国选调生制度及定向港澳公务员招录

（一）我国选调生制度的历史和近况

我国的选调生制度最早能追溯到1965年，具体而言是各省党委组织部门有计划地从全国高校选配优秀的应届大学本科及以上毕业生到基层实践工作，并作为党政领导干部后备人选和党政机关高素质人员人选进行锻炼和重点培养。这种年轻干部培养选拔政策体系的初衷在于通过这种特殊的培养和选拔政策，提升人才选拔培养工作的效率和质量。为改善干部队伍结构以及适应新形势的需要，邓小平于1979年11月在中央党政机关副部长以上干部会上指出："现在我们国家面临的一个严重问题，不是四个现代化的路线、方针对不对，而是缺少一大批实现这个路线、方针的人才。"到了1980年8月，邓小平又在中共中央政治局扩大会议上严肃强调："希望各级党委和组织部门在这个问题上来个大转变，坚决解放思想，克服重重障碍，打破老框框，勇于改革不合时宜的组织制度、人事制度，大力培养、发现和破格使用优秀人才，坚决同一切压制和摧残人才的现象作斗争。"党中央在深思熟虑、集思广益的基础上，在党的十二大上正式把干部四化，即革命化、年轻化、知识化和专业化，写进了《中国共产党党章》中，为改革开放和社会主义现代化建设确立了组织路线，为政治体制改革以至整体改革事业提供了组织保障。此后，国家在干部培养链上的相关工作座谈会以及中央出台的有关意见政策文件上也多次强调了优秀年轻干部的培养选拔工作是国家事业长远发展的根本大计。

当前，我国在年轻干部的培养和选拔方式上也随着我国社会主义的建设发展形成了相对成熟的政策和制度体系。选调生政策在追求效率和效益的价值目标中，有以下三个重要逻辑：一是严格按照选拔程序选拔年轻干部；二是要将优秀的年轻干部放到基层一线直接面对具体业务问题，从而得到锻炼提高；三是给年轻干部营造成长的宽松环境。至今，全国选调生进入县级以上领导班子的人数已经基本实现了选调生政策效益价值，相关研究也通过问卷及访谈的形式对实施效果进行了评估（萧鸣政等，2015；于君和滕亮，2015）。

近些年来，在普通选调生基础上又诞生了定向选调生制度，作为引进高层次人才的一个绿色通道。定向选调生制度是省干部人才引进工作的一个新突破，以弥补后进地区对高学历人才的吸引力不足的问题。相较于普通选调生面向的较为广泛的院校范围（通常本科以上都可报），定向选调生招考条件更为严格，面向的学校更少，根据招聘需求在学校、专业和学历上进行"定向"。在2009年，重庆市率先与清华、北大开展了定向党政机关公务员招录工作。虽然定向选调生制度在激活基层工作生态以及配套政策方面存在一定争议，这些高层次人才所带来的资源仍然持续吸引着全国各地相继跟进推出定向选调政策，目标院校也从清北扩大到其他重点大学。截至目前，除港澳台外，全国31个省市均已开展定向选调生工作，一些经济发达的地级市也有相应的招录定向选调生政策（例如杭州等）。广东省更于2019年首次推出定向港澳的选调生职位，其中就包含了珠海横琴新区片区管理委员会的相关岗位。在过去12年的实践中，定向选调生的模式也被证明是成功的：一部分人在多年基层的历练中已成长为了地方主官；各地区政府在各重点高校定期开展定向选调工作；学校能将人才输送往全国各地；学生对岗位的满意度较高，报考人数亦逐年上升。例如，北京大学2021届定向选调生签约人数超过800名，同比增长接近60%，足见该模式对优秀人才的吸引力。

（二）定向港澳公务员招录的现状

为提升粤港澳大湾区在国家经济和对外开放中的引领作用，让港澳居民更深入参与和共担民族复兴的历史责任以及共享祖国发展的经济成果，推进港澳居民参与公务员系统是融合经济建设、整合人力资源、提升行政效率的重要举措。《粤港澳大湾区发展规划纲要》中明确提出，鼓励港澳居民中的中国公民依法担任内地国有企事业单位职务，研究推进港澳居民中的中国公民依法报考内地公务员工作。在2019年年底，广东省便拿出了26个选调公务员岗位定向招录应届港澳学生，岗位涵盖了省级职能部门与珠三角9个城市。2020年12月，在服务"双区"建设专项招录公务员考试中，深圳也首次设置5个定向港澳选拔职位，涉及行政、金融监管、城市规划、涉外人员管理、医疗监管等方面，吸引了超过400名港澳籍人士报名，最后于2021年5月确定拟录用4名香港特区居民为公务员。根据深圳市委组织部相关负责人提供的信息，深圳在2022年服务"双区"建设专项招录公务员中，预计将再次设置5个定向港澳选拔职位。除了定向港澳的岗位，还有许多港澳居民报考非定向港澳选拔的其他职位。在招录规定方面也在逐步放开：2019年广东首次定向港澳选拔职位时，选调生的招录岗位仅面向内地全日制普通高等院校毕业的2020年应届优秀港澳学生。而在广东省2021年考试录用公务员公告发布时，对于定向港澳招录公务员已无特别规定。

在招录的学科领域来看，岗位学科要求涵盖了理工科、文科类专业。其中，文科（包括社会科学和人文科学）岗位最多，经济金融类的人才受到了最多的关注，其次是法律法学类和外国语文学类。从学历要求来看，对定向港澳的公务员学历素质要求与内地公务员接近，招录学历最低要求为本科和研究生的比例大约为2∶1，而要求研究生及以上学历的所有职位均来自广深，深圳市委政策研究室（改革办）更要求报考人员具备博士学位。从职位层级来看，岗位层级的跨度从省级至乡镇。其中副省级市区级和市级单位需要人数最多，均占比约31%，乡镇级岗位约占8%。从招录的单位来看，与金融经济商贸相关的职能部门就接近总数量的三成，且工作岗位都属于重点机构和平台。例如，2020年广州4位录取的港澳籍公务员所在的工作岗位都属于广州推进粤港澳大湾区建设的四个重大平台，包括南沙自贸区、广州人工智能与数字经济试验区琶洲片区、天河中央商务区和中新广州知识城。这四个平台都是产业基础深厚、走在改革开放前沿的区域。其他职能部门还包括深圳市市场监督管理局、惠州仲恺高新技术产业开发区经济发展局、东莞水乡特色发展经济区管理委员会、中山市金融工作局等等。

整体而言，定向港澳招录公务员的岗位和报考人数均呈现增长的态势，广东省招录的累计人数达到了20人，招录条件亦逐步放宽。另一方面，广东省也在事业单位招聘中对来自香港特区和澳门特区的人才进行开放。但自首次定向港澳选拔公务员以来的三年多时间里，针对重点高校中优秀港澳学生的定向选调生模式尚未形成，仅有2019年广东省首次定向港澳选拔职位时面向内地全日制普通高等院校毕业的2020年应届优秀港澳学生提供了选调生的渠道。作者认为，澳门和横琴可参考各省的定向选调生的模式，率先在全国重点高校招录包括港澳居民在内的优秀人才进入澳门和横琴深合区的公务员系统，整合人才资源，激活区域优势。接下来的章节中，作者将具体展开讨论澳门和横琴深合区发展联合定向选调生模式的现实条件、机遇与挑战。

二 澳琴背景下联合定向选调生的条件与机遇

（一）澳门与横琴一体化发展前景

自2021年9月中共中央、国务院发布的《横琴粤澳深度合作区建设总体方案》（以下简称《横琴方案》）以来，澳门与横琴地区在产业经济和社会民生领域的进一步融合得到了多方的积极讨论，作为国家级经济开发区，横琴在设立之初的定位便肩负国家战略层面的特殊使命，在于聚合粤港澳资源、产业、科技等优势的基础上，打造带动区域产业合作和转型升级的新平台，是大湾区建设的核心引擎之一。目前，横琴深合区的角色更倾向于支持和协同澳门发展，且具有省级经济管理权限。广东省省长马兴瑞和澳门特区行政长官贺一诚任管委会主任，这一前所未有的跨境运行新机制也显示澳门和横琴走在制度创新的前沿。

《横琴方案》明确了横琴粤澳深度合作区的范围、战略地位、发展目标等。合作区将重点发展科技研发和高端制造产业、中医药等澳门品牌工业、文旅会展商贸产业以及现代金融产业。在2020年，澳门特区行政长官贺一诚所作的首份施政报中重点论述了横琴对于澳门未来发展的重要性，强调了深合区在促进经济多元发展中独一无二的定位。在2022年全国两会上，全国政协委员潘明提交提案，建议支持横琴粤澳深度合作区构建免税消费环境。在税务制度和相关人才补贴方面，除了境内外人员及澳门居民在横琴工作可享受15%税务制度（境内外人才实际税负不超过15%予以免征），对于不同学历、技能资格的高层次人才也出台了补贴政策（详见《横琴粤澳深度合作区支持澳门居民就业若干措施的暂行办法》），这些都进一步使合作区加快形成趋同澳门的一体化发展环境。

在澳门发挥着葡语国家商贸合作服务平台的背景下，澳琴的合作发展也得到了相关国家的广泛关注。葡萄牙、巴西、墨西哥等拉美国家媒体对澳琴合作报道关注度与正面度较高，拉美各国重点关注了横琴中拉经贸合作产业园的建设与发展、澳门与横琴合作进展以及澳门与部分拉美国家的合作等。例如，葡萄牙的《快报》认为《横琴方案》所提出完善企业、个人所得税优惠政策等将有力推动高端人才和企业加速在横琴聚集，这将对该合作区引进"高精尖缺"人才起到积极的推动作用。2022年4月，经国家税务总局批准，葡语国家及地区税收合作办公室在横琴粤澳深度合作区税务局正式成立运作。这是全国首个面向葡语国家及地区的税收合作办公室，将直接促进与葡语国家及地区的税收合作，协助中国税务部门深度参与全球税收治理。

综上所述，澳琴深合区的发展是善用"一国两制"制度优势，务实深化和优化与粤港澳大湾区内外省市合作的重要部署。因此，区域人才制度的创新、人才战略的开发以及人才发展的路径可谓举足轻重。

（二）澳琴深度合作区是制度碰撞融合的绝佳"试验田"

澳门和横琴在制度上的差异，是对琴澳两地的跨域协同治理能力以及共同处理公共事务的方式的巨大考验，但同时也是制度碰撞融合的绝佳"试验田"。横琴总面积约106平方公里，是澳门现有面积的3倍左右，加上"一线"放开、"二线"管住的模式使得深合区的政策具备快速部署、快速调整、外部性可控的条件。横琴新区管委会的设立便是横琴具备作为制度改革试点条件的一个很好的案例，澳门特区政府已经在2021年选拔了一批年轻、有能力、熟悉两地事务的公务员进入了横琴新区，在执行委员会开展工作。澳门特区行政长官贺一诚也充分肯定了横琴在制度创新上的可能性。在2022年的澳门特区政府施政工作回顾与展望交流会上，澳门特别行政区行政长官贺一诚提到："充分发挥澳门中西文化交汇融通的特色优势，全力推进横琴粤澳深度合作区建设，大胆进行体制、机制和制度创新，融入国家发展大局，努力实现澳门特区新的更好的发展，不辜负中央的关心和厚爱。"在澳琴与粤港澳一体化发展中人才高地建设的战略与路径上，管理和发展模式上的创新必然伴随着行政管理系统的人才培养和选拔体系上的创新。澳琴两地若能在定向选调生模式上进行制度创新，将成为"一国两制"实践的新示范，为深化粤港澳大湾区发展融合提供新思路、注入新活力、拓展新空间、创造新机遇。

另一方面，在"一国两制"的框架下两地公务员系统的"挂职"交流也已有先例。横琴和澳门的定向选调生可参考香港特区与内地省市政府签订相关挂职交流协议，令定向选调生能在两地的公务员系统中进行工作和交流。2021年5月，时任香港特区特首林郑月娥接受央视节目采访时表示，香港特区政府早前已先后与上海（2002年）、北京（2003年）、杭州（2004年）等地政府签订相关挂职交流协议，很快会与广东和深圳签署相关事宜，让两地公务员互换"挂职"，交流计划重点放在粤港澳大湾区。希望香港特区公务员借此深入了解大湾区内地城市的工作、运行方式，加强香港特区公务员培训，促进内地公务员到港交流。

香港特区公务员事务局局长聂德权也曾在立法会透露，未来希望引入规定，要求香港特区公务员必须在三年试用期内修毕内地培训课程，才获长期聘用。大湾区的进一步发展必然伴随着粤港澳的行政系统走向更高程度的交织融合，三地之间两两的交互都在探索新的体系来改善行政效率。这个共同的课题必然会在竞争与学习中不断演化，而作者认为内地的定向选调生的人才渠道已经提供了一个较为成熟、发展路径较为清晰的方向。

澳门和横琴可以尝试在公务员选拔模式上推行制度创新，引入定向选调生模型，在特定岗位上进行有组织、有规划的试点，并使定向选调生能够在两地的公务员系统中进行培养、选拔和工作。充分发挥澳琴两地的制度和地理优势，以此制定更加灵活的人才培养和引进政策，增强对优秀人才的吸引力。两地甚至多地的行政系统的融合，能鼓励和带动更多企业和投资落地，提升整体竞争水平和施政效率。

（三）整合两地人力资本，引入竞争机制

澳门学生保送内地高校已有 20 多年的历史了。从澳门高等教育辅助办公室的相关资料上可以看到，保送上内地高校的澳门学生人数有逐年增多的趋势。例如，2013 年共有 41 所内地高校招收了 322 名保送生，而 2021 年则达到了 98 所高校录取了超过 1100 名澳门学生，清华大学和北京大学提供的保送名额也在 2016 年增至 40 人。从录取的学科专业来看，前五位学科分别为医学类、师范类、经济学类、管理与行政类、新闻与传播学类，涵盖了深合区的重点发展方向，这些都为澳琴定向选调生模式提供了一定的人力资源储备。

定向选调生模式可以在澳琴两地在公共服务和系统上引入竞争机制，两地公务员系统的碰撞和融合必然涉及政府与市场、政府与企业、政府与社会等诸多关系的调整。竞争机制有利于转变政府职能、减轻财政负担，也有利于激发经济社会活力、提升公共服务品质。例如，对具有竞争性、经营性的公共服务，如招商引资、金融模式、环境处理和公共交通等方面，定向选调生的在两个系统中流动能够促进模式的竞争，提升服务质量，达到法治的目标。在具有自然垄断性的公共服务，定向选调生流动也可以促进融合与规范，一定程度上实现服务分工，提升服务效

率。此外，定向选调生模式还可能促进制度改革，尤其是选拔机制和激励机制，从而实现行政效率和效益价值的提升，强化地区对物质资本和人力资本的吸引力。

最后，定向选调生制度能促进澳琴本地教育发展，拓展本地高学历人才的就业方向和市场，促进人才的良性竞争。特别地，拓展高学历人才进入区域行政体系的渠道能减少澳门博彩行业对本地劳动力市场和人力资源的扭曲以及缓解其带来的负外部性，避免本地居民在教育观念上的"逐低竞争"，促进和推进"逐顶竞争"，鼓励更多澳门学生将内地重点高校作为升学目标，实现澳门居民在粤港澳大湾区融合发展和民族复兴深度参与。该制度还有助于提升整体居民的综合素质，为澳琴未来的协同发展、全要素生产率提升和行政规划的相关工作提供更多可能性和发展空间。

三 澳琴背景下联合定向选调生的潜在挑战

澳门回归之后，澳门人在身份上已经自然享有中国国籍。加上广东省有多次定向港澳公务员的招录经验，澳门居民参加内地公务员乃至定向选调生招考本身不存在法理上的障碍，作者认为澳琴联合定向选调生培养的主要挑战来自两地的制度差异和甄选体系。

在过去"任人唯亲""裙带关系"的风气充斥着整个澳门公务员体系背景下，回归后特区政府对澳门公务员的聘用制度进行了大刀阔斧的改革，在公平竞争和择优录取方面成果颇丰，提升了服务质量及行政效率（周灶和陈瑞莲，2014）。澳门特区政府于2011年颁布了23/2011号《公务人员的招聘、甄选及晋级培训》和24/2011号《行政公职局的组织及运作》，正式建议和实行了澳门公务人员中央招聘制度，对公务人员的招聘及甄选及其他人事制度做出制度化规范。由行政公职局负责统一收集人员需求，采取统一的履历分析、考试、专业面试、心理测试和体格检查等方式进行选拔。对于公平竞争方面的侧重以及澳门产业结构长期较为单一的状态，可能是澳门自行政制度改革至今尚未产生类似于内地选调生的制度的重要原因。而由于港澳与内地在选拔和考核制度等方面存在差异，港澳居民对两地法律、政策差异较为陌生，在内地公务员考试中并不具备竞争优势，无形之中需要多跨一道，甚至多道门槛，这在吸引、甄选和培养优秀人才方面无疑造成了阻碍。另一方面，在内地重点高校升学的澳门学生，在进入澳门公务员体系时也并不具备对于本地行政体系、法律或者其他制度环境的信息渠道上的优势。但同时，他们也是对两地制度、文化和发展环境都较为了解的人才，对深合区以致粤港澳大湾区的建设和融合能发挥出更大能量。因此，在甄选制度以及培养制度上的创新无疑是十分重要的。

此外，"澳人治澳"的基本原则，也是定向选调生甄选中需要注重的因素。"澳人治澳"的原则体现了中央政府对澳门特别行政区行使自治权的尊重以及高度信任，这项原则也在澳门公务员制度中得到充分体现。对于澳门各级公务员，《基本法》分别对任职人员的身份做了相应的详细规定，为"澳人治澳"提供了保证，但也对某些公务员的任职资格作了例外规定。澳琴背景下联合定向选调生需要在确保"澳人治澳"的基本原则下，对定向选调生在两地的公务员系统中的培养做出符合基本原则的特殊安排，在不同功能和级别的岗位上要分别进行安排，评估和控制人才绿色通道的收益和成本。同时，要吸取内地定向选调生实施过程中的经验教训。例如，郑生竹和向定杰（2021）指出"一些地方出于改善干部队伍结构等考虑，出台专门计划，开放绿色通道，上名校掐尖"的现象。这种本土干部和定向选调生的结构性矛盾，在一定程度上引起了基层定向选调制度的争议。如何在发挥定向选调生中的正面效应的同时激发两地方干部的积极性，是留给两地政府和行政系统的一个挑战。另一方面，定向选调生在澳门和横琴的实施有一些天然优势，能在很大程度上避免过去内地定向选调生遇到的难以融入工作环境和基层的一些问题。作者认为，在部门结构的设置、晋升提拔标准以及维护晋升提拔的公平性上都能缓解和解决上述的结构性矛盾。定向选调生的制度也会促进更多配套政策的制定和完善，定向选调生人才制度创新带来的机遇与挑战并存。

四 结论与建议

本文对内地定向选调生制度进行了简单的总结，并结合澳门和横琴新区的发展现状提供了一个人才制度创新的思路。内地定向选调生的模式已经实施多年，并且多地的实践经验都证实了其可行性、先进性以及对高水平人才的吸引力。然而目前，定向港澳优秀学生的定向选调生模式尚未形成。联合定向选调生的制度能在一定程度上满足澳门和横琴的融合发展对于关键系统人才的需求，这些优秀人才所能带动的社会资源，也能进一步增强对物质资本和人力资本的吸引力。考虑深合区的特殊地位、地理优势以及制度和文化背景，两地也具备走在制度改革前沿并先行试点的条件。

随着澳琴一体化发展水平的不断提高，两地必然迎来更高层次的合作。联合定向选调生可能是一个高效的切入点，为未来两地在经济、社会和行政的部署上提供有力的理论和实践支撑。作者认为，可以考虑先从两地高度协调的公共职能以及涉及深合区战略发展规划的一线相关岗位进行试点，定期评估政策效果，再逐步拓展至其他级别和职能岗位。正如《粤港澳大湾区发展规划纲要》中明确提出的，充分发挥横琴在进一步深化改革、扩大开放、促进合作中的试验示范作用，引领带动粤港澳全面合作。两地人事行政制度创新正是务实促进澳门经济适度多元发展，为粤港澳大湾区西岸建立夯实的、高水准的产业和人才高地的关键一步。

参考文献

［1］萧鸣政、卢亮、王延涛：《选调生政策及其实施效果》，《北京大学教育评论》2015年第2期。

［2］于君博、滕亮：《名校选调生：政策创新还是人才浪费——基于J省的案例研究》，《甘肃行政学院学报》2015年第2期。

［3］郑生竹、向定杰：《定向选调另辟晋升赛道？引才政策掐尖，掐出几处疼》，《半月谈》2021年第11期。

［4］周灶、陈瑞莲：《澳门公务人员招聘制度的演变》，《中国行政管理》2014年第7期。